D1998298

Cassandra Eason · Der inneren Stimme vertrauen

Cassandra Eason

Der inneren Stimme vertrauen

Mütter und ihr sechster Sinn

Kösel

Übersetzung aus dem Englischen: Anke Grube, Hamburg.
Die Originalausgabe erschien unter dem Titel »A Mother's Intincts« bei Aquarian Press, a Division of HarperCollins*Publishers* Ltd., London.

ISBN 3-466-34322-4
Copyright © 1992 by Cassandra Eason.
© 1995 für die deutsche Ausgabe by Kösel-Verlag GmbH & Co., München.
Printed in Germany. Alle Rechte vorbehalten.
Druck und Bindung: Kösel, Kempten.
Umschlag: Elisabeth Petersen, Glonn.
Umschlagfoto: Lupe Cunha Photography, London.

1 2 3 4 5 6 · 00 99 98 97 96 95

Gedruckt auf umweltfreundlich hergestelltem Werkdruckpapier (säurefrei und chlorfrei gebleicht)

Inhalt

1
Auf der Suche nach dem übersinnlichen Band

Annette gönnte sich gerade das seltene Vergnügen eines Kinoabends mit ihrem Mann, als ein unerklärliches Vorgefühl von Gefahr sie nach Hause stürzen ließ, um das Leben ihres Kindes zu retten. Zu der Zeit waren sie und ihr Mann als Köchin bzw. Kellner in einem Hotel in Surrey beschäftigt, und sie wohnten zusammen mit ihrer sechs Monate alten Tochter in einem kleinen Häuschen in der Nähe des Hotels.

»Wir konnten nur sehr selten zusammen ausgehen, da wir an verschiedenen Wochentagen frei hatten«, sagt sie. »Aber an diesem Abend hatten wir beide frei, und wir wollten uns in der nächstgelegenen Stadt, die ungefähr zehn Kilometer entfernt war, einen Film ansehen. Eine Kollegin hatte angeboten, unser Kind zu beaufsichtigen, und wir machten uns auf den Weg zur Bushaltestelle.

Wir waren kaum ein paar Minuten im Kino, als mich eine furchtbare Unruhe befiel. Ich konnte ganz deutlich Rauch riechen. Ich zappelte herum, und mein Mann fragte mich, was denn los sei. ›Es riecht nach Rauch‹, sagte ich. Er meinte, wahrscheinlich wäre mir etwas von meiner Zigarette hinuntergefallen. Ich bückte mich und warf einen Blick auf den Teppich, aber da war keine glühende Asche. Den Geruch nahm ich weiterhin wahr, und schließlich sagte ich zu meinem Mann, daß ich nach Hause müßte. Er folgte mir widerwillig und murmelte etwas Abfälliges über Frauen.

Als wir im Bus saßen, betete ich, er möge schneller fahren. Endlich rannten wir die Straße herunter, die zu unserem Häuschen führte. Es roch jetzt durchdringend nach Rauch, obwohl mein Mann immer noch nichts wahrnehmen konnte. Ich rannte die Haustür buchstäblich ein. Dichter Rauch quoll uns entgegen, und ein Sessel vor dem Kamin ging in Flammen auf. Ich holte das Baby aus dem Schlafzimmer, während mein Mann die bewußtlose Babysitterin hinauszerrte. Sie war eingeschlafen und hatte ihre brennende Zigarette auf den Sessel fallen lassen.«

Dieser Vorfall hat sich 1936 ereignet. Das Baby ist mittlerweile erwachsen, lebt in den Vereinigten Staaten und ist Mutter von sechs Kindern. Das Phänomen ist heute noch ebenso unerklärlich wie damals.

Annettes eigene Erklärung für den Vorfall, aufgezeichnet im Archiv des »Alister-Hardy-Forschungszentrums für religiöse und spirituelle Erfahrungen« in Oxford, lautet: »Ich glaube, daß Gott mich nach Hause geschickt hat, um mein Baby zu retten.« Menschen mit religiösen Neigungen mögen in solchen Ereignissen die Hand Gottes erkennen, für andere aber fallen sie unter die Rubrik »mütterlicher Instinkt«.

Dieser Instinkt scheint das zu umfassen, was Telepathie, Vorahnung, zweites Gesicht oder schlicht weibliche Intuition genannt wird, ist aber auf irgendeine Weise stärker und umfassender als all dies, hat seinen Ursprung nicht im logischen Verstand und ist naturwissenschaftlichen Messungen nicht zugänglich. Zahllose Frauen in aller Welt haben ihrem sechsten Sinn vertraut und konnten dadurch potentielle Katastrophen abwenden. Nach Ansicht mancher Frauen ist das eine religiöse Erfahrung, aber für andere hat dieses Phänomen seine Ursache in der körperlichen und geistig-seelischen Verbundenheit mit einem Kind, das einst ein Teil ihres Körpers gewesen ist. Diese Annahmen müssen sich nicht widersprechen, und ein Streit über die Terminologie verdunkelt nur das Wesen dieser Erfahrung. Skeptiker werden sagen, es finde alles nur im Kopf der Frau statt – aber es funktioniert. Frauen benutzen diesen mütterlichen Instinkt nicht nur – wie Annette – in dramatischen Situationen, sondern machen auch bei ganz alltäglichen Mutter-Kind-Kontakten Gebrauch von ihm. Wie immer man es nennen will, das, was zwischen Mutter und Kind geschieht, ist etwas ganz Besonderes.

Es ist schwer zu sagen, wie dieser Instinkt genau funktioniert, da eine Warnung in unterschiedlichster Art möglich ist. Bei Annette machte sich ihr sechster Sinn durch ihren Geruchssinn bemerkbar: Er machte sie auf die Gefahr aufmerksam, in der ihr Kind schwebte. Bei einer anderen Mutter in einer sehr ähnlichen Lage hingegen war das warnende Signal visuell.

David Crawford, der heute in der Haute Savoie in Frankreich lebt, mußte sich als Fünfjähriger einen Zahn ziehen lassen. Damals lebte er noch in Schottland. »Der Zahnarzt hatte erhebliche Schwierigkeiten, die Blutung zu stillen. Am Abend hatte sich die Situation jedoch entspannt, so daß meine Eltern ins Kino gingen, während ich bei einem Babysitter blieb. Nachdem ich eingeschlafen war, verließ das Mädchen mein Zimmer.

In der Mitte des Films sah meine Mutter anstelle der Bilder, die das übrige Kinopublikum sah, mein blutüberströmtes Gesicht und wußte, daß mit mir etwas nicht in Ordnung sein konnte und sie sofort nach Hause fahren mußten. Zögernd erklärte sich mein Vater einverstanden. Als sie zu Hause ankamen, eilte meine Mutter in mein Schlafzimmer. Mein Zahnfleisch hatte wieder heftig zu bluten begonnen, und da ich auf dem Rücken lag, lief mir das Blut in die Nase. Ich war kurz vor dem Ersticken.«

Viele Eltern haben mir von diesem übersinnlichen Band erzählt, das sie mit ihren Kindern verbindet. Gewöhnlich sind es

Frauen, die von solchen Vorfällen berichten. Vielleicht, weil sie das wachsende Kind neun Monate lang im Leib tragen, oder weil auch heute noch die Erziehung der Kinder vor allem Aufgabe der Mutter oder einer Ersatzmutter ist. Daher sind meist Mutter und Kind körperlich und seelisch am engsten miteinander verbunden.

Obwohl das Phänomen Müttern gut bekannt ist, wird es selten erwähnt: Eine Frau zögert, über etwas zu sprechen, was nicht klar und eindeutig erklärt werden kann, aus Furcht, ihr Umfeld würde behaupten, sie leide unter »Hormonstörungen«.

Ich hätte auch nicht darüber gesprochen und noch viel weniger darüber geschrieben, wenn ich nicht durch eine Erfahrung mit dem sechsten Sinn mit dem Thema in Berührung gekommen wäre. Die Begebenheit hatte nichts mit mir zu tun, sondern beruhte auf der Bindung zwischen einem meiner Söhne und dessen Vater. Väter können diesen Instinkt besitzen, aber es ist sehr schwer für sie, dazu zu stehen, da viele Frauen nach wie vor einem »starken« Mann den Vorzug geben, obwohl sie nach außen hin über den armen Kerl klagen, weil er nicht fürsorglicher ist.

Nach der Geburt war mein dritter Sohn von seinem Vater John versorgt worden, da ich mich von einem Kaiserschnitt erholen mußte. John rief stets große Belustigung und Bewunderung in der Entbindungsstation hervor, wenn er vorbeikam, um dem Baby die Windeln zu wechseln. Da er als freier Journalist tätig war und keine festen Arbeitszeiten hatte, war er tagsüber zu Hause und konnte eine aktive Rolle bei der Betreuung der Kinder übernehmen. Vielleicht war es eine Folge dieses engen Kontakts, daß das Baby stets fünf Minuten vor der Heimkehr seines Vaters aufwachte, obwohl John, der Natur seiner Arbeit gemäß, nie zu einer festen Zeit nach Hause kam.

Eines Morgens, als John Nachtschicht gehabt hatte, verkündete mein damals zweieinhalbjähriger Sohn ganz ruhig, Papa würde Purzelbäume mit seinem Motorrad schlagen, aber es ginge ihm gut. In genau diesem Augenblick geriet neunzig Kilometer entfernt, auf der Auffahrt zur Autobahn M4 kurz hinter London, das Motorrad meines Mannes auf einer Ölpfütze ins Schleudern. Glücklicherweise, wie mein kleiner Prophet mir mitgeteilt hatte, war sein Papa nur leicht lädiert. John schrieb im *Guardian* einen Artikel über den Vorfall, halb in der Hoffnung, glaube ich, daß jemand kommen und es wegerklären würde. Wie ich schon sagte: Männern ist nicht immer ganz wohl bei solchen unerklärlichen Phänomenen. Es gab so gut wie keine Reaktionen, nur im Pub gaben ein oder zwei Väter zu, daß sie ähnliche Erfahrungen gemacht hatten.

Im Gegensatz dazu erhielt ich in der Spielgruppe, im Park und auf dem Spielplatz eine überwältigende Reaktion von Müttern. Sie sagten, daß ihnen ähnliche Dinge mit ihren Kindern passiert wären, und sie würden es mir erzählen, wenn ich verspräche, ihre Namen nicht zu erwähnen. Das Thema alltägliche extrasensorische Kommunikation ist immer noch ein Tabu, besondern in Großbritannien. Als ich in einer Radiosendung, bei der Hörer anrufen konnten, über mütterliche Intuition sprach, schlug mir eine Hörerin, eine angehende Psychiaterin, doch tatsächlich vor, ich solle, anstatt mich mit schwarzer Magie zu beschäftigen, Frauen ermutigen, mit ihren Problemen zu einem Psychologen zu gehen. In meinem ersten Buch[1] habe ich von zahlreichen unerklärlichen Vorfällen berichtet, die mit Kindern zu tun hatten. Es gab da einen faszinierenden roten Faden, der, wie ich fand, weitergehende Recherchen verdiente. Viele dieser Erfahrungen beruhten auf der Fähigkeit eines Kleinkindes, etwas zu wissen, das es nicht wissen konnte, ohne viel Aufhebens davon zu machen. In einigen Fällen jedoch war nicht das Kind übersinnlich begabt gewesen, sondern die Mutter, die, zum Teil viele Kilometer entfernt, auf den unausgesprochenen Hilferuf ihres Kindes reagiert hatte. Wenn ein Kind offenbar telepathische Fähigkeiten besaß, las es gewöhnlich die Gedanken seiner Mutter. »Ich kann die Bilder in deinem Kopf sehen«, sagte der fünfjährige Dom zu seiner Mutter Cathy. Die Teile des Puzzles fingen an, sich zusammenzufügen.

Die Magie war ein natürlicher Bestandteil der Bindung zwischen Kind und Mutter, einer Bindung, die lange vor der Geburt entstand und in manchen Fällen sogar den Tod überdauerte. Viele unerklärte Ereignisse in meiner eigenen Familie paßten in das Puzzle. Ich wünschte, jemand hätte mir als junger Mutter gesagt, daß die Lösung, die ganz natürlich von innen kommt, gewöhnlich die beste ist, daß ich als Mutter die Expertin für das Kind bin, das in meinem Körper herangewachsen ist. Ich habe fünf Kinder, das Jüngste ist drei Jahre alt. Nach der Geburt der beiden ersten verließ ich mich vollständig auf die konventionellen Methoden der Kommunikation und Interaktion. Ich las die passenden Bücher und besuchte Kurse zu jedem vorstellbaren körperlichen, geistigen und spirituellen Aspekt des Kindererziehens. Von Kinderärzten und Verwandten kamen Ratschläge, mit denen ich Lexika hätte füllen können. Sogar der Hausmeister der Schule, an der ich während meiner ersten Schwangerschaft unterrichtete, tat ungefragt seine Meinung kund: Falls ich mich auf einen Stuhl stellen sollte, um Bilder an der Wand des Klassenzimmers aufzuhängen, würde ich mein ungeborenes Kind mit der Nabelschnur erdrosseln. Dieser hilfreiche Hinweis wird nur noch von einer Geschichte übertroffen, die ich kürzlich in den USA gehört habe. Sie handelt von den Gefahren, die einer jungen Mutter drohen, die in der Sonne Tennis spielt: Ihre Muttermilch wird dann zu Butter!

Während der gesamten Säuglings- und Kleinkindzeit meiner ersten beiden Kinder benahm ich mich wie ein besserer Cheerleader und stellte sicher, daß jeder ihrer wachen Momente mit stimulierenden und sozial angepaßten Aktivitäten angefüllt war. Hielt ich mich nur an die Regeln? Ich versuchte, mich an sämtliche Regeln in sämtlichen Büchern zu halten – ein Riesenstapel. Bei jeder Krise blätterte ich meine Ratgeber hektisch durch. Haben Sie je versucht, den Abstillplan eines Kleinkindes

– vier Mahlzeiten täglich – an den Übergang zur Sommerzeit anzupassen?

Hat es sich gelohnt? Als mein Erstgeborener Zeter und Mordio schreiend in den Kindergarten geschleppt werden mußte, heulte ich fast so laut wie er. Ich hatte völlig versagt. In keiner Weise entsprach ich dem perfekten Bild einer lächelnden Mutter, das ich mir selbst aus dem Legoland ruhiger, allumarmender Mutterschaftsvorbilder von der Jungfrau Maria bis hin zu den glänzenden Muttis aus der Waschmittelwerbung zusammengebaut hatte.

Beim dritten Kind war ich so müde, daß ich den Versuch einfach aufgab, eine Super-Mutter zu sein – und plötzlich war alles klar: Weinte das Baby, schmuste ich mit ihm, war es hungrig, fütterte ich es. Wenn ich die Nase voll hatte, sagte ich es, und wenn mein Sohn keine Lust hatte, mit den Nachbarskindern zu spielen – na und? Es war wunderbar, und als das vierte Kind kam, reiste die Familie mit dem Rucksack nach Paris. Meine drei Jüngsten sind sozial und intellektuell ebenso weit entwickelt wie die beiden Älteren, obwohl ich sie scheinbar vernachlässigt habe. Zudem treten sie der Welt mit Unbefangenheit und fröhlicher Akzeptanz gegenüber und besitzen eine erstaunliche Anpassungsfähigkeit, wenn tatsächlich einmal etwas schiefgeht.

Aber die aufregendste Folge davon, daß ich jetzt meine eigenen Fehler und die meiner Kinder akzeptieren konnte, war, daß ich ganz automatisch wußte, was in einer Krise zu tun war. Ich wußte, wann meine Kinder aufwachen würden, und konnte sogar drohende Stimmungsänderungen und potientielle Trotzanfälle voraussehen. Das Seltsamste war, daß ich wußte, wann sie mich brauchten, wenn ich gerade einmal nicht bei ihnen war. Sobald ich aufgehört hatte, bewußt zu steuern, übernahm auf einer tieferen Ebene ein »Autopilot«, der sehr viel genauer und sensibler war – eine Art übersinnliches Frühwarnsystem vor Gefahren. Natürlich war es nicht absolut präzise, und es funktionierte nicht immer. Und leider ist es die am wenigsten genutzte »Haushaltshilfe«.

Nehmen wir ein ganz alltägliches Erlebnis als Beispiel. Anne Burbridge aus Leicester stapfte durch den Schnee, als die Botschaft kam: Laß alles stehen und liegen und lauf. »Mein fünftes Kind wurde Anfang November 1986 geboren. Ein paar Tage vor dem Geburtstag meines Mannes im Januar hatten wir sehr viel Schnee. Es war unmöglich, Auto zu fahren, einen Kinderwagen zu schieben oder das Baby in einer Karre auszufahren. Ich mußte ein Geburtstagsgeschenk für meinen Mann besorgen, also ließ ich zögernd das Baby mit meiner Mutter allein. An der Hauptstraße gelang es mir, einen Bus zu erwischen, und bald genoß ich es, allein die Geschäfte zu durchstöbern – etwas, das ich seit langem nicht mehr getan hatte. Plötzlich bekam ich das Gefühl, nach Hause gehen zu müssen. Ich drehte mich um und verließ den Laden, ohne etwas gekauft zu haben, und eilte nach Hause, so schnell es ging. Ich wartete nicht einmal auf den Bus. Ich war in ziemlicher Panik – jeder Schritt schien eine Ewigkeit zu dauern, als ich bergauf durch den hohen Schnee hastete.

Meine Mutter schaffte es kaum noch, das Baby zu beruhigen, das Hunger hatte und gestillt werden wollte. Sie sagte mir, die Kleine hätte vor ungefähr zwanzig Minuten zu schreien begonnen, ziemlich genau zu der Zeit, als ich den überwältigenden Drang verspürt hatte, nach Hause zu eilen.

Man könnte argumentieren, es sei normal, daß Anne, die ihr Baby zum erstenmal alleingelassen hatte, sich Sorgen machte, und es sei ein Zufall, daß das Kind schrie, als sie zurückkehrte. Aber Anne war nicht zum ersten Mal Mutter geworden, sie hatte bereits vier Kinder. Und sie war auch nicht beunruhigt gewesen, bevor das Notsignal sie erreichte. Dieser Ruf – wie jede Mutter, die ihn erfahren hat, Ihnen bestätigen wird – ist sehr verschieden von der gewöhnlichen Tretmühle mütterlicher Sorge. Laut einer Frau ist es ähnlich dem Gefühl, das man bekommt, wenn man zuviel Kaffee getrunken hat: das große

Zittern. Der Ruf kann sich als ein Stechen im Magen körperlich bemerkbar machen oder als eine Stimme, die sagt: »Geh sofort nach Hause.«

Meine eigenen Erfahrungen bestätigen, daß das übersinnliche Band nichts mit »gewöhnlicher Sorge« zu tun hat. Als ich mein erstes Kind zum ersten Mal alleinließ, hätte ich den Ruf hören müssen. Ich war bestens darauf vorbereitet. Meine schiere Erleichterung, für eine Weile wegzukommen, war durchsetzt von Schuldgefühlen, weil ich meinen Posten verlassen hatte. Aber ich wanderte zwei Stunden lang durch ein Einkaufszentrum im Osten Londons, ohne mir im geringsten bewußt zu sein, daß mein Baby sich die ganze Zeit die Seele aus dem Leib schrie. Vielleicht hätte ich es gewußt, wenn ich auf meine innere Stimme gehört hätte, anstatt mir Sorgen zu machen und meine Gefühle wegzurationalisieren. Bei meinem Kleinsten fällt es mir leichter, diese Verbindung zu akzeptieren, die ich wissenschaftlich nicht erklären kann, und so kann ich sie nutzen. Der neueste Versuch, Telepathie wissenschaftlich zu erklären, das Quantenpotential, scheint mir das den Geburtswehen verwandte Gefühl nicht abzudecken, das mich die fünfzehn Kilometer vom Supermarkt nach Hause rasen ließ, als mein Jüngster aus dem Fluß gefischt wurde, unverletzt, aber aus voller Kehle brüllend.

Ich habe Erfahrungen gesammelt, die Frauen aus aller Welt gemacht haben. Sie erzählen, wie ihr Instinkt ihnen geholfen hat, und ich hoffe, daß dieses Buch anderen Frauen das Selbstvertrauen geben wird, bei der Kindererziehung ihrer eigenen Intuition zu folgen. Viele Mutter-und-Baby-Gruppen und Stillgruppen ermöglichten mir, mit ihren Mitgliedern zu sprechen, und in zahlreichen Fällen waren es die Leiterinnen der Gruppen, die mir ihre persönlichen Einsichten geschickt haben. Es ist im wesentlichen ein Buch über und für Mütter, die ihrem Instinkt gefolgt sind sowie andere Frauen wissen lassen möchten, daß sie nicht allein sind und dem größten Geschenk jeder

Frau, ihrem sechsten Sinn, ihrer Intuition, einem magischen Band – wie immer wir es nennen wollen –, vertrauen können.

Das mütterliche intuitive Band ist natürlich am stärksten, wenn die Kinder noch klein sind. Aber auch in den turbulenteren Jahren der Adoleszenz kann es ein wertvolles Werkzeug sein, wenn der herkömmliche Eltern-Kind-Kontakt möglicherweise auf ein Minimum beschränkt ist. Der sechste Sinn kann selbst dann noch vorhanden sein, wenn die Kinder längst erwachsen sind. So kommunizieren viele Frauen routinemäßig telepathisch mit ihren Müttern. Wie oft kommt es vor, daß beide gleichzeitig versuchen, einander anzurufen.

Derlei Dinge geschehen gewöhnlich bei Mutter und Tochter, aber auch bei Söhnen kommt dies vor, wenn auch weniger häufig. Enid, die in Südengland lebt, weiß immer, wann ihr dreißigjähriger Sohn sie anrufen wird, obwohl er bei der Marine ist und manchmal wochenlang kein Telefon finden oder eine Verbindung zum Festland bekommen kann. Plötzlich sagt sie dann zu ihrem Mann: »Wir können nicht weggehen. David wird gleich anrufen.« Fünf Minuten später klingelt das Telefon, und es ist David, der sich auf den Falklands oder den Fidji-Inseln befindet. Enid findet das überhaupt nicht erstaunlich: »Warum sollte ich es nicht wissen?«, sagt sie. »David und ich haben uns immer sehr nahegestanden, auch schon, als er noch ein Baby war.«

Bei vielen Eltern wird dieses Band insbesondere dann aktiviert, wenn ihre erwachsenen Kinder Kummer und Schmerz verspüren. Als David in Portsmouth stationiert war, hundert Kilometer vom Wohnort seiner Mutter entfernt, fühlte Enid sich eines Abends ganz rastlos, weil sie sich scheinbar grundlos schreckliche Sorgen um ihren Sohn machte. Sie wußte, daß er noch nicht vom Flottenstützpunkt nach Hause gekommen sein konnte, deshalb rief sie nicht an. Um neun Uhr abends fühlte sie sich so krank, daß sie zu ihrem Mann sagte, sie müsse sich hinlegen. In diesem Moment betrat ihr Sohn sein Haus und entdeckte den Abschiedsbrief seiner Frau. Diese hatte ihn endgültig verlassen – ungefähr zu der Zeit, als Enid begann, sich unbehaglich zu fühlen.

Wie ich schon sagte: Die magische Kommunikation zwischen Mutter und Kind ist nicht allein auf Krisenzeiten beschränkt. Es kann ein ganz normaler Bestandteil des alltäglichen Lebens der Familie sein, wie Wendy Hutton aus Hampshire erzählt. »Ich wusch mir gerade das Haar und dachte, wie lange ich wohl meine alte Freundin Julie nicht mehr gesehen hatte. Sekunden später ließ sich die vierjährige Jo vernehmen: ›Wann besuchen wir Tante Julie mal wieder, Mami?‹ Wir hatten seit Monaten nicht über Julie gesprochen, und Jo hatte keinen Grund, diese Frage zu stellen – es sei denn, sie hatte auf telepathischem Weg etwas von meinem Gedanken aufgefangen.«

Der Unterschied zwischen einem Erlebnis, wie es Wendy beschreibt, und der herkömmlicheren Sichtweise parapsychischer Erlebnisse im Kindesalter ist der, daß hier das Band zu den Eltern der Auslöser der übersinnlichen Fähigkeiten ist. Die Information, die das Kind weitergibt, ist weder willkürlich noch zufällig und betrifft auch keine globalen Ereignisse, sondern hat seinen Ursprung in der Psyche der Mutter. Es ist wenig wahrscheinlich, daß das Kind die Gedanken der Frau lesen wird, die neben ihm an der Bushaltestelle steht, obwohl es das vielleicht könnte, wenn es wollte. Denn die treibende Kraft hinter diesen instinktiven übersinnlichen Erfahrungen ist das Band der Liebe zwischen Mutter und Kind.

Die auf einem sechsten Sinn beruhende Verbindung zwischen einer Mutter und ihrem Kind ist nicht allein genetisch bedingt. Diese Information mag enttäuschend für diejenigen sein, die erwarten, daß wir eines Tages in der Lage sein werden, das magische Band durch DNA-Stränge wegzuerklären, sofern die Quanten-Potentialisten es nicht zuerst schaffen. Oft besteht eine enge, intuitive Beziehung zwischen Kindern und ihren Pflege- oder Adoptiveltern. Rita Laws aus Oklahoma ist eine

Wissenschaftlerin, die sich mit der parapsychischen Verbindung zwischen Müttern und Kindern befaßt und neben ihren drei leiblichen Kindern sieben Adoptivkinder hat. Sie hat festgestellt, daß das übersinnliche Band zwischen ihr und ihrem Adoptivsohn Jesse nicht nur ebenso effektiv, sondern auch ebenso schmerzhaft war wie das zwischen ihr und ihrem leiblichen Sohn Joaquin. Als Joaquin vier Jahre alt und Jesse dreieinhalb war, begann Ritas linker unterer Backenzahn zu schmerzen. »Der Zahn sah gut aus, tat aber höllisch weh. Nach ungefähr einer Woche hörte der Schmerz auf. Dann begann der rechte untere Backenzahn zu schmerzen. Nachdem das aufgehört hatte, begannen beide Backenzähne gleichzeitig schrecklich wehzutun. Der Zahnarzt konnte nichts finden und schickte mich zu einem Spezialisten. Der untersuchte meine Zähne und machte ein paar Röntgenaufnahmen, konnte aber ebenfalls nicht das Geringste feststellen. Ich ging entmutigt und verwirrt nach Hause.

Am nächsten Morgen waren die Zahnschmerzen weg. Ich war entzückt. Aber nach dem Frühstück klagte Joaquin über Zahnschmerzen. Als ich ihm in den Mund guckte, stellte ich entsetzt fest, daß der linke untere Backenzahn halb weggefault war. Der Zahn war nicht mehr zu retten. Dann erwähnte Jesse, daß sein Zahn ebenfalls wehgetan hätte. Ich guckte in seinen Mund und sah, daß sich der rechte untere Backenzahn in demselben schrecklichen Zustand befand! Beide Jungen mußten die kariösen Zähne behandeln lassen, aber danach habe ich nie wieder unter Phantom-Zahnschmerzen gelitten. Und jetzt achte ich sorgfältiger darauf, daß die Kinder sich die Zähne putzen.«

Wie also läßt sich dieser Instinkt erklären? Wenn die Wissenschaft uns keine Antwort darauf geben kann, können wir nur versuchen, den gemeinsamen Nenner zu finden, der all diesen Erfahrungen zugrunde liegt – unabhängig davon, ob die Frauen die treibende Kraft dahinter als göttlich interpretieren oder als

Kontakt mit einer inneren Kraft, dic vielleicht ebenso universal ist. Bei allen von mir untersuchten Erfahrungen gab es eine tiefe Liebe zwischen Mutter und Kind; sie nahmen sich so an, wie sie waren. Damit will ich nicht sagen, daß es nicht auch Zweifel oder negative Gefühle gegeben hätte. Ich schreibe über ganz gewöhnliche Frauen, nicht über Gipsheilige oder die Frauen aus der Werbung. Die Liebe, die sie fühlen, ist weder sentimental noch kränklich, sondern hält Mutter und Kind zusammen, ganz gleich, was geschieht – wenn auch manchmal nur mit einem ganz dünnen Faden.

Vielleicht ist es sinnvoller zu fragen, welchen Sinn dieser Instinkt hat und wie wir ihn nutzen können. Denn dies ist nicht nur ein Buch, in dem erstaunliche Geschichten stehen, sondern ein Versuch, dieses geheimnisvolle und unberechenbare – aber fast universelle – Phänomen in den Griff zu bekommen. Die Antwort liegt in den Müttern selbst.

Sie brauchen keinen Abschluß in Kindererziehung, und Sie müssen nicht fünf Jahren auf dem Gipfel eines Berges zubringen, um Ihre Psyche vorzubereiten. Ich habe es versucht und bin gescheitert. Das Band existiert und ist für Sie und Ihr Kind da. Sie als Mutter sind die größte Expertin für Ihr Kind, also vertrauen Sie Ihrer Intuition. Lassen Sie niemals zu, daß ein von einer Frau geborener Mensch (und wenn er einen Doppeldeckerbus braucht, um seine Qualifikationen zu transportieren) zu ihnen sagt: »Sie sind ja nur eine Mutter.«

Der mütterliche Instinkt ist mehr als ein übersinnliches Frühwarn- oder Kommunikationssystem, so wertvoll diese Funktionen auch sein mögen. Er ist vor allem eine Versicherung, daß Sie Ihr Kind lieben, selbst wenn sie es gerade nicht besonders mögen. Vielleicht haben Sie drei Nächte bei einem brüllenden Bündel gewacht, oder Ihr Kleinkind hat mit Ihrem einzigen Lippenstift die Wände verschmiert. Das Zahnpasta-Lächeln entgleist, Sie sagen schreckliche Dinge, und die Psychologen werden Ihnen klarzumachen versuchen, daß Ihr Kind jetzt keine

Chance mehr hat, einmal eine befriedigende Liebesbeziehung aufzubauen. Ignorieren Sie sie. Derartige Andeutungen sind nur ein Versuch der Psychologen, im Geschäft zu bleiben. Der einzige Fehler von Mutter Freud war, daß sie dem kleinen Siegmund nicht ein paar hinter die Ohren gegeben und ihm gesagt hat, es sei ganz in Ordnung, wenn er sie einmal auf den Tod nicht ausstehen könne.

Sie und Ihr Kind sind auf einer ganz tiefen Ebene miteinander verbunden. Ihre Seelen sind eins, selbst wenn die Körper einen wüsten Streit miteinander austragen. Kindererziehung ist harte Arbeit. Ich wäre die Letzte, die einer Bewerberin für den Status der Mutterschaft eine falsche Arbeitsplatzbeschreibung liefern würde. Aber durch die unglaubliche, komische, manchmal tragische, warme, magische, mystische und sehr irdische Mutter-Kind-Beziehung kann eine Frau sowohl neue Höhen spirituellen Bewußtseins erreichen als auch die Tiefen der Verzweiflung erfahren. Für mich, wie auch für viele andere Frauen, ist die Mutterschaft eine der aufregendsten seelischen und spirituellen Entwicklungsstadien gewesen, die ich je erfahren habe.

2
Das mütterliche Frühwarnsystem

Die entscheidende Phase für den mütterlichen Instinkt ist, wenn das Kind noch nicht für sich selbst sprechen kann. Das Erstaunliche ist, daß eine Mutter die stille Not ihres Babys sogar dann fühlen kann, wenn sie sich in einem anderen Raum befindet, während Menschen, die bei dem Kind sind, nichts bemerken. Das wirft jedoch jene Theorie so ziemlich über den Haufen, die besagt, daß die Mutter durch eine Veränderung der Laute oder sogar des Atemrhythmus' des Babys aufmerksam gemacht wird.

Glücklicherweise hat Carolyn Herbert aus Salt Lake City (Utah), Mutter von fünf Kindern, ihrem Instinkt vertraut und so ihr Kind gerettet. »Unser erstes Kind, das vor fünfundzwanzig Jahren zur Welt kam, wurde mit der Flasche gefüttert und erhielt ein eigenes Zimmer mit all den modernen Utensilien, die unsere Gesellschaft für notwendig erachtet. Die nächsten vier Kinder wurden gestillt und verbrachten die ersten vier oder fünf Jahre ihres Lebens in unserem Schlafzimmer, entweder in unserem Bett oder auf einer Matratze auf dem Fußboden. Ich kann mich an viele Nächte erinnern, in denen ich wach wurde, kurz bevor mein Kind mich brauchte.

Die Bindung zwischen mir und meiner zweiten Tochter Sarah war besonders eng, ›zu eng‹, wie meine Familie mir sagte. Eines Abends, sie war damals ungefähr acht Monate alt, war ich in der Küche, und Sarah und ihre Schwester hielten sich mit meinem Mann im Wohnzimmer auf. Plötzlich sah ich im Geist Sarah keine Luft mehr bekommen und rannte zu ihr. Sie stand kurz davor, an einem Luftballon zu ersticken, und obwohl sie nicht allein war, hatte niemand den Notfall bemerkt.«

Das ist ein besonders interessantes Beispiel, denn hier, wie ich schon sagte, funktionierte das Band zwischen der Mutter und ihrem Baby auch durch Wände hindurch, während die Menschen, die sich mit dem Kind im selben Raum befanden, die Gefahr überhaupt nicht wahrnahmen. Zudem war es das zweite Kind, nicht das erste, bei dem mütterliche Sorge erwartet werden kann. Carolyns sechster Sinn blieb, denn ein ähnlicher Vorfall ereignete sich, als Sarah ungefähr vier Jahre alt war. Wieder war Carolyn die einzige, die die Gefahr bemerkte, in der das Kind schwebte.

»Wir waren in der Küche und bereiteten das Abendessen zu. Sarah stand neben mir und aß Karottenstäbchen. Wie gewöhnlich ging es geräuschvoll zu, doch plötzlich bemerkte ich, daß Sarah völlig still war. Sie hatte den Kopf gesenkt und stampfte mit den Füßen. Ihre ältere Schwester Monica, die damals zwölf war, dachte, sie würde spielen. Ich kann nicht erklären, wieso ich das Gefühl hatte, daß etwas nicht stimmte; ich wußte es einfach. Sofort drehte ich Sarah zu mir. Ihr Gesicht war purpurrot, und sie konnte weder sprechen noch atmen.

Monica sagt, nie würde sie den Ausdruck auf Sarahs Gesicht vergessen, und das werde auch ich nicht. Nach einem Augenblick schierer Panik und völliger Verwirrung, in dem ich nicht wußte, was ich tun sollte, war ich wieder in der Lage, klar zu denken. Ich erinnerte mich an einen Artikel, den ich vor einer Woche gelesen hatte. Wenn ein Kleinkind am Ersticken ist, schlingst du deine Arme von hinten fest um seine Taille, legst es mit dem Kopf nach unten auf dein Knie und klopfst ihm auf den Rücken, bis es den Fremdkörper aushustet. Es klappte. Das Karottenstück flutschte heraus, und Sarahs Gesichtsfarbe wurde wieder normal. Sie fing an zu weinen, weil ich grob mit ihr gewesen war und sie nicht verstehen konnte, warum.

Anschließend geriet ich richtig in Panik, als ich darüber nachdachte, was hätte geschehen können. Monica ist jetzt selbst Mutter, und als sie vor kurzem mit ihren Kindern bei mir war, sprachen wir über dieses Erlebnis. Es ist ihr in ebenso lebendiger Erinnerung wie mir.«

Meiner Ansicht nach bleiben Mutter und Kind auch nach der Geburt miteinander verbunden, wodurch die Frau als das Frühwarnsystem ihres Babys handeln kann, denn ein kleines Kind ist sich der drohenden Gefahren noch nicht bewußt. Es handelt sich um mehr als bloße Telepathie; es ist eine Mischung aus Hellsehen und Prämonition, denn man kann nie genau sagen, ob die Mutter die Gefahr zu jenem Zeitpunkt wahrnimmt, in dem sie sich tatsächlich ereignet, oder ob sie in irgendeiner Weise vorgewarnt ist, so daß sie rechtzeitig am Schauplatz des Geschehens erscheinen kann. Man hat versucht, diese Fähigkeit zu analysieren und in externe und interne Warnungen aufzuteilen. Die Mutter hört beispielsweise den übersinnlichen Ruf ihres Kindes, oder sie erhält, in Annettes Worten (Annette ist die Frau, die aus dem Kino stürzte, um das Leben ihres Babys zu retten), eine Warnung durch »die Stimme Gottes«. Wenn Maria Ferguson auf eine lebensbedrohliche Situation zurückblickt, ist sie der Ansicht, daß die Warnung von ihrer verstorbenen Großmutter stammte. Natürlich nahm sie sich damals nicht die Zeit für große Überlegungen. Maria, Rundfundsprecherin beim Isle-of-Wight-Radio, reagierte einfach ohne bewußte Entscheidung und bewahrte damit ihr Baby vor ernsthaften Verletzungen.

»Eines Abends, als meine jüngste Tochter ungefähr neun Monate alt war, hatten wir unser übliches Baderitual, das wohl die meisten Mütter kennen: Wir baden gemeinsam in einer Wanne voller Gummienten und Spielzeug. Nach einigem Herumplanschen steige ich aus der Wanne und ziehe mich im

Badezimmer an, während Veronica weiter mit den Gummienten spielt. Dann hole ich sie aus dem Wasser, um sie abzutrocknen und anzuziehen. An diesem Abend jedoch trocknete ich mich gerade mit dem Rücken zu ihr ab, als ich mich plötzlich umdrehte, sie aus der Wanne riß und eng an mich preßte.

Veronica brüllte, weil sie einen riesigen Schreck bekommen hatte. Sekunden später löste sich ein schwerer Terracotta-Topf, der an der Decke festgeschraubt war, und krachte ins Badewasser. Er verbeulte die Wanne genau an der Stelle, wo Veronica eben noch gesessen hatte. Ich hielt sie fest, bis sie aufhörte zu schreien. Ich erinnere mich, daß ich sagte: ›Danke, Gott, danke, Gott, danke, wer immer es war, der mein Baby gerettet hat.‹

Später spürte ich, daß es meine verstorbene Großmutter gewesen war, die mich gewarnt hatte. Es gibt keinen Zweifel daran – Veronica wäre tot gewesen, wenn ich sie nicht in diesem Augenblick aus der Wanne gerissen hätte.«

Welche Erklärung Sie auch bevorzugen mögen, diese Begebenheiten verdeutlichen, daß eine Mutter ihrer Intuition vertrauen sollte, selbst wenn das manchmal bedeutet, gegen den Rat von Fachleuten zu handeln. Die Mutter von Ingrid Millar, Journalistin bei einer führenden britischen Zeitung, ist gelernte Krankenschwester, aber in einer Krise erwies sich ihre Ausbildung als weniger effektiv als Ingrids Instinkt.

»Es war im Haus meiner Mutter in Schottland«, erzählte Ingrid. »Rory war vier Monate alt. Er saß auf einem Sessel, spielte mit einer buntbemalten Dose und knabberte daran herum. Ich legte gerade Make-Up auf, und als ich mich umdrehte, sah ich, daß seine Ohren ganz rot waren. Ich geriet in Panik. Noch nie hatte ich eine derartige Angst um Rory verspürt, obwohl ich mir natürlich ständig Sorgen machte, wie jede Frau, die zum erstenmal Mutter wird. ›Ruf den Arzt‹, rief ich meiner Mutter zu.

Sie ist gelernte Krankenschwester und war immer eher übervorsichtig, aber sogar sie hielt das für eine Überreaktion. Es war kurz vor Weihnachten, und die Zentralheizung lief auf Hochtouren. ›Es ist sehr warm hier, und Rory ist überhitzt, das ist alles‹, entgegnete sie. ›Ruf den Arzt‹, beharrte ich, denn ich hatte wirklich Angst. ›Er wird so kurz vor Weihnachten keine Hausbesuche machen. Mach dir keine Sorgen, Rory geht es gut. Zieh ihm den Pullover aus, dann wird ihm wieder kühler werden.‹ ›Nein, ruf einen Krankenwagen, sofort!‹ ›Nun, wenn du dir solche Sorgen machst‹, meinte meine Mutter, ›wird Papa dich zum Arzt fahren.‹

Das Baby spielte die ganze Zeit fröhlich vor sich hin und machte keinen kranken Eindruck. Meine Mutter dachte, ich würde mich bei meinem ersten Kind unnötig aufregen, aber ich wußte, daß es ernst war. Als wir meinen Vater angerufen hatten, waren Rorys Ohren so angeschwollen, daß sie doppelt so groß waren wie sonst, aber es schien ihm immer noch gutzugehen. Als mein Vater kam, sagte ich ihm, er müsse uns sofort zur Notaufnahme fahren.

Es war ungefähr vier Uhr nachmittags und eiskalt. Als wir zum Auto gingen, konnte ich sehen, daß Rorys Gesicht anzuschwellen begann. Endlich beim Krankenhaus angelangt, war sein Körper auf ungefähr doppelte Größe angeschwollen, und sein Kopf war rund wie ein Fußball – er sah aus wie das Michelin-Männchen. Ich stürzte in die Notaufnahme und schrie: ›Bitte helfen Sie mir, bitte, mein Baby ist sehr krank!‹ Der Arzt gab Rory eine Antihistamin-Spritze, aber die Schwellung ging nicht zurück; Rory mußte über Nacht im Krankenhaus bleiben. Der Arzt meinte, das sei die schlimmste allergische Reaktion, die er je gesehen hätte. Es hätte Furchtbares geschehen können, denn die Luftröhre war schon fast zugeschwollen, und wenn ich Rory nicht so schnell ins Krankenhaus gebracht hätte – na ja, ich mag gar nicht daran denken, was hätte passieren können. Ich saß die ganze Nacht an Rorys Bett und hatte Angst, ihn zu verlieren, so krank sah er aus. Aber am Morgen war die Schwellung zurückgegangen.

Ich bin immer noch ganz aufgewühlt, wenn ich daran denke, obwohl Rory jetzt acht Jahre alt ist. Die Ärzte wußten nicht, was die allergische Reaktion hervorgerufen hatte, aber sie meinten, es könne daran liegen, daß ich in der Woche davor Antibiotika genommen hatte (ich habe Rory gestillt). Ich frage mich, ob er vielleicht allergisch auf die Farbstoffe der bunten Dose reagiert hat, an der er gekaut hatte. Wie auch immer: Als seine Ohren rot wurden, hatte ich eigentlich keinen Grund anzunehmen, daß es etwas anderes als Überhitzung sein könnte.«

Ein interessanter Punkt bei diesem Fall ist, daß Ingrid in Panik geriet und nicht Rory. Wie sie sagt, spielte er anfangs ganz fröhlich und kaute zufrieden an allem in Reichweite herum. Hier scheint wieder ein Fall vorzuliegen, bei dem die Mutter als Gefahrenanzeiger für ein Kind handeln mußte, das zu klein war, um zu begreifen, in welcher Gefahr es schwebte.

Sobald das Baby beginnt, aus eigener Kraft munter seine Umgebung zu erkunden, sich keiner Gefahr bewußt, muß dieser sechste Sinn sogar noch schärfer sein. Sie können ein Haus kindersicher machen, bis es so sicher ist wie Fort Knox, aber das Kind wird immer noch einen Weg in die gefährlichste aller möglichen Situationen finden, wie Maria Campbell aus Victoria (Australien) feststellen mußte.

»Zwischen mir und meinen zweiten Sohn Alexander besteht ein ganz besonders enges Verhältnis«, erzählte sie mir. »Ein Vorfall hat für mich jeden Zweifel daran beseitigt, daß zwischen einer Mutter und ihrem Kind ein besonderes Band existiert. Ich war zum Geschirrspülen in der Küche und Alex, der damals ungefähr elf Monate alt war (er hatte mit neuneinhalb Monaten laufen gelernt), lief in unserem Wohnzimmer umher. Unser Wohnzimmer ist ein sehr kindersicherer Raum, also war ich überzeugt, daß ihm nichts passieren konnte. Aber während der Arbeit überkam mich ein kribbeliges, sonderbares Gefühl, das nicht weggehen wollte. Es war ein sehr starkes Gefühl von ›Tu was!‹. Ich versuchte, es zu ignorieren, aber dann war es wie ein Licht, das einen schwarzen Raum erfüllt. ›Alex!‹ Ich ließ alles stehen und liegen und rannte ins Wohnzimmer. Da saß er und wollte sich gerade eine Handvoll Nähnadeln in den Mund stecken. Wie mein Nähkästchen dahin kam, werde ich wohl nie erfahren, denn ich bewahre es immer in einem anderen Zimmer auf, so hoch, daß die Kinder nicht rankommen. Ich kann von Glück sagen, daß ich die Botschaft der Gefahr erhielt.«

Wieder haben wir ein Kind in einem Zustand seliger Unwissenheit über die Gefahr, in der es schwebte. Wahrscheinlich war Alex damals ziemlich verärgert, weil seine Mama hereinplatzte und ihn davon abhielt, einmal auszuprobieren, wie diese interessanten glänzenden Gegenstände schmeckten. Wir wissen nicht, ob hier Prämonition im Spiel war, Telepathie oder ein Schutzengel. Wenn es Ihnen passiert, halten Sie sich nicht damit auf, die metaphysischen Ursachen zu ergründen – überlassen Sie das Wissenschaftlern, Philosophen und Skeptikern –, handeln Sie, und zwar schnell!

Man könnte argumentieren, daß manchmal das plötzliche, unheilverkündende Schweigen, das sich über ein Haus senkt, eine Mutter darauf aufmerksam macht, daß ihr Kind eindeutig irgend etwas Gefährliches ausheckt. Ein alter Witz lautet: »Geh und sieh nach, was Billy macht – und halt ihn davon ab.« Ich fand das ganz witzig, bis ich Kinder bekam.

Im Fall von Ann Calandro aus Harietta (Georgia), Mutter von vier Kindern und Stillgruppenleiterin der La Leche Liga, kam die Warnung aus dem Nichts, und obwohl sie hören konnte, wie ihr Baby sich munter mit seinen Geschwistern »unterhielt«. »Als meine Jüngste acht Monate alt war, fing sie an, im Haus herumzulaufen. Eines Tages konnte ich hören, wie sie durch das Fenster mit ihren Geschwistern plapperte, die im

Vorgarten spielten. Mich überkam ein starker Drang, zu ihr zu gehen und sie zu mir zu holen. Wie albern, dachte ich, sie ist doch sicher im Haus, und ich kann hören, daß sie spielt. Trotzdem konnte ich nicht stillsitzen. Ich ging zu ihr, und es ging ihr gut. Aber als sie sich umdrehte, um mich anzusehen, stolperte sie, und ich sah, daß sie sich die Schnur der Jalousie vor dem Fenster um den Hals gewickelt hatte. Die Schnur straffte sich, und die Kleine konnte weder schreien noch atmen. Ich rannte hin und löste die Schnur. Mein Mädchen blieb zwar unverletzt, aber eine Woche lang hatte sie einen roten Striemen am Hals. Ich finde, daß wirklich etwas dran ist an der mütterlichen Intuition. Wenn ich die Warnung nicht beherzigt hätte, wäre das Kind erstickt.«

Woher kommen die parapsychischen Kräfte? Manche Mütter können sich aus ihrer eigenen Kindheit an übersinnliche Erlebnisse erinnern. Vielleicht haben wir als Kinder alle diese Fähigkeit, wie manche Leute glauben, nur daß einige dieses Bewußtsein verlieren, weil sie die Mißbilligung der Erwachsenen fürchten, und das schlafende Potential wird durch die Mutterschaft reaktiviert. Möglicherweise fällt es uns leichter, die seltsamen Dinge zu akzeptieren, die die Mutterschaft mit sich bringen kann, wenn wir uns noch an unerklärliche Erlebnisse aus unserer Kindheit erinnern können. Maria Campbell, die ihren Sohn Alex davon abhielt, die Nadeln zu verschlucken, sagt, daß ihr übersinnlicher Weg lange vor der Mutterschaft begann. »Ich war zehn Jahre alt, als ich meiner Mutter mitteilte, daß ihr Vater gerade gestorben war. Ich erinnere mich, daß ich in meine Teetasse sah und eine Vision hatte: Jemand sagte meiner Mutter, daß ihr Vater gestorben sei. Die Vision war so stark, daß ich einfach sagte: ›Mama, Opa ist tot.‹ Minuten später klopfte meine Tante an die Tür, um uns mitzuteilen, daß Großvater plötzlich verstorben sei.

Ich habe jetzt zwei eigene Kinder, und ich denke, daß ich mir diesen sechsten Sinn aus der Kindheit bewahrt habe. Als meine Erstgeborene, Veronica, noch ein Baby war, schlief sie gewöhnlich recht tief. Manchmal wachte ich mitten in der Nacht auf (manchmal saß ich auch einfach nur vor dem Fernseher) und bekam so ein Gefühl. Ich sagte zu mir selbst: ›Nein, Veronica, wach nicht auf!‹ Aber vielleicht dreißig Sekunden später wachte sie dann auf. Es hat mich immer geärgert, daß ich spüren konnte, daß sie gleich aufwachen würde. Es war fast, als würde ich sie aufwecken, indem ich nur an sie dachte, aber ich denke, sie schickte mir eine Botschaft, daß sie gleich aufwachen würde.«

Das Selbstvertrauen, sich intuitive Gefühle zunutze zu machen, anstatt sich an Regeln aus Büchern zu halten, kann sogar durch die Schwiegermutter aktiviert werden, obwohl Schwiegermütter oft einen schlechten Ruf haben, weil sie sich einmischen und überkritisch sind. Aber Norma Ritters Schwiegermutter Rose ermutigte Norma, ihren natürlichen Instinkten zu folgen und sich nicht von Büchern oder Konventionen einschränken zu lassen. Rose hatte selbst Erfahrungen mit der Kraft des Mutterinstinkts gemacht und ihr Baby vor dem Erstickungstod gerettet, indem sie einem scheinbar irrationalen Impuls gefolgt war. Norma, eine Koordinatorin der La Leche Liga aus Big Flats (New York), erzählte mir folgendes: »Mein Mann Glenn und ich haben drei Kinder. Dan ist fünfzehn, Abigail dreizehn und Chana neun. Ich habe all meine drei Kinder ausgiebig gestillt, und ich finde, daß ich eine sehr enge Beziehung zu ihnen habe.

Bei meinem ersten Kind dachte ich, es wäre falsch, das Baby mit zu mir ins Bett zu nehmen, aber meine Schwiegermutter überredete mich, zumindest das Kinderbettchen ins Schlafzimmer zu stellen. Sie hatte ein schreckliches Erlebnis mit ihrem zweiten Kind gehabt. Das Baby schlief in einer Wiege im Schlafzimmer der Eltern. Plötzlich war Rose mitten in der Nacht aufgewacht und hatte gespürt, daß etwas nicht in Ordnung war. Sie rannte zur Wiege und sah, daß ihr Kind nicht mehr atmete. Sie rüttelte an der Kleinen, und die Atmung setzte wieder ein. So hat sie wahrscheinlich den plötzlichen Kindstod verhindert.

Nachdem ich diese Geschichte gehört hatte, habe ich den Rat meiner Schwiegermutter befolgt, wie Sie sich denken können. Ich hatte auf Ammenmärchen gehört und befürchtet, mein Baby zu erdrücken, wenn ich es mit in unser Bett nahm. Nun stellte ich also das Kinderbett am Fußende unseres Bettes auf und stillte das Baby auf einem Schaukelstuhl, wenn es nachts wach wurde.

Ich habe das Gefühl, daß es an der langen Stillzeit liegt und daran, daß wir so eng beieinander geschlafen haben, daß wir uns heute als Familie so nahestehen.«

Oft wird argumentiert, daß an diesem Instinkt nichts weiter dran ist, als daß eine Mutter selbst im Schlaf irgendeine Veränderung im Atemrhythmus ihres Babys wahrnimmt. Aber denken Sie an Carolyn Herbert, die die Notlage ihres Kindes vom Nebenzimmer aus spürte. Ein Baby kann gelegentlich beim Atmen leicht schniefen, aber oft kann man seine Atemzüge überhaupt nicht hören. Beim ersten Kind stehen die Mütter oft nachts auf und sehen nach ihm. Sogar eine Frau, die Hellseherin von Beruf ist, erzählte mir, daß sie bei ihrem ersten Kind ihren hellseherischen Kräften nicht vertraute und nachts jede Stunde aufstand, um die Atmung ihrer Tochter zu überprüfen, indem sie ihr ein Glas an die Lippen hielt.

Bei Rose jedoch handelte es sich nicht um das erste Kind, und sie schnellte auch nicht ständig aus dem Bett, um nachzusehen, ob ihr Baby noch atmete. Das Kriterium ist, ob die Mutter etwas tut, das uncharakteristisch für sie ist, oft scheinbar ohne jeden äußeren Anlaß. Eine Frau wacht plötzlich auf oder springt aus der Badewanne und ist zur Stelle. Es ist ein Gefühl von Dringlichkeit, eine automatische Reaktion, die etwas völlig anderes ist als der Gedanke einer Mutter: »Ich kann das Baby nicht hören. Vielleicht sollte ich mal nachsehen.« Wenn Sie den

Ruf wahrnehmen, werden Sie es wissen, und Sie werden reagieren.

Natürlich werden Sie den Ruf, der mit den üblichen Sinnen nicht zu vernehmen ist, nicht nur in Situationen hören, bei denen es um Leben und Tod geht. Manchmal will das Kind Sie nur bei sich haben. Sie sind außer Hörweite, und vielleicht verlassen Sie sich darauf, daß andere Leute Ihnen sagen werden, wenn Ihr Kind Sie braucht, und ignorieren daher das innere Signal. Cathy Kyle aus Rotorua (Neuseeland) versäumte es zweimal, ihrer Intuition zu vertrauen, als ihr Sohn Ryan dreizehn Monate alt war und nach einer Herzoperation im Krankenhaus lag. »Er lag auf der Intensivstation, und die Krankenschwestern hatten mir versprochen, mich zu rufen, wenn er aufwachte. Ich schlief im Krankenhaus, in einem anderen Raum. Zweimal wachte ich auf und hatte so ein unruhiges Gefühl, und das dritte Mal stand ich auf und sprach mit der Nachtschwester. Sie schlug vor, ich solle zur Intensivstation hinuntergehen, um zu sehen, ob es Ryan gutging. Er war wach, und als ich mit der Kinderschwester sprach, stellte sich heraus, daß Ryan bereits zweimal aufgewacht war, und zwar genau dann, als ich selbst nicht mehr schlafen konnte und ein unruhiges Gefühl hatte. Das lehrte mich, immer zur Intensivstation zu gehen, wenn ich aufwachte. Ryan war stets wach.«

Vielleicht werden Sie das Glück haben, nie in eine Notfallsituation zu kommen. Aber ob Sie sich nun Sorgen um die Gesundheit Ihres Kindes machen oder den plötzlichen Drang verspüren, zu ihm zu gehen, selbst wenn andere Menschen Ihnen versichert haben, daß sie Sie gerufen werden, wenn ihr Kind leidet – Sie sollten Ihrer Intuition folgen. Schlimmstenfalls werden Sie als Närrin dastehen, was bei Müttern ein Berufsrisiko ist. Bestenfalls werden Sie das Leben Ihres Kindes retten.

»Warum haben wir nicht gewußt, daß wir unser Kind hätten retten können?« Ein Journalist einer großen britischen Tageszeitung, der seinen Sohn durch plötzlichen Kindstod verloren hatte, konfrontierte mich mit dieser Frage. Teil dieser furchtbaren Tragödie ist, daß Eltern ungerechtfertigte Schuldgefühle verspüren, wenn sie ihr Kind am Morgen tot auffinden und später lesen, wie andere Eltern in der Lage waren, dieses Schicksal abzuwenden. Ich habe keine Erklärung dafür, warum manche Eltern es im voraus wissen und ihr Kind retten können, während andere, ebenso liebevolle, ebenso gute Eltern, die vielleicht regelmäßig vor dem Kind aufwachen und vollständig auf die unausgesprochenen Bedürfnisse ihres Babys abgestimmt sind, es nicht wissen. Wenn Sie den Ruf hören, zögern Sie nicht, doch nicht alle bekommen diese Chance.

Welchen Zweck erfüllt der mütterliche Instinkt im täglichen Leben? Rita Laws, die das zweifelhafte Privileg hatte, die Zahnschmerzen ihrer Kinder am eigenen Leib zu spüren, hat das Mutter-Baby-Band intensiv erforscht. Ihrer Ansicht nach ist es unerläßlich für das Wohlergehen des Kindes. Sie sagte zu mir: »Ich denke, dieses Phänomen hat verschiedene Zwecke zu erfüllen, und einer davon ist, einem kleinen hilflosen Kind zusätzlichen Schutz zu gewähren, damit es nicht zu Schaden kommt. Das könnte erklären, wieso die Häufigkeit dieser Vorkommnisse abnimmt, wenn das Kind größer wird. Zum Beispiel hat die Mutter, die scheinbar grundlos aufwacht, nur um festzustellen, daß ihr Baby seine Decke weggestrampelt hat, die Chance, es vor einer Verkühlung zu bewahren. Das ist mir unzählige Male passiert.«

Rita Laws rät Frauen, solche Erfahrungen aufzuschreiben, um ihren Kindern vermitteln zu können, wie wichtig das Band zwischen ihnen ist. »Ich würde Müttern raten, parapsychische Vorkommnisse zu notieren, damit sie später ihren Kindern davon erzählen können. Ich wünsche mir aufrichtig, meine Mutter hätte ein paar für mich aufgezeichnet.«

3
Stillen und Instinkt

Selbstverständlich sind Babys nicht nur süß, liebenswert und zufrieden, wie sie die Medien immerzu darstellen. Genausowenig ist der übersinnliche Kanal nur für SOS-Botschaften reserviert. Babys erwarten von der Mutter, daß sie vierundzwanzig Stunden am Tag im Dienst ist, und wenn es Hunger oder die Windel voll hat oder es einfach nur beschlossen hat, daß es jetzt die Mama sehen will, wird es lautstark brüllen – und nicht nur mit der Kraft seiner Lungen. Sie mögen außer Hörweite sein, aber Sie sind nicht außer »Gedankenweite«. Babys können einen an eine sehr lange unsichtbare Leine legen, besonders wenn es um die Mahlzeiten geht. Für Sie mag es keine Frage von Leben oder Tod sein, aber für ein kleines Wesen mit einem leeren Magen ist es das eindeutig, und Babys sind sehr wählerisch, wenn es darum geht, was sie essen und wer sie füttert. Wenn ein Säugling davon überzeugt ist, daß die Brust am besten ist, wird es sich nicht mit einer Flasche abgedrückter Muttermilch abspeisen lassen, und seine übersinnlichen Protestschreie werden sogar das ohrenbetäubendste Rockkonzert übertönen können.

Die Mutter mag sich eine Weile freigenommen haben, aber das ist ganz eindeutig ein Vertragsverstoß, findet das Baby, und so muß Mama möglicherweise die Folgen eines telepathischen

Wutanfalls einstecken. Rita Laws berichtete: »1985 ging ich zu einem Hall-and-Oates-Konzert. Es war das erste Mal, daß ich Joaquin, mein drittes leibliches Kind, alleinließ. Mir war nicht ganz wohl dabei, da aber meine Tante ganz in der Nähe des Veranstaltungsortes wohnte, füllte ich eine Flasche mit abgedrückter Muttermilch und ließ ihn bei ihr. Als wir gingen, war Joaquin ganz zufrieden, und ich hatte allen Grund anzunehmen, daß es ihm gutging. Das ganze Konzert über wollte ich meine Tante anrufen, aber ich zwang mich, es nicht zu tun. Ich versuchte, ›vernünftig‹ zu sein.

Zwei Stunden lang hockte ich auf der Stuhlkante, völlig unfähig, mich zu entspannen. Ich hatte keine Ahnung, wieso. All meine Sinne waren angespannt, und mein Gehör schien heute besonders fein zu sein. Die Musik kam mir so laut vor, daß es wehtat. Schließlich stopfte ich mir Watte in die Ohren. Dann entspannte sich urplötzlich jeder Muskel meines Körpers. Ich sank schläfrig in meinen Sitz zurück, zog mir die Watte aus den Ohren und war endlich in der Lage, das Konzert zu genießen. Der letzte Teil des Abends war phantastisch.

Als ich meinen Sohn abholen wollte, schlief er friedlich, aber meine Tante und mein Onkel wirkten griesgrämig. Joaquin hatte zwei Stunden lang so laut geschrien, daß ihre Ohren schmerzten; die Flasche mit der Muttermilch und alle Lieblingsspielsachen hatte er abgelehnt. Dann war er erschöpft in einen tiefen Schlaf gefallen. Mutter und Sohn waren also die ganze Zeit über miteinander verbunden.«

Babys mögen uns vorkommen wie einfache kleine Bündel unzusammenhängender Reflexe, aber sie interessieren sich keineswegs nur für ihr Essen. In den fünfziger Jahren führten Harry F. Harlow und seine Kollegen an der Universität von Wisconsin ein Experiment durch, mit dem sie wissenschaftlich bewiesen, was alle Mütter automatisch wissen: Babys brauchen ihre Mütter zum Kuscheln und Trösten ebensosehr wie zur Nahrungsaufnahme. Harlow setzte junge Schimpansen mit zwei »Ersatzmüttern« in einen Käfig. Eine der Puppen war mit Schaffell überzogen und kuschelig, die andere war ein Drahtgestell, hatte aber eine »Brustwarze«, über die die jungen Schimpansen Nahrung aufnehmen konnten. Zwar gingen die Schimpansenbabys zu der Draht-Mutter, um zu saugen, aber danach rannten sie sofort zur »weichen« Mutter zurück, um sich trösten zu lassen.

Maria Campbell ließ ihrem Baby keinen Schaffell-Affen zurück, sondern eine liebevolle Großmutter, eine Flasche Muttermilch und einen Schnuller. Aber das reichte nicht, um den kleinen Kerl zu beschwichtigen.

»Als Alex erst ein paar Wochen alt war, beschlossen mein Mann und ich eines Abends, ins Kino zu gehen. Ich habe Alex gestillt, also gab ich meiner Schwiegermutter eine Flasche mit abgedrückter Muttermilch, die sie ihm geben konnte, wenn er Hunger hatte. Er saugte immer an seinem Schnuller, also dachte ich, daß er die Flasche annehmen würde. Wir blieben ungefähr drei Stunden weg. Die ganze Zeit fühlte ich mich aufgewühlt, rastlos und total zappelig; ich wollte nur noch zu Alex zurück. Ich weiß nicht, warum.

Als wir zurückkamen, war Alex krebsrot. Er hatte pausenlos geschrien. Meine Schwiegermutter sagte, er hätte die Flasche verweigert, den Schnuller abgelehnt und sich einfach nicht beruhigen lassen. Sobald ich ihn hochnahm, suchte er nach der Brust und wollte gestillt werden. Ich stillte ihn, und als er später entzückende, zufriedene kleine Rülpser ausstieß, wurde mir bewußt, daß ich ihn buchstäblich abgeladen hatte und fortgegangen war. Also habe ich ihm von nun an ›gesagt‹, was ich vorhatte und wo ich hinging, wenn ich ihn alleinlassen mußte, obwohl er erst sechs Wochen alt war. Ich hielt ihn einige Minuten lang und sandte ihm tröstende Gedanken zu: ›Oma wird dich warm und kuschelig und liebevoll festhalten. Mama kommt bald zurück. Nicht lange. Mama liebt dich.‹ So ungefähr. Es hat jedesmal funktioniert. Meine Schwiegermutter wollte es gar nicht glauben: Das brüllende Monster hatte sich in einen Engel verwandelt.

Alex und ich haben eine so besondere Beziehung zueinander, daß es einfach schön ist. Er kann erst ungefähr drei Worte sagen (er ist sechzehn Monate alt), aber es ist wundervoll zu wissen, daß ich mich stillschweigend mit ihm verständigen kann.«

Rita Laws sagt, daß solche Vorfälle bei Müttern (und Vätern) keineswegs selten vorkommen, obwohl sie festgestellt hat, daß Eltern ungern darüber reden. »Wir als Gesellschaft sollten das übersinnliche Band, das zwischen Eltern und ihren Kindern besteht, würdigen, anstatt es schamhaft zu verbergen. Diese unsichtbare Verbindung ist nur eines von vielen Anzeichen dafür, wie einzigartig die Liebe zwischen Müttern und Vätern und ihren Söhnen und Töchtern ist.«

Eine Gemeinsamkeit der Frauen, die diese Geschichten erzählen, ist, daß sie ihre Kinder gestillt haben. Was ist das für eine Magie, die mit der Muttermilch fließt?

Der Soziologe T. Berry Brazelton[2] hat entdeckt, daß es bei dem Indianerstamm der Zinacantecos (sie leben im Südosten von Mexiko) allgemein üblich ist, daß die Milch der Mütter einschießt, *bevor* ihre Babys zu schreien beginnen. Diese Frauen mußten nie mit der Situation fertigwerden, die den meisten von uns nur allzu bekannt ist: Das Baby schreit, die Mutter wird nervös, das Baby will nicht saugen, die Mutter wird noch nervöser.

Aber diese vor dem Schreien einsetzende Laktation ist keine Fähigkeit, die nur auf Indianerinnen beschränkt ist. Zudem kann sich diese Art von »Fein-Einstellung« herausbilden, wenn das Vertrauen der Mutter in ihre eigenen Instinkte wächst. Rachel Hey aus Newcastle hat bei ihrem Sohn Jacob, der 1991 geboren wurde, einen ähnlichen Effekt beobachtet. »Jacob will nachts zu sehr unregelmäßigen Zeiten trinken, aber ich habe festgestellt, daß ich immer aufwache und meine Milch einschießt, kurz bevor er sich meldet. Das ist erst seit drei Wochen so. Vorher wachte ich erst auf, wenn er schrie. Jetzt wimmert er nicht einmal, bevor ich ihn stille.

Anfangs floß mir die Milch aus beiden Brüsten. Jetzt habe ich festgestellt, daß nur Milch aus der Brust fließt, die gerade dran ist (ich lasse ihn jeweils nur an einer Brust saugen).«

Rita Laws, die von englischen, irischen, deutschen und indianischen Vorfahren abstammt, hatte festgestellt, daß ihre Milch sogar weiterfloß und die psychische Verbindung zu ihren Kindern sich bemerkbar machte, als sie ihren Beruf wieder aufnahm. Rita hat ihre drei leiblichen Kinder und einige ihrer sieben Adoptivkinder gestillt und hält die Brust-Bindung für immens wichtig. Sie machte Aufzeichnungen von zahllosen Gelegenheiten, bei denen sie auf ein unhörbares Notsignal eines ihrer Babys reagierte, selbst wenn sie weit weg war. »Tim, mein zweiter leiblicher Sohn, wurde 1982 geboren. Ich habe ihn ohne Zufüttern gestillt bis er sieben Monate alt war und erst nach Jahren abgestillt. Meinen Beruf als Lehrerin nahm ich wieder auf, als Tim acht Wochen alt war, und während der Arbeitszeit drückte ich die Milch ab, um sie der Tagesmutter zu geben. Tim schrie in meiner Abwesenheit in unregelmäßigen Abständen, aber immer fiel sein Schreien mit einem Milchflußreflex zusammen, den ich in der einen Block entfernten Schule hatte. Ich war vier Jahre lang Stillgruppenleiterin in der La Leche Liga und habe an vielen Treffen teilgenommen, bei denen diese ›Brust-Bindung‹ diskutiert wurde. Viele Frauen erzählten ähnliche Geschichten und gaben zu, daß sie sehr viel mehr Erfahrungen außersinnlicher Wahrnehmung machten als gewöhnlich, wenn sie schwanger waren oder ein Kind stillten. Ich habe Hebammen sagen hören, daß eine gebärende Frau die Übersinnlichste aller Menschen ist. Wenn ihr Körper sich bei der Geburt öffnet, öffnet sich auch der Zugang zum sechsten Sinn.

Ich erinnere mich, daß ich einmal in der Schule Rechenaufgaben an die Tafel schrieb, als ich das vertraute Milchfluß-Kribbeln in den Brüsten spürte. Augenblicke später hatte die Milch meine Bluse durchweicht, daher griff ich rasch nach dem Pullover, den ich für solche Fälle über der Stuhllehne hängen hatte. Es war erst zehn Uhr morgens, und einige Minuten zuvor hatte ich ausreichend Milch für meinen drei Monate alten Sohn ausgedrückt. Ich war verwirrt, denn ich hatte weder an ihn gedacht noch ihn schreien ›gehört‹. Also warum der Milchflußreflex?

Mittags eilte ich zur Tagesmutter, um mein Baby zu stillen und mit ihm zu schmusen. Als ich mich hinsetzte, um Tim zu füttern, beklagte sich die Tagesmutter, eine ältere Frau, die es für albern hielt, daß ich ihn noch stillte: ›Ihr Baby schreit zuviel. Es will die ganze Zeit gehalten werden. Erst heute morgen um zehn hatte Tim einen Schreikrampf, wie ich ihn noch nie erlebt habe.‹ Jetzt verstand ich. Tim hatte mich gebraucht, und ich hatte reagiert.«

Nur um sicherzugehen, beschloß Rita, ein kleines Experiment durchzuführen. »In den nächsten Tagen schrieben die Tagesmutter und ich die genauen Zeiten auf, zu denen sich der unerwartete Milchfluß und die untröstlichen Schreikrämpfe ereigneten. Stets hatte Tim ungefähr fünf Minuten vor dem Milchfluß zu schreien begonnen.

Wenn meine Babys ein Nickerchen machten, wußte ich immer schon fünf Minuten vorher, wann sie aufwachen würden, obwohl sie nicht zu regelmäßigen Zeiten einschliefen und jeden Tag unterschiedlich lange schliefen. Mein zweifelnder Ehemann war erst dann überzeugt, nachdem ich mehrere Male hintereinander korrekte Vorhersagen gemacht hatte. Als die Kinder größer wurden, sagen wir, ungefähr sieben Monate alt, stellte ich fest, daß ich zu präzisen Einschätzungen nicht länger in der Lage war, aber bis dahin wußte ich es mit untrüglicher Sicherheit.«

Berufstätige Mütter aus anderen Kulturen teilen dieses Problem: Sie reagieren auf das Schreien, mit dem ihr Baby nach Nahrung verlangt, obwohl sie vielleicht kilometerweit entfernt sind und es unmöglich stillen können. In ihrem Buch[3] erzählen Dana

Raphael und Flora Davis von Odani, die in Sagada wohnt, einem Igorot-Dorf in der Bergregion Luzon auf den Philippinen. Nach der Geburt ihres ersten Kindes ist sie auf die Felder zurückgekehrt, als ihr Sohn zwei Monate alt war (wie die meisten anderen Igorot-Frauen, die für den Ackerbau zuständig sind). Das Kind blieb bei der Großmutter. Odani beschrieb, wie manchmal, wenn sie auf den Feldern war, ihre Brüste kribbelten und der Milchflußreflex einsetzte. Die Igorot-Mütter halten das für ein Zeichen, daß im Dorf, Kilometer entfernt, das Baby hungrig ist und schreit. Also eilen sie nach Hause, wenn es ihnen möglich ist.

Natürlich wollen die Naturwissenschaftler (gewöhnlich männlich) uns glauben machen, daß das alles mit biologischen Rhythmen zusammenhängt. Offenbar haben sie in ihren Laboratorien das seltenste aller Lebewesen eingefangen: das Baby, das auf die Minute genau alle vier Stunden aufwacht, perfekt abgestimmt auf Mamas hormonalen Zapfhahn. Aber wie Rita festgestellt hat, hatte der Milchfluß bei ihr nichts mit regulären Stillzeiten zu tun. Vicky, eine Mathematiklehrerin aus Southhampton, legte ihr Baby tagsüber in den Kinderwagen, damit es im großen Garten ungestört schlafen konnte. Wenn Vicky bemerkte, daß ihr Pullover naß wurde, wußte sie, daß ihr Kind schrie, obwohl es während des Tages nicht zu festen Zeiten gefüttert wurde. Ein paarmal war Vickys Mutter anwesend, als Vicky sich in diesen Augenblicken in einem anderen Zimmer befand, absolut außer Hör- oder Sichtweite des Gartens. Aber bei Vicky brauchte nur die Milch einzuschießen, um sagen zu können: »Das Baby ist wach«, obwohl es vielleicht gerade eine Stunde zuvor gestillt worden war. Vickys Mutter wollte ihr nicht glauben, und so schlich sie sich leise in den Garten, um zu beweisen, daß das Baby noch schlief. Aber stets, sobald sie in Hörweite des Kinderwagens kam, vernahm sie zu ihrer Verwunderung dessen wütendes Schreien.

Maria Cadaxa, eine Hebamme aus Tucson (Arizona) kommentiert: »Was das Stillen betrifft, so scheint die Milchflußbindung zwischen Mutter und Baby universell zu sein. Ich bin noch keiner Mutter begegnet, die diese Erfahrung nicht mindestens ein einziges Mal gemacht hat. Das häufigste Phänomen ist, daß die Milch Sekunden vor dem ersten Hungerschrei des Babys einzuschießen beginnt, oft nach langem Schlafen. Die zeitliche Abstimmung ist so präzise, daß das Phänomen unmöglich auf irgendwelche ›natürlichen‹ Abstände zwischen den Stillzeiten zurückgeführt werden kann, da sehr unterschiedliche Zeitspannen zwischen einer Stunde und zweieinhalb Stunden dazwischenliegen und die Milch stets ganz kurz vor dem Aufwachen des Kindes einschießt.

Ein weiterer seltsamer Reflex ist, daß die Milch einschießt, wenn irgendein Kind schreit, vorausgesetzt, das eigene Kind ist nicht anwesend. Ist das eigene Kind in der Nähe, passiert das jedoch nicht.«

Zwar scheint das Stillen den Mutterinstinkt zu stärken, doch Dana Raphael, Direktorin des »Human Lactation Centers« in Westport (Connecticut), die in mehr als fünfunddreißig Jahren Tausende von Müttern und Babys beobachtet hat, warnt vor dem Versuch, die Frage der Bindung zwischen Mutter und Kind zu simplifizieren, indem man alles auf die Alternative Stillen oder Fläschchen reduziert: »Wir sind keine Hühner oder Ziegen, bei denen zugegebenermaßen die Beziehungsmuster im wesentlichen vom Mutter-Kind-Verhalten im Säuglingsalter abhängen. Wir sind menschliche Wesen, und wir scheinen fähig zu sein, uns sogar noch mit neunzig Jahren zu verlieben oder neue Bindungen einzugehen. Ich weiß von Müttern, die gestillt haben (was dieser Tage als gute Methode, eine Mutter-Kind-Bindung aufzubauen, favorisiert wird), aber ihre Kinder haßten, und ich kenne Mütter, die ihre Babys mit dem Fläschchen gefüttert haben und eine liebevolle Beziehung zu ihnen entwickelten, und solche, die gestillt haben, obwohl sie es schrecklich fanden, und dennoch das Wesen lieben, das diese frühen Tage so unerquicklich gemacht hat.

Ich kenne Väter, die natürlich nicht stillen und die ihre Kinder in den ersten Monaten nicht sehen konnten, aber sie trotzdem anbeten. Und das gilt auch für alle Mütter, Väter und Kinder in den weniger entwickelten Ländern, nur daß sie es schwerer haben, weil Mütter oft die Entscheidung treffen müssen, welches Kind das bißchen zusätzliche Nahrung bekommen und leben soll und welches sie mit gebrochenem Herzen begraben müssen.

Alle Eltern lieben ihre Kinder, also wie könnten wir es wagen zu behaupten, daß Landfrauen, die ihre Kinder stillen, bessere Mütter sind (beim Aufbauen einer Mutter-Kind-Bindung) als die unterpriviligierte Frau aus der Innenstadt, die genauso zu kämpfen hat.«

Und wirklich, einer der erstaunlichsten Fälle, die mir begegnet sind, war der einer Mutter, die unfähig war, ihr Kind zu stillen, weil sie im Koma lag. Im Juni 1991 berichteten die Zeitungen über Caroline Head aus Bradford, einer achtzehnjährigen Mutter, die seit zwei Monaten im Koma gelegen hatte, nachdem sie eine sieben Meter lange Treppe heruntergefallen war. Sie hatte so schwere Kopfverletzungen, daß die Ärzte befürchteten, sie würde nie wieder das Bewußtsein erlangen. Ihre Mutter, Christine Wilson, brachte regelmäßig Carolines dreizehn Wochen alte Tochter Danielle ins Krankenhaus und legte ihr das Baby in die Arme.

»Außerdem habe ich immer, wenn ich bei Caroline war, Aufnahmen von Danielle abgespielt, wie sie schrie und gurgelte«, erzählte Mrs. Wilson den Journalisten. »Ich hoffte, daß das Baby Caroline irgendwie erreichen konnte, auf eine Art, die den Ärzten nicht möglich war.«

Dann öffnete Caroline plötzlich die Augen und fragte: »Kann ich mein Baby halten?«

»Es ist ein Wunder, daß es geklappt hat«, sagt Mrs. Wilson, »und das beweist, wie stark das Band zwischen einer Mutter und ihrem Baby ist.«

Skeptiker mögen vielleicht die Ansicht vertreten, daß nichts »Magisches« an Carolines Genesung war. Ärzte räumen ein, daß die Anwesenheit der Familie und von Freunden manchmal bei einem im Koma liegenden Patienten das Aufwachen bewirken kann, da ihre Worte, ihr Geruch oder allein ihre Anwesenheit irgendwie den Nebel durchdringen kann, der das Gehirn des Opfers umgibt. Aber Tatsache ist, daß das Kind seine Mutter zum Aufwachen bewegen konnte, während die Medizin es nicht fertigbrachte. Das Band ist wichtig, weil es etwas bewirkt, nicht weil es irgendwelche abstrakten Kriterien erfüllt oder nicht erfüllt. Denn es wirkt nie in einer abstrakten Situation, sondern nur dort, wo Liebe der Schlüssel ist.

Eine weitere Streitfrage zwischen Müttern und Wissenschaftlern, die oft mit dem Stillen im einem Atemzug genannt wird, ist das nächtliche Aufwachen. Wie kommt es, daß eine Mutter Sekunden vor ihrem Kind aufwacht und so das Gebrüll und die Panik verhindert? Wieder können Mütter und Babys sehr unbequem sein und sich weigern, sich den Theorien anzupassen, selbst den besten Theorien, wie die von Dr. William Sears, der zahllose Beweise für die zeitliche Abstimmung der Schlafmuster von Frauen und ihren Kindern zusammengetragen hat.[4] Dieser gemeinsame Rhythmus, so glaubt er, führt dazu, daß die Mutter kurz vor dem Baby wach wird. Dies mag in der Tat viele Fälle von nächtlichem Aufwachen erklären, und der gemeinsame Rhythmus wird natürlich intensiviert durch die Hormone, die durch das Stillen und den engen Hautkontakt aktiviert werden. Wenn die Mutter also stillt und mit ihrem Kleinen in einem Bett schläft (was ich empfehlen würde, wenn die Mutter Unterstützung hat und jemand für sie sorgt, während sie sich um das Baby kümmert), ticken die Uhren der beiden im Einklang. Aber da gibt es noch die zahllosen Ausnahmefälle: Mütter, die in einem anderen Raum schlafen als ihr Kind, deren Babys keine regelmäßigen Aufwach- oder Stillzeiten kennen und die dennoch konsequent kurz vor ihren Säuglingen wach werden. Ich habe sogar Väter getroffen, die Sekunden vor dem Baby aufwachten, während die Mutter tief schlief. Dr. Sears bemerkte gegenüber Carl Jones:[5] »Ich habe das Gefühl, daß da irgend etwas vorgeht, das sich bislang der medizinischen Forschung entzogen hat.« Und das ist ein angemessener Kommentar über das Mutter-Baby-Band im allgemeinen.

Die einfache Antwort auf die Frage, warum eine Mutter nachts aufwacht, daß sie nämlich im Schlaf unbewußt ein Wimmern gehört hat, würde in manchen Fällen ein Gehör erfordern, das dem einer Fledermaus nahekommt – oder aber völlige Taubheit. Denn was ist mit den Frauen, die ruhig weiterschlafen, wenn ein Kleinkind brüllt, aber regelmäßig aufwachen, bevor ein Säugling auch nur das leiseste Geräusch von sich gibt?

Helena Boutal, eine britische Stillgruppenleiterin der La Leche Liga, erinnert sich, daß sie ihre Tochter Amy, als sie noch ein Baby war, in einem anderen Zimmer am Ende des Korridors unterbrachte, um zu sehen, ob sie dann besser schlafen konnte. Helena schlief durch, wenn das Kleinkind Suzy nachts aufwachte, obwohl Suzys Zimmer näher am Elternschlafzimmer lag als Amys. Es war ihr Ehemann Chris, der nach Suzy sah; die erschöpfte Helena jedoch ließ sich nicht stören. Wenn aber Amy auch nur den kleinsten Laut ausstieß, saß Helena aufrecht im Bett, obwohl Chris das Baby überhaupt nicht gehört hatte. Das passierte solange, bis Amy sechs Monate alt war.

Tamara Raetz aus Mountain View (Kalifornien), ist Mitglied des »Mütter-von-Zwillingen-Clubs« und hat eineiige Zwillinge, zwei Mädchen, Emily und Elizabeth. »Als meine Töchter noch keine fünfzehn Monate alt waren«, berichtete sie mir, »wußte ich immer, wann eine oder beide aufwachen würden, durch zwei geschlossene Türen hindurch und ohne die Hilfe eines Babyphons. Ich spürte so eine Art Regung in meinem Kopf – es ist schwer zu erklären – und fast sofort hörte ich sie dann weinen.«

Ich begann auch zu spüren, daß es einen Zusammenhang zwischen meinen Gedanken und dem Aufwachen der Kinder gab, so als würde ich ihren Schlaf unterbrechen, wenn ich an sie dachte. Oft habe ich Besucher verblüfft, wenn ich zur Kinderzimmertür ging, Sekunden bevor die Kinder zu schreien begannen. Sogar mein Mann war erstaunt.

Mittlerweile sind meine Töchter zwei Jahre alt und schlafen durch, und ich halte mich nicht mehr davon ab, an sie zu denken, wenn sie schlafen. Aber morgens kann ich immer noch sagen, ob sie wach sind oder nicht, auch wenn alles still im Haus bleibt. Ich bin daran gewöhnt, mir alle möglichen Erklärungen von Freunden anzuhören, aber ich dachte, Sie würden meine Erfahrungen vielleicht nicht nur glaubwürdig finden, sondern auch nützlich.«

Das Problem mit den Erklärungen – sowohl von Freunden als auch von Experten – ist, daß sie bei einem kleinen Teil der Erfahrungen zutreffend sein mögen, nämlich da, wo alle Faktoren konstant sind. Sie werden jedoch pauschal auf die nächtlichen Aufwach- und Stillerfahrungen aller Frauen übertragen, und alle Faktoren, die nicht ins Muster passen, werden ignoriert. Sobald eine Frau Mutter wird, verwischt sich der Unterschied zwischen dem Physiologischen und dem Psychologischen; beides ist durchzogen vom geheimnisvollen engen Band zwischen Mutter und Kind. Alles, was die Experten in Händen halten, ist ein Stapel sehr ordentlicher Statistiken, die jedes Baby, das etwas auf sich hält, zerkauen oder mit dem es Schlimmeres anstellen würde, bevor es davonkrabbelt, um mit seiner Mama, deren Instinkte angezweifelt wurden, die Wunder eines Universums zu teilen, das so unendlich ist, daß man nur staunen kann.

Wäre es nicht großartig, wenn die Mutter das Baby durch pure Willenskraft wieder einschlafen lassen könnte, anstatt vor ihm aufzuwachen, aufzustehen und es zu stillen? Magie? Ja, laut Cathy Kyle aus Rotorua (Neuseeland). Sie hat festgestellt, daß sie, wenn sie dringend Schlaf braucht, ihr Kind wieder zum Einschlafen bewegen kann, wenn es nachts wach wird. Cathy hatte anfangs ihren Fähigkeiten mißtraut, dann aber gelernt, sie zu akzeptieren und zu ihrem Vorteil einzusetzen, wie wir im vorigen Kapitel gesehen haben. »Erst dachte ich, es wäre reines Glück. Nachts war ich immer sehr erschöpft, und trotzdem war es für mich selbstverständlich aufzustehen, um nach meinem Sohn zu sehen. Aber eines Nachts war ich so müde, daß ich einfach nur dalag und ihn anflehte (in Gedanken), wieder einzuschlafen. Zu meiner Verblüffung bemerkte ich, daß sein Schreien leiser wurde, und so begann ich, ihm zu ›sagen‹ (noch immer nur in Gedanken), was für ein guter Junge er sei, daß es Nacht sei und Zeit zu schlafen. Er hörte auf zu schreien und schlief wieder ein. Er ist jetzt dreiundzwanzig Monate alt, und ich kann das immer noch.«

Wir weniger auf unser Baby eingestimmten Mütter würden es sehr zu schätzen wissen, wenn Cathy diese Fähigkeit in Flaschen füllen und uns schicken könnte.

Das intuitive Band ist natürlich selbst in den ersten Wochen nach der Geburt keine einseitige Sache, und so läßt sich schwer sagen, wessen Psyche das Aufwachen verursacht. Und, wie wir gesehen haben, ist es nicht nur das nächtliche Aufstehen, das Probleme macht. Eine Frau ist auf die Schlafphasen ihres Babys angewiesen – wie unregelmäßig sie auch sein mögen –, um sich den kleinen Luxus von Essen oder Schlafen zu gönnen und jenen halbvergessenen Aktivitäten mit ihrem Partner zu frönen, mit denen die ganze Sache angefangen hat.

Joan Cannon aus New South Wales (Australien) erzählte mir von ihren Erfahrungen. »Das erste, was mir auffiel, war, daß Jode immer genau dann aufwachte, wenn ich einen Bissen essen wollte – und ich meine wirklich jedesmal, nicht nur gelegentlich. Verschob ich meine Mahlzeiten, änderten sich auch die Aufwachzeiten meines Sohnes. Das ging die ganzen ersten drei Monate so.

Wenn wir zu Bett gegangen waren und Jode sich sehr still verhielt, machte ich mir Sorgen, ob auch alles in Ordnung war. Ich lag da und dachte ganz angestrengt: ›Jode, rühr dich‹, und garantiert stöhnte er dann oder regte sich oder seufzte sogar, und dann konnte ich einschlafen. Ich scheine auch ein Talent dafür zu haben, immer genau dann nach ihm zu sehen, wenn er aufwacht. Ich weiß nicht, warum ich ausgerechnet dann gehe, um nach ihm zu sehen, aber er wacht immer gerade auf.

Sein neuester Trick ist, daß er genau dann nicht mehr weiterschläft, wenn mein Mann und ich erwägen, uns etwas Zeit für uns zu nehmen. Es spielt keine Rolle, wie müde Jode ist oder wie spät es ist: Er wacht auf und weigert sich, wieder einzuschlafen. Vielleicht passiert das, weil ich unbewußt denke: ›Hoffentlich wacht er nicht auf‹, und er dadurch starke Botschaften von mir empfängt. Er wacht nie auf, wenn mein Mann und ich fernsehen oder uns unterhalten, sondern nur, wenn wir auf das Schlafzimmer zustreben. Ich glaube ganz fest, daß Jode und ich dieselbe Wellenlänge haben. Wir kennen einander so gut.«

Vielleicht praktiziert Jode übersinnliche Geburtenkontrolle!?

Joan hat mir noch einmal geschrieben. Sie wacht mittlerweile nicht mehr regelmäßig vor Jode auf, sondern nur noch, wenn er krank ist. »Ich bin sicher, daß er, da er jetzt älter ist, nicht mehr nachts mit mir kommunizieren muß, sondern nur noch, wenn er krank ist«, meint sie. Das bedeutet, daß es einige Lücken in der Theorie gibt, die besagt, daß durch die Übereinstimmung der Schlafmuster von Mutter und Baby die Mutter vor ihrem Kind aufwacht. Hier ist es jedoch wieder das unausgesprochene Bedürfnis des Kindes, das sich der wartenden Mutter mitzuteilen scheint.

James E. Peron, Leiter der »Childbirth Education Foundation« in Richboro (Pennsylvana) räumt ein: »Wir stimmen tatsächlich dahingehend mit Ihnen überein, daß es eine besondere parapsychische Bindung zwischen einer Mutter und ihrem kleinen Kind gibt. Natürlich gibt es Menschen, die einen solchen Gedanken abwegig finden. Manche argumentieren sogar, daß es nicht notwendig sei, daß Säuglinge bei der Geburt mit ihren Eltern eine Bindung eingehen. Aber wenn wir uns in der Tierwelt die Beziehung zwischen einer Mutter und ihren Jungen betrachten, erkennen wir, daß diese angeborene Kommunikationsform hoch entwickelt ist. Warum sollen wir also annehmen, daß es sie bei dem höchstentwickelten Säugetier nicht gibt?«

Natürlich sind viele wissenschaftliche Untersuchungen über die »obere Hälfte« des Problems angestellt worden, aber was ist mit der unteren Hälfte? Gibt es so etwas wie übersinnliche Sauberkeitserziehung? Ugandische Frauen, die ihre Babys stundenlang in einem Tragetuch über den Brüsten oder auf dem Rücken herumtragen, wickeln sie nicht. Aber zum Erstaunen ausländischer Besucher bekleckern die Kinder weder sich noch ihre Mütter. Die Frau eines Arztes erkundigte sich einmal, woher die Mütter wüßten, wann ihre Säuglinge sich erleichtern müssen. »Woher wissen *Sie* denn, wenn *Sie* gehen müssen?«, fragte die Uganderin.

Natürlich haben die Frauen nicht verraten, daß auch sie üben müssen, bis sie genau sagen können, wann das Baby »muß«. Wenn es soweit ist, schwingen sie ihr Kind genau im richtigen Moment aus dem Tragetuch, halten es über die Erde und warten, bis es mit seinem »Geschäft« fertig ist. Junge Frauen, die diese Fähigkeit noch nicht voll entwickelt haben, werden hartnäckig, aber liebevoll von den anderen Müttern geneckt, wenn ihr Rücken beschmutzt wurde. Haben wir es hier wieder mit Synchronizität zu tun? Oder Magie? Als eine Mutter, die ein Vermögen in Windeln investiert und viele Male kalt erwischt worden ist, wünschte ich, ich könnte diese Technik erlernen.

In einer idealen Welt hätte jede Mutter die notwendige Unterstützung, die Zeit und die emotionale und physische Sicherheit, die sie braucht, um das Stillen befriedigend zu finden. Es gibt keinen Zweifel daran, daß das Stillen eine wunderbare Möglichkeit ist, die Mutter-Kind-Bindung zu festigen. Und weil Muttermilch eine in der Regel automatisch vorhandene und ideale Nahrung ist – eine Erweiterung des Feldküchen-Systems der Gebärmutter – erlaubt das Stillen der Mutter und ihrem Baby, sich mit dem Kommunizieren auf intuitiver Ebene zu beschäftigen, ohne daß ihnen irgendwelcher Ärger dazwischenkommt. Denn wenn der Säugling sich meldet, wird die Mutter, ob nun parapsychisch oder hormonell bedingt, nachts aus dem Schlaf geweckt und tagsüber von anderen, nach Ansicht des Kindes weniger wichtigen Beschäftigungen abgelenkt und ist sofort bereit, seine Bedürfnisse zu befriedigen, ohne umherhetzen und zur Begleitung von Babygebrüll Flaschen erwärmen zu müssen. Von den Hormonen mal abgesehen: Das Stillen ermöglicht allen Beteiligten, im geistigen Bereich zu wachsen, weil es die außersinnliche Kommunikation erleichtert. Es verleiht der Beziehung zwischen Mutter und Kind eine ganz besondere Intimität, die an sich schon magisch ist. Ich habe sowohl gestillt als auch die Flasche gegeben und festgestellt, daß das Stillen mir größere Freude bereitete und praktischer für mich war. Zudem ist Muttermilch eine auf das Baby abgestimmten Nahrung und stärkt seine Abwehrkräfte. Allerdings muß ich hinzufügen, daß ich bei dem Kind, das ich nicht stillen konnte, am häufigsten Erfahrungen mit einem parapsychischen Band zwischen uns gemacht habe.

Die Brust ist also der beste, aber nicht der einzige außersinnliche Kanal. Wenn Sie stillen und mit Ihrem Baby in einem Bett schlafen, werden die mütterlichen Hormone fließen und den Kanal für andere, weniger greifbare Kommunikationsströme freimachen. Aber wenn Sie müde und allein sind, in einer überfüllten Wohnung leben und nicht einmal eine Stunde am Tag von einem schreienden Säugling wegkommen können, führen diese Theorien vielleicht dazu, daß Sie sich ein wenig wie eine

Versagerin vorkommen. Und das ist nicht fair. Ich weiß das, weil ich versucht habe, mein zweites Kind zu stillen, während meine Welt um mich herum zusammenbrach. Was bleibt also, wenn die Milch versiegt und unser Körper nach ein wenig Ruhe und Frieden schreit? Die Mutter-Magie. Sie übernimmt die Führung, wenn alle Theorien versagen. Sie hindert uns daran, das Kind zu erwürgen, sie hält uns in Hochstimmung, wenn wir aus Schlafmangel zu halluzinieren beginnen. Ich kann es weder erklären noch beweisen, aber ich habe sie gespürt, ebenso wie Hunderte von Frauen, mit denen ich sprach oder die mir schrieben. Lassen Sie uns einfach dankbar sein, daß sie existiert!

4
Kleinkinder und Telepathie

Die übersinnliche Mutter-Kind-Bindung versiegt nicht mit der Muttermilch. Aber die Vorkommnisse, die die Existenz des Bandes beweisen, können so flüchtig sein, daß sie einem leicht entgehen können. Oft verspürt eine Mutter nur Panik oder ein Gefühl der Dringlichkeit, das sie veranlaßt, mitten im Supermarkt ihren Einkaufskorb fallenzulassen und so schnell wie möglich nach Hause zu fahren.

Im Februar 1991 war ich nach Newport gefahren, der Hauptstadt der Isle of Wight, von unserem Haus aus eine Fahrt von ungefähr fünfzehn Kilometern. Mein Mann John wollte die älteren Kinder kurz vor drei von der Schule abholen und den dreijährigen Billy mitnehmen. Da John während der Woche oft unterwegs ist, war ich froh, einmal ohne Kinder losfahren und durch die Stadt bummeln zu können, und ich hatte vor, meine wöchentlichen Einkäufe im Supermarkt zu erledigen. Ungefähr um halb vier war ich im Supermarkt. Ich ging langsam durch die Gänge und genoß das selige Gefühl, ohne Billy zu sein, der gewöhnlich wie ein Gladiator auf dem Einkaufswagen sitzt, Waren umherschleudert und aus vollem Hals brüllt. (Er leidet unter etwas, was ein Psychologe »Hyperaktivität« nennt und einfach heißt, daß er ein besonders diabolisches Kleinkind ist. Billy hat mit zwei Jahren das Trotzalter so genossen, daß er es um ein Jahr verlängert hat.) Plötzlich begann ich, mich unbehaglich zu fühlen. Ich dachte ständig: »Ich habe Angst«, was überhaupt keinen Sinn machte, denn ich war hier im Supermarkt und wanderte zwischen den verlockenden Herrlichkeiten der Gefrierkostabteilung umher. Dann befielen mich plötzlich die schrecklichsten Schmerzen – den Wehen sehr ähnlich –, die sich während der nächsten Minuten stufenweise steigerten. Unfähig, die Schmerzen länger zu ertragen, gab ich die Idee auf, weiter einzukaufen. Ich ging mit dem, was ich im Einkaufswagen hatte, zur nächsten Kasse und nahm irrationalerweise noch ein Spielzeugauto für Billy mit. (Ich kaufe nie Spielzeug für nur eins der Kinder – das würde einen Aufruhr auslösen –, aber meine Gedanken waren ausschließlich bei Billy.) Nach einer Zeitspanne, die mir wie eine Ewigkeit vorkam und während der ich mich an meinem Einkaufswagen festklammerte und mich fragte, ob ich um Hilfe bitten oder einfach alles stehenlassen sollte, war ich an der Kasse angelangt. Die Kassiererin informierte mich über ein Sonderangebot, das billiger als mein Einkauf war, aber ich war unfähig, mich zu konzentrieren. Endlich draußen angelangt, wußte ich nicht recht, was ich als nächstes tun sollte – zu Hause anrufen, mich im nächsten Café ausruhen, bis der Schmerz vorüberging, oder sofort heimfahren? Ich erreichte mein Auto, lud meine Einkäufe ein und fuhr los. Alles geschah wie in Zeitlupe. Ich konnte gerade noch einen Zusammenstoß mit einem anderen Wagen vermeiden und fühlte weiterhin diese Panik, die erst vorbeiging, als ich ungefähr fünf Minuten gefahren war. Plötzlich entspannte ich mich, und die Schmerzen verschwanden wie durch ein Wunder. Nach der dortigen Uhr hatte ich um zehn Minuten nach fünf den Supermarkt verlassen; die ganze Erfahrung dauerte eine halbe Stunde.

Als ich zu Hause ankam, bemerkte ich, daß Billy einen warmen Schlafanzug trug – ungewöhnlich für diese Tageszeit –, und John, der versuchte, beiläufig zu klingen, fragte mich, ob ich irgendwelche »Vorahnungen« gehabt hätte. Ich erzählte ihm mein Erlebnis, und dann berichtete er mir, was während meiner Abwesenheit vorgefallen war.

Er hatte die Kinder von der Schule abgeholt, und kurz nach halb fünf war er mit ihnen an der Yar entlang nach Hause gegangen, einem durch Wälder fließenden Fluß in der Nähe unseres Hauses. Es war ein ungewöhnlich warmer Tag, also hatte er am Fluß haltgemacht, damit die Kinder unter den Bäumen spielen konnten. Und dann beging er den für einen Vater fatalen Fehler, eine Sekunde lang nicht aufzupassen. Plötzlich schoß Billy auf den Fluß zu, der nicht sehr breit ist, aber nach den Winterregen ziemlich tief war. Er hatte wahrscheinlich vor, im letzten Augenblick stehenzubleiben, schaffte es aber nicht. John warf sich ins Wasser und zog einen heulenden Billy heraus, setzte ihn in den Wagen und brachte die Kinder schleunigst nach Hause.

Da er Journalist ist, registrierte er automatisch die Uhrzeit: Viertel vor fünf. Ungefähr zu der Zeit hatte meine Panikattacke begonnen. Um zehn nach fünf war Billy gebadet und getröstet und hatte aufgehört zu brüllen.

Supermärkte scheinen bemerkenswert geeignete Orte für das Auffangen der Schwingungen eines Kindes in Not zu sein. Vielleicht gelingt es Naturwissenschaftlern ja einmal, einen Zusammenhang zwischen all diesen summenden Elektrogeräten und übernatürlichen Kanälen aufzuzeigen. Marian McCahe aus Dublin erzählte mir: »Im Juli 1984 nahm meine kleine Tochter Margaret an einem Sommerferienprogramm in Dublin teil. Eines Tages wollte sie mit einer Gruppe anderer Kinder an einer Zugfahrt nach Howth teilnehmen, und so setzte ich sie bei der Schule ab. Zwei Studenten leiteten die Gruppe.

Fast dreißig Minuten später, als ich in der Tiefkühlabteilung des Supermarkts Schlange stand, wurde ich plötzlich von einem Gefühl extremer Besorgnis, der Furcht und des Schreckens ergriffen. Ich fühlte mich, als hätte sich eine schwarze Wolke auf mir niedergelassen. Niemals zuvor hatte ich eine so schreckliche Verzweiflung erlebt. Nach ungefähr zehn Minuten ging das

Gefühl vorbei, und ich schrieb meinen Zustand einem niedrigen Blutzuckerspiegel zu und vergaß ihn. Ein paar Stunden später kehrte ich zur Schule zurück, um Margaret abzuholen. Ich erfuhr, daß wegen eines plötzlichen Eisenbahnerstreiks die Zugfahrt abgesagt worden war. Da aber einer der Studenten einen Freund hatte, der in einer Fischverarbeitungsfabrik arbeitete, hatte er ihn angerufen, um ein Fischerboot zu schicken, das die Kinder den Liffey hinunterbringen sollte, damit sie die Fabrik besichtigen konnten. Als ich dieses schreckliche Gefühl verspürt hatte, war Margaret über eine ölverschmierte, mit Algen bedeckte Aufschleppe zu dem winzigen Fischerboot hinüberbalanciert. Sie sagte mir, daß sie panische Angst gehabt hatte, aber der Student konnte sie nicht zurücklassen, weil sie sonst alleingeblieben wäre. Gott sei Dank gab es keine Unglücksfälle.«

Wenn der mütterliche Instinkt erwacht ist, läßt er sich nicht hinters Licht führen. Vielleicht versucht jemand, die Gefühle der Mutter zu schonen, indem er ihr erzählt, daß es Junior gutgehe, wenn sie in panischer Angst zu Hause anruft. Aber sie wird es besser wissen, wie die Geschichte von Elaine C. Emmi aus Salt Lake City (Utah) zeigt.

1983 lebte Elaine mit ihrem Mann und dem fast fünf Jahre alten Sohn Matt in Los Angeles. »Ich war für zehn Tage nach Palm Springs gefahren, um für die Jahreshauptversammlung der Gesellschaft für Naturschutz eine Konferenz vorzubereiten. Meine Nachbarin war mitgekommen. Matt sollte die Vormittage im Kindergarten und die Nachmittage bei einem Freund verbringen; mein Mann konnte ihn dort abholen, wenn er von der Arbeit kam. Vor der Rückfahrt von Palm Springs nach Los Angeles beschlossen meine Nachbarin und ich, noch irgendwo eine Kleinigkeit zu essen, um nicht in den Feierabendverkehr zu geraten. Als wir im Restaurant auf unser Essen warteten, überkam mich plötzlich ein ganz schreckliches Gefühl. Ich sagte zu meiner Nachbarin, ich müsse zu Hause anrufen, um zu erfahren, wie es Matt ging. Ständig wiederholte sie, ich solle mir keine Sorgen machen, aber ich wußte, daß etwas nicht stimmte. Ich rief zu Hause an, und als niemand ans Telefon ging und sich auch der Anrufbeantworter nicht einschaltete, war ich absolut sicher, daß etwas passiert sein mußte. Also rief ich den Mann meiner Nachbarin an. Er wußte von nichts. (Später gestand er mir, er hätte gelogen, weil er mich vor der zweieinhalbstündigen Fahrt nicht aufregen wollte.)

Wir aßen schweigend und brachen bald auf. Die Rückfahrt war das Schlimmste, was ich je erlebt habe, da ich überzeugt war, daß etwas Schreckliches vorgefallen sein mußte.

Der Mann meiner Nachbarin kam uns entgegen, sobald wir die Auffahrt hinauffuhren. Er eröffnete mir, daß Matt durch eine Glastür gefallen war und gleich operiert werden würde, da mehrere Sehnen seiner rechten Hand durchtrennt worden waren. Ich erreichte das Krankenhaus kurz vor der Operation, und so konnte ich noch ein paar Minuten bei Matt bleiben. Die Operation verlief gut. Mein Sohn ist jetzt zwölf Jahre alt und kann seine Hand voll gebrauchen.«

Die Geschichte von Claire Roberts aus Miranda (New South Wales) ist ein weiteres Beispiel für diesen übersinnlichen Lügendetektor, der hier bei einer Mutter und ihrer erwachsenen Tochter am Werk war. Claire berichtete: »Als ich achtzehn war (jetzt bin ich sechsunddreißig), bin ich von zu Hause ausgezogen, aber meine Mutter und ich stehen uns immer noch sehr nahe, obwohl ich Hunderte von Kilometern von ihr entfernt lebe. Ich kann Ihnen gar nicht sagen, wie oft sie mich in den letzten achtzehn Jahren angerufen hat, wenn ich gerade eine Krisensituation durchlebte, um mich zu fragen, ob auch alles in Ordnung sei. An dem Morgen, an dem mein Ex-Mann und ich beschlossen, uns zu trennen, rief sie an und wollte mir partout nicht glauben, als ich sagte, alles wäre bestens.«

Joe Cooper, Professor der Sozialwissenschaften und Parapsychologe, hat keine Probleme mit dieser Art mütterlicher »Krisentelepathie«, wie sie manchmal genannt wird.[6] Er meint: »Telepathie benutzt die Sprache der Seele. Zwischen Mutter und Kind gibt es einen gewaltigen Seelenfluß, wie auch zwischen Liebenden.

Um ein einfaches Beispiel zu nennen: Eine Studentin von mir, die an der Fernuniversität eingeschrieben ist, hatte einen Unfall, als sie sieben Jahre alt war. Sie trat hinter einem Bus auf die Straße und wurde von einem Auto angefahren. Das Mädchen war bewußtlos und stellte fest, daß es sich außerhalb seines Körpers befand – so als ob die Seele herausgezogen worden wäre, während der Körper sozusagen im Leerlauf zurückblieb. Innerhalb von Sekunden begab sie sich zu ihrer Mutter, die ein paar Häuser entfernt in der Küche Kartoffeln schälte, und übermittelte ihr die Notlage, in der sie sich befand. Die Frau legte das Kartoffelschälmesser beiseite und eilte aus dem Haus zum Schauplatz des Unfalls, und als sie zu ihrem Kind niederblickte, kam es wieder zu sich.«

Die Telepathie warnt jedoch nicht nur vor Gefahren. In einer scheinbaren Krisensituation kann sie auch dazu beitragen, eine Mutter zu beruhigen und sie davon zu überzeugen, daß alles nicht so schlimm ist, wie es aussieht. Louise, Mutter des zweijährigen Craig und des vierjährigen Alex, die in Südengland lebt, hat mir folgendes erzählt: »Es klingt albern, aber manchmal sollte man auf sich selbst hören, seinem Instinkt vertrauen und ihn weiterentwickeln. Letzten Sommer verschwand Alex in der Wohnsiedlung, in der wir leben. Ich wollte gerade anfangen, zu weinen und verzweifelt zu sein, als ich dachte: ›Wart einen Moment, es kann nichts passiert sein. Ich weiß, daß es ihm gutgeht, denn ich kann spüren, daß er noch da ist. Er ist nicht von mir gegangen.‹ Also entspannte ich mich, und tatsächlich, kurz darauf tauchte er im Haus eines Freundes auf. Ich hatte gewußt, daß er nicht in Gefahr war; mein Instinkt hat es mir gesagt. – Man kann die Elektrizität nicht sehen, aber wir bezahlen die Stromrechnung, also wissen wir, daß sie existiert. Mit dem Mutterinstinkt und der Telepathie ist es dasselbe.«

Louise beschreibt das Phänomen folgendermaßen: »Als wäre die Nabelschnur zwischen uns zwar körperlich, aber nicht seelisch durchschnitten worden.«

Sobald ein Kind sprechen lernt, wird der Austausch gegenseitiger und kommt der herkömmlichen Definition von Telepathie näher. Jedoch bleibt es eine Telepathie, die sich nicht durch Laborexperimente einfangen läßt, bei der Wissenschaftler gelangweilte Kinder raten lassen, welche Karte gezogen wurde, insbesondere wenn sie die Versuchspersonen für unerfreuliche Exemplare der niederen Gattungen des Tierreichs halten.

Es kann vorkommen, daß ein Kind dieses Band nutzt, um die Mutter zu beruhigen. Donata Glassmeyer lebt in Mainville (Ohio). Ihre Tochter Hope, die jetzt sechs Jahre alt ist, wurde geboren, als sie achtunddreißig war. Donata ist überzeugt, daß die intensive Geburts- und Bindungserfahrung, die Hope und sie erlebt haben, zu deren Fähigkeit beigetragen hat, auf einer tiefen, unkonventionellen Ebene mit ihr und ihrem Vater zu kommunizieren.

»Schon als Hope erst ein Jahr alt war, konnte sie auf einen Gegenstand zeigen, zum Beispiel auf den Badewannenstöpsel, und Minuten später ging er kaputt. Jetzt weiß sie oft, wer am Telefon ist, noch bevor ich den Hörer abnehme, und sie weiß, ob ihr Vater zu Hause ist, lange bevor wir in die Auffahrt fahren.

Als sie fast zwei war, war ich eines Nachmittags unterwegs, und sie blieb zu Hause bei ihrer Schwester. Auf der Autobahn wurde ich von einem Lastwagen von der Straße gedrängt. Ich war zwar nicht verletzt, aber der Vorfall hatte mich verstört, weil der Lastwagenfahrer nicht einmal anhielt. Daheim angelangt, gingen Hope und ich in den Garten, damit sie im Sandkasten spielen konnte. Ich setzte mich in einen Liegestuhl und rief mir den Vorfall intensiv ins Gedächtnis zurück, da ich einen Beschwerdebrief an die Firma schreiben wollte, deren Lastwagen den Beinahe-Unfall verursacht hatte. Nach ein paar Minuten sagte mein kleines Mädchen, das gerade erst sprechen gelernt hatte: ›Kein großer Lastwagen hier im Garten, Mama.‹ Ich hatte ihr oder ihrer Schwester gegenüber kein Wort über dieses Ereignis verloren, aber Hope war fähig, die Information aufzufangen, einfach weil wir so eng miteinander verbunden waren. Noch Tage später versicherte sie mir, daß keine großen Lastwagen in unser Haus und unseren Garten kommen könnten.«

Wir wissen nicht, ab welchem Punkt ein Kind anfängt, die Notlage seiner Mutter mitzuempfinden, aber wir bemerken etwas von dieser Fähigkeit, wenn das Kind seine Gedanken in Worte kleiden kann. Mary, die jetzt selbst Mutter ist und in der Grafschaft Cork lebt, kann sich gut an das Band zwischen ihr und ihrer Mutter erinnern: »Einmal, als ich noch klein war, fuhr meine Mutter mit meinem Bruder zu unserem Sommerhaus, um sich um ein paar Reparaturen zu kümmern. Ungefähr um fünf Uhr nachmittags wußte ich, daß meiner Mutter etwas Schreckliches zugestoßen war. Das Gefühl war so intensiv, daß ich niederkniete und zu beten begann. Meine Mutter bekam manchmal Erstickungsanfälle, und so war mein erster Gedanke, daß es sich darum handeln müsse. Später erfuhr ich, daß sie mit meinem Bruder am Strand spazierengegangen und ungefähr um fünf Uhr die Zementstufen hinuntergefallen war, die zum Strand führten. Sie hatte sich schwere Verletzungen zugezogen, die zum Glück nicht tödlich waren.

Ich habe dieses Gefühl nie wieder gehabt, bis mein eigener Sohn ungefähr drei Jahre alt war. Wir waren umgezogen, und obwohl wir immer vorgehabt hatten, an den Fenstern im oberen Stock Schlösser anzubringen, waren wir irgendwie nie dazugekommen. Meine Mutter und meine Schwester waren bei uns zu Besuch, und wir saßen im Wohnzimmer, tranken Tee und unterhielten uns, als ich plötzlich mitten im Satz abbrach. ›Ich muß nach dem Kleinen sehen‹, sagte ich und raste die Treppe hinauf zum Arbeitszimmer meines Mannes. Mein Sohn stand auf dem Fensterbrett, vor dem offenen Fenster. Er war auf den Schreibtisch geklettert und hatte das Fenster geöffnet. Noch fünf Zentimeter weiter, und er wäre hinausgefallen.«

C.G. Jung erkannte, daß die Mutter-Kind-Bindung etwas ist, das sich von der Psychologie nicht erfassen läßt. Jung glaubte, daß Mutter und Kind noch lange Zeit nach der Geburt eine psycho-physische Einheit bilden (und später eine parapsychische) und daß während der frühen Kindheit ein starkes parapsychisches Band zwischen beiden besteht, das ebenso dem Unbewußten wie dem Bewußtsein entspringt.

Wenn eine Mutter die Möglichkeit hat, diese Kraft für sich nutzbar zu machen, kann das sehr fruchtbar sein. Das durfte auch Lilian Skeels, die im Zweiten Weltkrieg ein kleines Mädchen war, am eigenen Leib erfahren. Die magischen Bilder aus dem Kopf ihrer Mutter haben die kriegsbedingte Verdunkelung für sie erhellt.

»Ich bin in Cheshire aufgewachsen«, berichtete Lilian, »damals war Krieg, und obwohl ich noch klein war, mußten wir immer kilometerweit durch die Stadt laufen, um während der Verdunkelung nach Hause zu kommen. Da ich zu schwer zum Tragen war, fand meine Mutter einen Weg, mich zum Gehen zu bewegen. Sie versetzte mich mit ihrer Stimme in eine Art hypnotische Trance und erzählte mir Kinofilme, nicht nur die Geschichten, sondern auch die Bilder. Sie projizierte die Bilder in meinen Kopf. Es war so schön, daß ich gar nicht aufwachen wollte, und dann waren wir plötzlich zu Hause, und meine kleinen Beine taten mir weh. Das Dumme daran war nur: Als ich mir nach dem Krieg diese Filme endlich ansehen wollte, waren sie nicht mehr besonders interessant für mich. Szene für Szene war genau so, wie sie mir meine Mutter beschrieben hatte.«

Wird das Kind etwas größer, ist es meistens das Kind, das die Mutter mit einem plötzlichen Aufblitzen von Telepathie überrascht, einer Telepathie, die nicht durch eine Krise ausgelöst wird, sondern aus einer ganz alltäglichen Situation entsteht. Die Ursache davon scheint zu sein, daß Kinder nicht immer erkennen, daß ihre eigenen Gedanken und die Gedanken ihrer Eltern voneinander getrennte Dinge sind. Sie scheinen von Geist zu Geist zu »hüpfen«; sie springen in den Kopf ihrer Eltern und wieder hinaus. Dies scheint ein völlig willkürlicher Prozeß zu sein, den weder Sie noch Ihr Kind steuern können. Offenbar verschwindet diese Fähigkeit, wenn den Kindern dann in der Schule beigebracht wird, daß es so etwas nicht gibt.

Ann Burbidge aus Leicester erinnert sich: »Vor Jahren spielte meine älteste Tochter, die damals vier Jahre alt war, im Wohnzimmer und schnitt Bilder aus einem alten Versandhauskatalog aus. Ich ging in die Küche, um das Essen zu kochen, und dachte, ohne mir groß etwas dabei zu denken, wie gern ich einen mit Steinen besetzten Ring hätte. Ein paar Minuten später kam meine Tochter herein und sagte, sie hätte ein Geschenk für mich. Von all den Dingen, die sie aus dem Katalog hätte ausschneiden können, brachte sie mir einen Ring, der fast genauso aussah wie der, den ich im Geist entworfen hatte.«

Dieses »Gedankenhüpfen« kann ziemlich verräterisch sein, wenn Sie gerade versuchen, ein Geheimnis zu bewahren, wie Bernice, die in Schottland lebt und mittlerweile Großmutter ist, entdeckte. »Mein Sohn Paul war damals drei Jahre alt, und wir aßen gerade zu Mittag. Er aß ohne meine Hilfe, und mein Mann kam mittags nicht nach Hause, so daß die Konversation minimal war, weil ich begann zu überlegen. Der Eßtisch stand direkt vor dem Fenster. Das Jahr ging zu Ende, es war kalt geworden, und mir kam der Gedanke, daß es vielleicht gut wäre, den Tisch woanders hinzustellen, damit wir nicht in der Zugluft sitzen mußten – aber wohin? An der Wand, die am ehesten im Frage kam, stand eine hohe Truhe, die uns alles

Licht wegnehmen würde, wenn ich einen einfachen Platztausch vornahm.

Mein Mann haßt Veränderungen, also wäre es ein Reinfall geworden, wenn ich die Sache mit ihm besprochen hätte. Ich mußte ihn daher vor vollendete Tatsachen stellen. Also plante ich während des Essens die Umstellung der Möbel, ohne ein Wort zu sagen. Am Nachmittag kam eine Freundin zum Kaffeeklatsch vorbei. Als wir vor dem Kamin saßen, sagte Paul plötzlich: ›Mami will die Möbel umstellen. Sie will den Tisch da hinstellen...‹, und dann beschrieb er mit großer Exaktheit alle Veränderungen, die ich geplant hatte.«

Für Julia aus Berkshire ist diese Art von Telepathie nicht ein besonderer, herausragender Vorfall, sondern ein Prozeß, der bei ihr mit der Empfängnis begann und seitdem anhält. Laurence ist ihr zweites Kind. »Ich wußte augenblicklich, daß ich nun schwanger war; und am nächsten Morgen schrieb ich es gleich einer Freundin. Es war seltsam, weil ich zwei Jahre lang wegen Unfruchtbarkeit in Behandlung gewesen war, bevor ich mein erstes Kind, Laura, empfing. Und ich hatte schon einen Termin beim Arzt zur Fortsetzung der Behandlung. Ich sagte zu ihm: ›Ich denke, Sie sollten vorsichtig sein, wenn Sie mich untersuchen, für alle Fälle.‹ Zu seiner Überraschung war ich tatsächlich schwanger. Die ganze Schwangerschaft über war das Baby für mich ein Sohn; nie hatte ich auch nur einen Augenblick gedacht, daß es ein Mädchen werden könnte. Laura war mein geliebtes Kind, aber Laurence war ein Teil von mir. Wie er aussehen würde, wußte ich genau, und ich hatte recht, bis ins letzte Detail. Ich sah ihn immer als ungefähr drei Jahre alten Jungen vor mir, und als er drei wurde, sah er genauso aus, wie ich es mir ausgemalt hatte.

Als Laurence geboren worden war, wachte ich nachts stets kurz vor ihm auf und war vollständig eingestimmt auf seine Bedürfnisse und Gefühle. Ich weiß, beim zweiten Kind ist es immer einfacher, aber das war fast magisch. Als mein Sohn größer wurde, konnte er jeden meiner Gedanken lesen. Wenn ich dachte: ›Wo habe ich nur mein Nähkästchen hingelegt?‹, kam Laurence, der in einem anderen Zimmer gewesen war, mit dem Nähkästchen in seinen kleinen Händen an. Oder mir fiel auf, daß ein Fleck auf einem der Möbel war, und dachte: ›Das muß ich polieren‹, und sofort kam Laurence aus einem anderen Teil des Hauses mit der Möbelpolitur. Es waren keine Worte nötig, nicht einmal Sichtkontakt.«

Eines ist mir bei dieser »Routine-Telepathie« – im Gegensatz zur »Krisen-Telepathie« – aufgefallen: Eltern, die nicht hektisch herumsausten, um die Kinder mit haufenweise Spielzeug und anderen Aktivitäten zu fördern, sondern damit zufrieden waren, sie auf ihre eigene Art Kind sein zu lassen, begegneten am häufigsten diesen übersinnlichen Erfahrungen. Ich nehme an, die Einstellung ihrer Eltern gab den Kindern den Freiraum, es einfach geschehen zu lassen.

Tom Anderson aus Summerland in British Columbia (Kanada), der sich mit nordamerikanischen und mexikanischen Geburts- und Erziehungsbräuchen beschäftigt hat, billigt den entspannten Ansatz aus vollem Herzen und findet, daß man sofort nach der Geburt damit beginnen sollte. »Es ist erstaunlich, was man lernen kann, wenn man einfach nicht in natürliche Abläufe eingreift. Die Geburt meiner Tochter Kitty war so schnell, leicht und wundervoll, und Kitty selbst ein derart erstaunliches Geschöpf, daß ich alles über Bord werfen mußte, was ich über Geburt und Babys zu wissen glaubte. Seit damals ist mir bei vielen Gelegenheiten bestätigt worden, daß das, was ich beobachtet und erlebt habe, in keiner Weise unnormal ist. Ganz im Gegenteil: Die Geburt und die Kindheit meiner zweiten Tochter, Holly, haben mein Verständnis dessen, was normal ist und was nicht, noch vertieft, obwohl es bei ihr ganz anders war als bei Kitty.

Mediziner und die meisten Eltern sehen mich nur ganz sonderbar an, wenn ich erwähne, daß meine Kinder nach der Geburt nicht schrien, daß sie die ersten sechs Monate ausschließlich

Muttermilch bekamen und nie ›Babynahrung‹ probierten, daß sie nie quengelten, Wutausbrüche bekamen oder sich sonst schlecht benahmen, daß es bei uns nie feste Essens- oder Schlafenszeiten gab und wir weder Kinderbett noch Kinderwagen oder Kinderkarre besaßen.

Ich kann mich noch deutlich erinnern, wie sowohl Kitty als auch Holly auf meine Gedanken reagierten, schon als sie noch winzige Babys waren. Und besonders ist mir ein erstaunliches Erlebnis in Erinnerung geblieben, von dem mir meine Partnerin eines Abends erzählte.

Holly muß ungefähr anderthalb gewesen sein. Sie hatte inzwischen ihren eigenen kleinen Schlafplatz, nahe bei ihrer Mutter, aber durch eine Trennwand abgeteilt. Sie lag im Bett und sang leise vor sich hin, wie sie es oft tat, und ihre Mutter griff nach einem Buch, um noch etwas zu lesen. Es war ein Buch über die Schweiz. Holly hörte auf zu singen, und dann sagte sie leise, aber ganz deutlich: ›Schweiz‹. Mehrere Minuten lang sprach Holly Worte aus, die ihre Mutter gerade gelesen hatte. Dann schlief Holly offenbar ein, und das war das Ende der Geschichte.

Ich habe mich immer gefragt, wie verbreitet so etwas sein mag. Vielleicht kommt es nur vor, wenn es zwischen Eltern und Kindern eine gute Beziehung gibt, oder die Eltern bemerken es nicht, wenn die Eltern-Kind-Bindung nicht so besonders stark ist. Die Wissenschaft wird es abtun, nehme ich an, bis ›gesicherte Beweise‹ vorliegen.«

Chris McDermott aus High Wycombe (Buckinghamshire) ist ebenfalls ein sehr entspannter, offener Mensch. Bei unserem Treffen erzählte sie mir: »Als mein Sohn Michael noch klein war (er ist jetzt einundzwanzig), waren wir sehr eng miteinander verbunden, und er konnte meine Wünsche auffangen, ohne daß ich etwas gesagt hatte. Einmal, als er drei Jahre alt war, gingen wir im Wald spazieren und unterhielten uns über Blätter und Eichhörnchen, und ich dachte: ›Ich wünschte, wir könnten nach Slough fahren und meine Freundinnen, die Benediktinerinnen, besuchen.‹ Wir fuhren nur zweimal im Jahr dorthin, aber ich liebte die Besuche im Kloster, und plötzlich spürte ich den starken Wunsch, sie wiederzusehen. Michael war erst zwei gewesen, als wir das letztemal dort waren, also bezweifelte ich, daß er sich daran erinnern konnte. Wir gingen also unter den Buchen entlang, und plötzlich sagte Michael: ›Wäre es nicht schön, wenn wir diesen Samstag die Nonnen besuchen könnten?‹ Er konnte sich als Kind sehr gut ausdrücken, aber ich weiß nicht, was ihn dazu gebracht hat, das zu sagen, denn ich weiß genau, daß nicht über die Nonnen gesprochen worden war. Seine Fähigkeit, meine Wünsche aufzufangen, schien nachzulassen, als er älter wurde und in die Schule kam.

Michael, mein dritter Sohn, war von all meinen Kindern vielleicht am engsten mit mir verbunden. Er mußte in den Kindergarten, als er drei war, weil ich gezwungen war zu arbeiten. Es war eine schreckliche Zeit, und die Trennung hat uns beiden fast das Herz gebrochen.«

Wenn auch die Berufstätigkeit die Trennung von Mutter und Kind erzwingen kann, bedeutet das nicht, das das übersinnliche Band verschwindet. Selbst wenn sie nur wenig Zeit miteinander verbringen können, kann ihre Beziehung zueinander vertieft werden, wenn sie das Beste daraus machen. Claire Roberts aus Miranda (New South Wales) ist Musikerin. An fünf Abenden in der Woche singt sie in Musikclubs und Hotels, aber es ist ihr gelungen, das Band zu erhalten, das sie mit ihrem Sohn Matthew verbindet. »Meistens fahre ich los, wenn Matthews Vater Simon nach der Arbeit nach Hause kommt. Manchmal, wenn Simon spät dran ist, setze ich Matthew bei einer Nachbarin ab. Wenn Simon zu spät kommt, ist es oft eine ziemliche Hetze, und ich stürze mit meinem Sohn in letzter Minute zur Tür hinaus. An diesem bestimmten Abend sollte ich in einem Club singen, und ich wußte nicht genau, ob sie ein Restaurant hatten oder nicht. Als ich Matthew ins Auto setzte, überlegte ich daher, ob ich mir noch schnell etwas zu essen aus dem Haus holen sollte.

Ich drehte mich zu ihm um und sagte: ›Matthew‹, worauf er erwiderte: ›Was willst du essen, Mami?‹ Ich ließ ihn das wiederholen, weil ich meinen Ohren nicht traute. Dann sagte ich ihm, ich würde nur noch mal kurz reingehen, und wollte gerade hinzufügen: ›Du wartest im Wagen‹, als er mir zuvorkam und sagte: ›Ich warte einfach hier.‹«

Auf der anderen Seite der Welt, in Ontario (Kanada), versucht die berufstätige Mutter Rebecca Parkes während der Arbeit ruhige Momente zu finden, in denen sie ihrem Sohn, der in einer Kinderkrippe ist, mentale Botschaften schickt. Sie erzählte mir: »Seit seiner Geburt haben mein Sohn Alex und ich eine erstaunlich enge Beziehung zueinander. Er schläft bei meinem Mann und mir, und seit seiner Geburt bin ich ausnahmslos aufgewacht, kurz bevor er wach wurde. Jetzt bin ich wieder berufstätig (Alex ist in der firmeneigenen Kinderkrippe), und immer wenn ich einen Moment Zeit habe, halte ich gern inne und sende ihm ein mentales ›Ich hab dich lieb‹. Die Erzieherinnen haben berichtet, daß er fast jedesmal, wenn ich in der Krippe anrufe, auf das Telefon zeigt, aber nur, wenn ich es bin. Sobald sie auf den Knopf drücken, um mich durch die Sicherheitstür zu lassen, steht Alex dahinter, als wüßte er, daß ich komme. Es spielt keine Rolle, zu welcher Tageszeit ich ihn besuche, er scheint es immer intuitiv zu wissen.

Ich habe oft gedacht, daß ich gern meine übersinnliche Verbindung zu meinen Kindern verstärken möchte, aber ich bin derart beschäftigt, daß ich nie dazu komme. Umso angenehmer überrascht war ich, als sich die telepathische Verbindung zwischen Alex und mir so mühelos entwickelte.«

Ich selbst arbeite zu Hause, aber mit fünf umhertobenden Kindern habe ich selten einen ruhigen Augenblick. Gewöhnlich bringt mich am Ende des Tages die schiere Erschöpfung zum Verstummen. An einem typischen Abend saß ich als zerrüttetes Häufchen Elend im Vorderzimmer. Die streitenden Kinder waren im Eßzimmer, das nach hinten hinausgeht, und aßen Abendbrot. Ich erinnere mich, daß ich dachte: »Das Einzige auf der Welt, das ich gern essen würde, ist ein Becher Frischkäse.« Es war möglich, daß noch einer im Kühlschrank war, da ich vor ein paar Tagen einige Becher gekauft hatte (in der Hoffnung, die Neunjährige, die sich ausschließlich von Kartoffelpürree ernährt, in Versuchung zu führen), aber ich beließ es bei dem bloßen Gedanken. Ich hatte nicht die Energie nachzusehen, ob der Frischkäse noch vorhanden war oder von den Kinder weggezaubert wurde, um ihn zu essen oder irgend etwas Schreckliches damit anzufangen. Ungefähr eine Minute später ging die Tür auf, und Billy, mein Dreijähriger, kam herein, um mir einen Löffel und einen Becher Frischkäse unter die Nase zu halten: »Hier, Mama, Frischkäse.«

Zufall oder Gedankenhüpfen? Auf jeden Fall war es ein erfreulicheres Beispiel von Telepathie, als seine Angst zu teilen, nachdem er in den Fluß gefallen war!

Das vielleicht merkwürdigste Phänomen, das mir begegnete, besteht darin, daß Mütter und Kinder nicht konkrete Gedanken auffangen, sondern ein Bild der Ängste des anderen. Vivien Greene, den meisten vielleicht eher als Frau des verstorbenen Schriftstellers Graham Greene ein Begriff, ist ein Mensch, der viel Einsicht und Sensibilität besitzt. In ihrem Haus in Oxfordshire, Grove House, wo unter anderem ihre berühmte Sammlung viktorianischer Puppenhäuser zu sehen ist, schilderte sie mir ein besonderes Erlebnis. Es ist ein wunderbares Haus, inbesondere da Vivien Kristalle in die Fenster gehängt hat, damit sie das Licht auffangen – das ganze Jahr über werfen sie Regenbogenlichter über den Fußboden.

»Als mein Sohn Francis ungefähr dreieinhalb war«, erzählte sie, »lebten wir in Oxford. Francis schlief in einem Kinderbett mit Gitterstäben auf beiden Seiten. Eines Abends, als ich ihn zu

Bett brachte, bekam er plötzlich Angst und sagte zu mir: ›Der kleine Mann am Fußende des Bettes gefällt mir nicht.‹

Einen kurzen Moment lang sah ich blitzartig das, was mein Sohn sah: den Oberkörper eines Kobolds oder Gnoms, der ein boshaftes, gehässiges Gesicht hatte. Dann verschwand die Kreatur ebenso schnell, wie sie aufgetaucht war. Am Fußende des Bettes lagen nur ein paar braune Decken. Ich nahm sie weg. ›Siehst du, Liebling, es waren nur die Decken, die dir Angst gemacht haben‹, beruhigte ich Francis.

Er hat den kleinen Mann nie wieder erwähnt, aber einen Augenblick lang habe ich die furchterregende Vision meines Kindes geteilt.«

In einer Umkehrung dieser Situation wurden Donata Glassmeyers Ängste intensiv auf ihre Tochter Hope übertragen. »Ich las gerade Toni Morrisons Roman *Menschenkind.* Er handelt von einer schwarzen Sklavin, die gezwungen ist, eines ihrer Kinder zu töten, um es vor einem schlimmen Schicksal in den Händen der Sklavenhändler zu bewahren. Der Geist des Kindes geht im Herzen der Mutter und in deren Haus um. An diesem Abend las ich nur ein paar Kapitel, dann wurde mein Mitgefühl mit der Frau zu groß. Aufgewühlt ging ich nach oben und legte mich neben Hope. Ich wollte ihr nahesein, die Sicherheit ihrer Gegenwart spüren, während mir die Mütter aus der Geschichte einfielen, die ihre kostbaren Kinder im Namen der Liebe opferten.

Am nächsten Morgen war Hope sehr aufgeregt und bestand darauf, daß ein Geist im Haus sei. Unerschrocken spähte sie in alle Schränke und plapperte endlos über den Geist. Mir wurde bewußt, daß mein aufgewühltes Nachdenken über das Thema des Romans sich auf mein kleines Mädchen übertragen hatte.

Ich las ihr daher eine kindgerechte Geschichte über ein freundliches kleines Gespenst vor, das schließlich das richtige Zuhause findet. Das entschärfte das Problem mit dem Geist in unserem Haus, und ich hatte eine wertvolle Lektion über Hopes Fähigkeit der einfühlsamem Wahrnehmung gelernt.«

Frau Beatrice Meili, Mitglied der La Leche Liga aus Dussnang (Schweiz), hat eine ähnliche Erfahrung mit ihrer Tochter Annika gemacht, ihrem dritten Kind. Als Annika viereinhalb war, wurde sie immer noch zweimal täglich gestillt. Frau Meili vermeidet es, unangenehme Dinge im Fernsehen zu verfolgen, aber an diesem Abend sah sie sich entgegen ihrer Gewohnheit einen Film über einen Massenmörder an. Bald fühlte sie sich bedrückt und verstört und ging zu Bett. Am nächsten Morgen waren sie und Annika schweigend beim Stillen, ihrem Ritual, mit dem sie sich auf den neuen Tag einstimmen. »Aber meine Gedanken waren düster, und ich dachte an den Film, den ich gesehen hatte«, berichtete sie, »und ich begann mich zu fragen, ob die Haustür auch abgeschlossen war. Ein Welle der Furcht überkam mich. Plötzlich ließ Annika meine Brust los und sagte mit großen Augen: ›Mami, ich habe schreckliche Angst. Laß uns in die Küche gehen.‹ Ich glaube, daß sich meine Gefühle durch das Stillen direkt auf Annika übertragen haben.«

Wir leben in einer lauten und hektischen Welt, und wir werden ermutigt, die Entwicklung unserer Kinder mit buntem Spielzeug zu fördern und sie zu unterrichten, sobald sie den Mutterleib verlassen haben – wenn nicht schon früher, denn es gibt ja Mütter, die versuchen, ihren Kindern noch vor der Geburt das Lesen beizubringen. Jede wache Stunde des Kindes ist mit Aktivitäten angefüllt: Spielgruppe, Sportclubs für Kleinkinder, Schwimmunterricht für Kleinkinder… Und Mama flitzt hin und her wie ein aufgescheuchtes Huhn. Das parapsychische Band jedoch wird im wesentlichen in der Stille wirksam, die entsteht, wenn der Lärm verklungen ist. Viele Mütter, mit denen ich gesprochen habe, besitzen einen inneren Frieden, der sie unabhängig von der Erfüllung von Wettbewerbszielen in der Kindererziehung sein läßt, obwohl sie in ihrem eigenen Wirkungskreis tüchtig und erfolgreich sind.

Wenn es irgend möglich ist, sollten wir versuchen, auch im turbulentesten Alltag unseren Kindern und uns Zeit und Raum zu geben, um einfach in natürlicher Harmonie zusammenzusein. Ein Spaziergang im Wald, am Strand oder im städtischen Park kann sowohl emotional als auch parapsychisch lohnender sein als der teuerste, mit Aktivitäten vollgepackte Urlaub.

Natürlich kann die parapsychische Kommunikation mit Ihren Kindern auch ein sehr nützliches Überwachungsinstrument sein. Caroline Lajoie Peterson aus Cornwall (Ontario) sagt: »Ich habe drei Kinder, die drei, zwei und ein Jahr alt sind, und ich muß mich auf meinen sechsten Sinn verlassen, um herauszufinden, wer von ihnen gerade wo was macht. Das Stadthaus, in dem wir leben, hat vier Etagen, den Keller mitgerechnet. Meistens weiß ich genau, wo die Kinder stecken, aber gelegentlich entwischt mir eines, geht in ein anderes Stockwerk und macht Unsinn. Und hier wird es merkwürdig: Ich kann fühlen, wo sie sich im Moment aufhalten. Es ist, als würde mich eine unsichtbare Nabelschnur mit jedem Kind verbinden.«

Wenn Ihre Kinder also plötzlich verschwinden und Sie einfach nicht die Energie haben, sie suchen zu gehen, und wenn Ihre Rufe auf taube Ohren stoßen, dann versuchen Sie doch einmal, sie mit Ihrem sechsten Sinn zu orten – möglicherweise ersparen Sie sich damit einen unnötigen Gang. Lebten wir in einer idealen Welt, wären wir natürlich in der Lage, unseren Astralkörper die Treppe hochzuschicken, um nachzusehen, ob die Kinder gerade dabei sind, etwas wirklich Schlimmes anzustellen.

5
Das Durchbrechen der Zeitbarriere

Mütter haben nicht nur ein Talent dafür, die Notsignale ihres kleinen Kindes aufzufangen, oft wissen sie sogar im voraus, wann es sich in Gefahr stürzen wird. Ich spreche hier nicht von Hellseherinnen, die zufällig Mütter sind, oder von Frauen, die regelmäßig den Ausgang eines Pferderennens vorhersagen. Ich spreche von Frauen, deren magische Kräfte einzig in den Schutz ihrer Kinder eingebunden sind.

Seitenlang könnte ich über all die Unglücksfälle schreiben, die verhindert wurden, weil eine Mutter in einer Weise handelte, die wie eine irrationale Ausweichhandlung wirkte. Berichte von Notsituationen, die nicht stattfanden, verlieren jedoch ihre Pointe (wie die Geschichte des Fischers über den einen Fang, der davongekommen ist). Die Mutter, die ein solches Ausweichmanöver durchführt, mag oft wie eine Närrin dastehen, aber wie eine Mutter einmal zu mir sagte: »Ich weiß, daß ich zahlreiche Unglücksfälle verhindert habe, und deshalb stört es mich nicht, wenn es so aussieht, als hätte ich mich geirrt.«

Die Alternative – stehenbleiben und nichts tun, wenn die innere Stimme einem zuruft, man möge etwas unternehmen – ist undenkbar. Zwar hätten Sie anschließend vielleicht die zweifelhafte Bestätigung: »Na also – ich wußte, daß das passieren würde«, aber das ist ein schwacher Trost, wenn Ihr Kind in irgendeiner Weise zu Schaden gekommen ist.

Auch Tiere scheinen diesen präkognitiven Instinkt zu besitzen, wenn es um den Schutz ihrer Jungen geht. J.C. Pierce berichtet von einem Biologen, der sich auf die Erforschung von Füchsen spezialisiert hatte und an einer Langzeitstudie über eine bestimmte Fuchsfamilie arbeitete, die in ihrem Bau in einer Schlucht an einem kleinen Fluß lebte.[7] An einem schönen Sommernachmittag beobachtete der Forscher, wie die Füchsin etwas tat, was er noch nie zuvor einen Fuchs hatte tun sehen. Sie verließ plötzlich ihren Bau und ihre Jungen und begann, an einer Stelle, die ungefähr vierzig Meter hügelaufwärts lag, eine neue Höhle zu graben. Dann schleppte sie nacheinander alle Jungen dorthin. Mehrere Stunden später wurde dem Biologen klar, was diese untypische Handlung zu bedeuten hatte: Obwohl das Wetter schön blieb, schwoll der Fluß plötzlich stark an und überschwemmte die ganze Schlucht, denn viele Kilometer flußaufwärts hatte es einen Wolkenbruch gegeben. Wäre die Fuchsfamilie geblieben, wo sie war, hätte sie sicherlich nicht überlebt.

Zugegeben, Menschen und Tiere sind sehr unterschiedlich, aber ich bin ganz der Meinung von James E. Peron, den ich im letzten Kapitel zitiert habe: Wenn es solche Instinkte bei Tieren gibt, kann man doch sicherlich erwarten, daß sie bei höheren Lebensformen noch höher entwickelt sind. Der einzige Unterschied ist vielleicht, daß Welpen zwar ein Protestjaulen ausstoßen mögen, wenn sie von ihrer Mama in eine fremde Umgebung gebracht werden, während das Menschenjunge sehr viel eigenwilliger ist und sich oft direkt auf die Gefahr zubewegt. Sheryl Conlon aus Brisbane (Australien) erinnert sich an einen Fall von Prämonition. Jedoch hatte sie die Katastrophe nicht gänzlich abwenden können.

»Nathan war etwas über zwei Jahre alt und eine richtige kleine Plage«, sagte Sheryl. »Als eines Tages Freunde zu Besuch kamen, waren alle unten im Keller und spielten Billard, während ich oben das Essen zubereitete. Plötzlich überkam mich ein

Gefühl extremer Angst und eine überwältigende Nervosität. Mein Magen krampfte sich zusammen, und ich wußte, daß Nathan etwas zustoßen würde. Ich drehte mich um und hastete so schnell ich konnte die Kellertreppe hinunter, als ich meine Freundin schon schreien hörte.

Jemand rief: ›Nathan … Auto!‹ Das war alles, was ich hörte, und natürlich befürchtete ich das Schlimmste. Nathan war in unser Auto geklettert, das ein Automatikgetriebe hat, und hatte an der Schaltung herumgespielt. Da ich beim Einparken die Handbremse nicht angezogen hatte, war der Wagen unsere sehr steile Auffahrt hinuntergerollt und, nachdem er die ziemlich belebte Straße überquert hatte, im Garten des Hauses gegenüber gelandet. Glücklicherweise kam weder unser Kind noch der Wagen dabei zu Schaden. Nathan hatte natürlich schreckliche Angst, und wir klammerten uns eine ganze Weile aneinander fest.«

Was für einen Sinn hatte Sheryls Wissen um Nathans Gefahr, wenn sie nicht rechtzeitig handeln konnte, um das Unglück zu verhindern? Ich habe am Anfang dieses Buches versucht, Sie zu warnen: Es gibt keine einfachen Antworten. Niemand weiß, warum sich Unfälle zu einem bestimmten Zeitpunkt ereignen oder warum manche in einer Katastrophe enden und andere in einer innigen Umarmung.

Zumindest war Sheryl da und konnte ihr verängstigtes Kind trösten. Und da Nathan nicht verletzt wurde, könnte man argumentieren, daß, wenn der Unfall ganz verhindert worden wäre, er eine heilsame Lektion nicht gelernt hätte. Vielleicht wird sie ihn in Zukunft dazu bewegen, sich einen derart gefährlichen Zeitvertreib zweimal zu überlegen. Und wäre seine Mama nicht mit dem ganzen Troß zu seiner Rettung herbeigeeilt, wäre Nathan möglicherweise in Panik geraten, über die Straße gerannt und vor ein Auto gelaufen. Aber damit sind wir wieder im Bereich der Spekulation.

Julie Loyd, die auf Walden Island vor der Pazifikküste der Vereinigten Staaten lebt, hat in bezug auf ihre Kinder zahlreiche Vorahnungen gehabt. Sie ist überzeugt, daß solche Prämonitionen eine Art Probe für wirkliche Krisen sind. In Julies Augen sind die Vorahnungen, die sich nicht als wahr erweisen, ebenso wertvoll wie die zutreffenden. »Ich frage mich, ob meine Panik (wenn das Unheil nicht zuschlug) nicht Übungspaniken waren, so daß ich, wenn wirklich etwas geschehen sollte, mit allen Problemlösungen bewaffnet bin, die ich mir bei meinen ›Notfallübungen‹ überlegt habe. Vielleicht ist es damit vergleichbar: Du bist wütend und hast den Impuls, deinem Kind eine Ohrfeige zu verpassen, aber du tust es nicht, weil du vorher schon darüber nachgedacht hast, warum du das nicht tun solltest.«

Niemand ist vor Schmerzen sicher, am allerwenigsten eine Mutter. Die meisten Frauen mit Kindern werden genau wissen, was Sheryl meint, wenn sie sagt: »Wenn ich meinen Kindern beim Spielen zusehe und sie hinfallen, stolpern oder sich sonstwie wehtun, ist es fast, als würde ich es auch spüren, nicht als Schmerz, sondern als ein verschwommenes elektrisches Gefühl, das mich für ein paar Sekunden gereizt und nervös sein läßt.«

Sheryl konnte ihr Kind trösten, und die Füchsin ihre Jungen retten. Aber was ist mit den Vorahnungen drohenden Unheils, gegen das es keine logischen Vorsichts- oder Gegenmaßnahmen zu geben scheint?

Um 1918 lebte eine Elizabeth Wilson in einem dreistöckigen Mietshaus am Logie Place in Aberdeen. Ihr ältestes Kind, Netta, war gesund, ihre zweite Tochter, Amy, jedoch hatte sie durch eine Gastroenteritis verloren, eine Krankheit, die zu dieser Zeit sehr weit verbreitet war. Als ihr drittes Kind, Edith Cavell (benannt nach der berühmten viktorianischen Krankenschwester), ein paar Wochen alt war, trug Elizabeth das Baby die Treppe hinunter, als eine Frau, die eine altmodische Krankenschwesterntracht trug, auf sie zutrat und die Arme nach dem Kind ausstreckte. Entsetzt drückte Elizabeth das Baby enger an sich.

Vier Tage später starb es an Gastroenteritis. Elizabeth bekam insgesamt neun Kinder, sieben überlebten.

Warum müssen Babys und Kleinkinder sterben, und welchen Sinn hat die Vorahnung einer Mutter oder eines Vaters? Auf diese Fragen gibt es keine Antwort. Viele der Prämonitionen, von denen berichtet wurde, betrafen Babys oder Kleinkinder, die starben. Als Mutter wäre es mir natürlich leichter gefallen, ein Buch zu schreiben, in dem nur die lichte Seite des übersinnlichen Bandes oder nur Geschichten mit einem glücklichen Ausgang vorkommen. Ich mag gar nicht daran denken, daß es Kinder gibt, die sterben müssen, obwohl ich, wie so viele Eltern, bereits mit einer plötzlichen schweren Krankheit eines Kindes konfrontiert worden bin, mit einem Beinahe-Unfall oder dem herzzerreißenden Moment, in dem einem bewußt wird, daß das Kind verschwunden ist. Die Sterblichkeit ihres Kindes ist etwas, was viele Eltern quält; sie sind sich nur zu bewußt, wie verletzlich so ein winziges Leben ist. Andererseits rufen uns die Geschichten, in denen vom Tod eines Kindes erzählt wird, wieder in Erinnerung, wie kostbar das Leben eines Kindes ist und wie wichtig seine Lebensqualität.

Es scheint, daß das übersinnliche Band manchmal vor dem Tod eines Kindes in Erscheinung tritt, als wolle es versuchen, die Eltern darauf vorzubereiten, sich mit etwas abzufinden, womit man sich fast unmöglich abfinden kann. Und es läßt Eltern begreifen, welch ein Geschenk jeder Tag mit ihrem Kind ist. In vielen dieser Fälle beschreiben die trauernden Eltern das verlorene Kind als ein goldenes und ganz besonderes Wesen, dessen wenige Lebensjahre etwas Magisches hatten.

In den Ländern der Dritten Welt ist die Trauer der Eltern nicht geringer, nur weil die Kindersterblichkeitsrate weiterhin sehr hoch ist. Die Eltern versuchen trotz allem, dieser Erfahrung irgendeinen Sinn zu geben. Shirley Firth, eine britische Indien-Expertin, erzählte mir von einer indischen Familie, die das

Kind, das sie verloren haben, als Geschenk ansehen. Die Eltern konnten lange keine Kinder bekommen und hielten sich für gesegnet, weil sie nun ein Kind gehabt hatten, wenn auch nur für kurze Zeit. Das übersinnliche Erlebnis betraf einen zweieinhalbjährigen Jungen aus Gujarat. Die Eltern hatten das Kind zum Markt mitgenommen und ihm eine kleine Tüte Puffreis zum Knabbern gekauft. Plötzlich schoß eine Krähe herab und riß dem Kind die Tüte aus der Hand. Der Vater bot dem Kleinen sofort an, neuen zu kaufen, aber der lehnte ab und sagte: »Ich brauche keinen, Vater.« Der Vater nahm das als Zeichen dafür, daß das Kind sterben würde. Kurz darauf wurde der Junge krank, und sein Vater hatte einen Traum, in dem die Muttergöttin Makarion und der Gott des Todes um das Leben des Kindes kämpften. Als die Eltern keine Kinder bekommen konnten, hatten sie zu der Göttin Makarion gebetet und sie um ein Kind gebeten, und sie glaubten, daß sie es war, die ihnen ihren Sohn geschenkt hatte. Jetzt konnte nicht einmal mehr die Göttin das Kind retten, glaubte der Vater, denn es war ihnen nur für eine kurze Zeit geschenkt worden. Einige Zeit später starb das Kind im Schlaf an Diphtherie.

Die Vorahnung eines Verkehrsunfalls ist ein ebenso großer Schock für Eltern wie eine tödliche Krankheit. Eileen, die mittlerweile auf der Isle of Wight lebt, wohnte früher in Nordengland in einer Gegend, in der es wenig Straßenverkehr gab, so daß ihre Prämonition damals wenig Sinn zu machen schien. »Ich wußte, daß mein Sohn Geoffrey sterben würde – es war ein sehr intensives Gefühl –, aber ich hatte es nie jemandem erzählt, weil ich wußte, daß mich alle für verrückt erklärt hätten. Eines Nachts schlief ich im Bett neben meinem Mann, als ich plötzlich aufwachte. Ich fragte mich, was mich aufgeweckt hatte. Die Kinder (Geoffrey war sechs Jahre alt, seine Schwester Pamela viereinhalb) waren es nicht. Dann hörte ich eine Stimme: ›Geoffrey wird sterben.‹ Es ist merkwürdig, wenn ich jetzt daran denke, aber ich fragte nur: ›Woran?‹ ›Ein Bus‹, antwortete die Stimme, ›er wird von einem Bus überfahren werden.‹ Ich bekam Panik, aber es hatte keinen Zweck, meinen Mann aufzuwecken, der nur sagen würde, ich hätte schlecht geträumt. Also ging ich ins Badezimmer und schüttete mir kaltes Wasser ins Gesicht, und danach fühlte ich mich etwas besser. Ich versuchte, mir selbst beruhigend zuzureden: ›Hier fahren gar keine Busse. Der nächste Bus fährt unten an der Hauptstraße ab, und wir nehmen Geoffrey immer an die Hand. Er kommt nie irgendwo hin, wo viel Verkehr ist.‹

Kurz darauf kam unser kleiner Neffe zu Besuch. Er und Geoffrey verstanden sich sehr gut, und als meine Schwiegermutter und meine Schwägerin ihn abholen kamen, fragte meine Schwiegermutter aus heiterem Himmel: ›Kann Geoffrey nicht mit zu uns kommen?‹ Er war noch nie von mir getrennt gewesen, und ich war nicht damit einverstanden, daß er ging, aber Geoffrey wollte unbedingt. Er war ein sehr tapferer kleiner Kerl. Ich hatte immer das Gefühl gehabt, daß Geoffrey mir nicht gehörte; er war irgendwie anders.

Pamela war äußerst kontaktfreudig, aber Geoffrey war immer so sensibel. Ich wollte damals ständig nur die Arme um ihn legen und ihn vor allem Übel bewahren. Als er mir nach der Geburt in die Arme gelegt wurde, fing er an, an seinem Daumen zu lutschen. ›Was für ein schönes Kind!‹, sagten alle, und das war er. Er lag mit weitgeöffneten Augen in seinem kleinen Bettchen, das am Fußende meines Bettes stand, so als würde er alle Geheimnisse der Welt kennen, und die Schwester meinte, er wäre schon mal hiergewesen.

Ich hatte unbeschreibliche Angst, als meine Schwiegermutter ihn mitnahm, weil sie in der Stadt wohnte. Aber ich konnte ja nichts von dem Bus sagen; sie hätte gedacht, ich sei verrückt geworden. ›Also‹, sagte meine Schwiegermutter zu Geoffrey, ›sag deiner Mutter auf Wiedersehen‹. Ich wollte nicht, daß er die Worte aussprach. Ich fühlte mich so sonderbar, aber ich konnte nichts sagen außer: ›Tschüs‹.

Das war Sonntagabend. Wir hatten kein Telefon, und meine Schwiegermutter auch nicht. Donnerstag sagte mein Mann: ›Geh, und hol Geoffrey zurück. Das Haus ist wie eine Leichenhalle ohne ihn.‹ Also ging ich hin, aber es gefiel Geoffrey so gut bei seiner Großmutter, daß er bis Sonntag bleiben wollte, und so ging ich wieder, ohne ihn.

Am Samstag besuchten Pam und ich meine Schwiegermutter. Wir saßen am Tisch und aßen zu Mittag, während Geoffrey sich bereits fertigmachte, um mit seiner Oma, meiner Schwägerin und meinem Neffen spazierenzugehen. Ich wußte nicht, was ich tun sollte, denn meine Schwiegermutter paßte ja auf ihn auf, aber ich wollte nicht, daß er ging. Ich wollte ihn nach Hause bringen. Ich hatte ihm ein T-Shirt gekauft und zog es ihm an, und er stand ganz still neben mir. Dann gingen alle weg. Ich saß in einem Sessel vor dem Kamin und dachte: ›Ich darf nicht zum Fenster gehen und ihm nachsehen‹, weil ich mich plötzlich an einen Film erinnerte, in dem eine Frau jemandem nachgesehen hatte, und der war nie zurückgekommen. Später gingen auch Pam und ich und kauften noch etwas Obst ein, weil ich für den nächsten Tag einen Kuchen backen wollte. Am Sonntag sollte Geoffrey nach Hause kommen. Er hatte in fünf Wochen Geburtstag und wünschte sich einen Cowboy-Anzug. Ich sah einen Cowboyhut in einem Schaufenster. Sollte ich ihn kaufen? Ich stand eine Ewigkeit da und starrte den Hut an, aber dann entschied ich, ihn nicht zu kaufen. Dann gingen wir zur anderen Straßenseite, wo ein Mann auf einem Stück Brachland einen Stand aufgebaut hatte. Sollte ich ein paar Notizbücher für die Kinder kaufen? Wieder zögerte ich lange. Ich konnte einfach nichts für Geoffrey kaufen.

Als ich wieder an der Straße vorbeikam, in der meine Schwiegermutter wohnte, sah ich einen parkenden Bus. ›Geoffrey, der Bus!‹, rief ich. ›Oh, nein‹, sagte Pam, ›wo ist Geoffrey?‹, weil sie ihn nicht sehen konnte. Aus Rücksicht auf Pam versuchte ich zu lachen. Ich wollte zum Haus meiner Schwiegermutter gehen, hatte aber keine Ausrede parat. Ich wollte wissen, ob es Geoffrey gutging, wußte aber, sie würden nur sagen, ich sei eine überbesorgte Mutter. Es war Fußballsaison, und daher waren viele Reisebusse unterwegs, die die Leute zum Spiel brachten, also war es nicht außergewöhnlich, daß ein Bus in der Straße stand, redete ich mir ein.

Ich wußte es, aber ich ging trotzdem nach Hause. Es gab nichts, was ich hätte tun können.«

Pam ist jetzt Anfang dreißig. Obwohl sie damals erst viereinhalb war, kann sie sich gut an den Vorfall erinnern: »Wir hatten uns auf dem Markt Malbücher angesehen. Plötzlich rief meine Mutter aus heiterem Himmel: ›Geoffrey, der Bus!‹ Sie versuchte, ihre Aufregung mit einem Lachen zu kaschieren, aber sie war ganz weiß im Gesicht.«

»Ich bereitete gerade das Abendessen vor«, erzählte Eileen weiter, »als mein Mann, der Polizist von Beruf ist, nach Hause kam. ›Wer war das, der bei dir im Wagen saß?‹, fragte ich. ›Nur ein Kollege‹, entgegnete er und ging ins Badezimmer. Ich folgte ihm. ›Geoffrey hatte einen Unfall. Er wurde von einem Auto überfahren.‹ ›Ist er tot?‹ ›Nein, aber es ist eine Kopfverletzung.‹ ›Es war kein Auto, es war ein Bus.‹ ›Woher willst du das wissen?‹ ›Ich habe den Bus gesehen. Er war am Ende der Straße geparkt, in der deine Mutter wohnt.‹

Mein Mann hatte mir nicht sagen wollen, daß es ein Bus gewesen war, weil er dachte, daß mich das noch mehr ängstigen würde. Geoffrey war ein so kleiner Kerl, und Busse sind riesig groß.

Mein Mann fuhr mich zum Krankenhaus und brachte mich in das Zimmer, in dem Geoffrey lag. Ich wußte, daß er sterben würde. Die Stimme hatte es mir gesagt. Das Kind, das ich halb aufgerichtet im Bett sitzen sah, verwechselte ich zuerst mit unserem Sohn und sagte zu mir selbst: ›So schlimm kann es nicht sein, wenn er aufrecht im Bett sitzt. Vielleicht hat die Stimme sich geirrt.‹ Aber dann sah ich Geoffrey. Überall ragten Schläuche aus ihm hervor.

›Wird er wieder gesund werden?‹, fragte ich die Ärztin. Sie ignorierte mich einfach und wandte sich an meinen Mann: ›Sie wissen ja, wie das ist bei Kopfverletzungen.‹ Sie war so hart. Ich konnte es nicht ertragen, länger dort zu bleiben. Beide sagten zwar, er würde wieder gesund werden, aber sie wußten nicht, was ich wußte. ›Wenn er aus dem Koma erwacht‹, meinte mein Mann, ›werde ich dafür sorgen, daß dich jemand herbringt, und falls irgend etwas passieren sollte, komme ich sofort.‹ Mein Schwager war bei uns, als wir nach Hause kamen. ›Geoffrey hat einen festen Schädel‹, sagte er, ›er wird es schaffen.‹ Ich erwiderte nichts.

Der Unfall hatte sich um viertel vor vier an diesem Nachmittag ereignet. Geoffrey starb um halb zwölf in dieser Nacht, ohne das Bewußtsein wiederzuerlangen.

Ich kann immer noch nicht verstehen, was die Stimme sollte. Die Leute behaupten, es war Gott, der zu mir gesprochen hat, aber wie können sie da so sicher sein? Ich habe gegrübelt und versucht, mir Klarheit zu verschaffen. Kam die Stimme aus Geoffreys Kopf? Wessen Stimme war es? War es ein Verstorbener, der versuchte, mich vorzubereiten? Wenn ich nicht so lange stehengeblieben wäre, um mir den Cowboyhut und die Notizbücher anzusehen, hätte ich den Unfall gesehen. War das so geplant? War alles vorherbestimmt, aus irgendeinem Grund? Ich weiß es nicht.«

Enid, die in Südengland lebt, bügelte gerade und sah mit halbem Auge fern, als eine Sendung über leukämiekranke Kinder ausgestrahlt wurde. Sie betrachtete ihre lebhafte dreijährige Tochter, die vor dem Fenster saß, und dachte: »Wie sollte ich es ertragen, wenn sie Leukämie hätte?

Im dem Augenblick wußte ich, daß ich sie sehr bald verlieren würde. Ich hatte schon früher Sendungen über Kinder gesehen, die an tödlichen Krankheiten sterben mußten, und sie hatten mich wie jede Mutter in Angst versetzt, aber diesmal war es anders. Sechs Monate später starb mein kleines Mädchen an

Leukämie. Sie war nur ein paar Wochen krank gewesen. Obwohl das viele, viele Jahre her ist, kann ich sie immer noch vor diesem Fenster sitzen sehen, während ich bügle.«

Eileen und Enid könnten sich fragen: »Was sollen Vorahnungen für einen Sinn haben, wenn man nichts tun kann, um das Schreckliche zu verhindern?« Wer kann das mit Gewißheit sagen? Aber es scheint, daß eine Vorahnung einem wenigstens manchmal die Chance gibt, zu kämpfen und sein Kind zu retten. Selbst wenn Sie den Kampf verlieren sollten, bekommen Sie vielleicht die Gelegenheit, diese letzten Tage oder Minuten, die Sie mit Ihrem Kind verbringen dürfen, auszukosten und ihm die Liebe zu zeigen, die so oft im täglichen Streß leicht vergessen wird. Wir alle haben irgendwann einmal ein Kind weinend ins Bett geschickt – sie können alle gelegentlich kleine Teufel sein. Aber sogar in diesen von Schmerz und Frustration geprägten Momenten dürfen wir nicht vergessen, wie kostbar unsere Kinder sind. In gewisser Weise kann die Nähe des Todes dazu beitragen, uns an das zu erinnern, was wirklich wichtig ist.

Enid hat Trost aus ihrer Vorahnung geschöpft und die ihr verbleibende Zeit mit ihrer Tochter als doppelt kostbar erlebt. Als ihre Tochter im Sterben lag, war Enid hochschwanger. Peter kam später als berechnet zur Welt – einen Tag, nachdem Enid ihre geliebte Tochter verloren hatte. »Ich glaube, Peter hat mit seiner Geburt gewartet, um mir zu zeigen, daß es noch Leben und Hoffnung gibt«, sagte sie zu mir. Peter ist mittlerweile erwachsen, und vom Tag seiner Geburt an ist er Enid eine große Freude gewesen.

Glücklicherweise werden nur wenige von uns die Vorahnung haben, daß wir unser Kind verlieren werden. Wenn wir gesunde und muntere Kinder haben, über die wir uns sogar gelegentlich ärgern, können solche Warnungen – gehört oder gelesen – uns daran erinnern, wie wertvoll unsere Kinder sind und wie unwichtig all der Rest im Grunde ist. Genießen Sie jeden Tag mit Ihrem Kind. Lassen Sie die Hausarbeit liegen, und machen Sie sich keine Sorgen, wenn Sie in Ihrem Beruf nicht mehr soviel leisten wie zuvor. Ihr Kind ist das größte Geschenk, das Sie erhalten konnten, und die bedeutendste Karriere der Welt. Auch wenn Ihr Kind Sie hoffentlich überleben wird, Sie werden es verlieren, sobald es heranwächst, was ganz natürlich ist. Freuen Sie sich also an Ihrem Kind, solange Sie noch so eng miteinander verbunden sind.

Das übersinnliche Band ist aus Liebe und Hoffnung geknüpft. Die Vorahnungen von Müttern und Kindern bringen nicht nur Leid und Kummer, sondern können auch zukünftiges Glück erhoffen lassen, wie Maura Sesin aus Mexiko erfuhr. »Mein zweiter Sohn Omar, der acht Jahre alt ist, hat die Gabe, die Zukunft vorherzusagen. Wenn er etwas vorhersagt, wird er ganz ernst, obwohl er noch so klein ist. Er spricht dann mit einem ganz anderen Tonfall, einem Tonfall, den ein Kind normalerweise nicht gebraucht.

Ich hatte zwei Babys verloren und litt unter schrecklichen Depressionen. Ich lag im Bett, und Omar, der damals vier Jahre alt war, kam zu mir, stand an meiner Seite und redete und spielte. Plötzlich sagte er ganz ernst und mit diesem besonderen Tonfall in der Stimme: ›Wenn mein Bruder zwölf Jahre alt sein wird und ich sieben, wirst du wieder schwanger werden, und diesmal werden wir das Baby bekommen.‹ Bevor das geschah, verlor ich noch ein Kind und ebenso jede Hoffnung, noch jemals eines zu bekommen. Mein Mann und ich hatten entschieden, es nicht noch einmal zu versuchen. Dennoch wurde ich im Januar 1990 wieder schwanger – mein Sohn Rodrigo war zwölf und Omar sieben. Diesmal war mein Baby gesund, und jetzt ist es vier Monate alt. In der Schwangerschaft hatte ich Blutungen, wie bei den früheren auch, also sagte ich zu meinen Söhnen, sie sollten sich nicht zu sehr auf ein Geschwisterchen freuen und sich darauf einstellen, daß wir es vielleicht nicht behalten können würden. Omar sah mir direkt in die Augen und sagte laut, klar und sicher: ›Dieses Baby wird geboren werden‹. Und es kam so, wie er gesagt hatte.«

Der Fall von Omar eröffnet ein ganz neues Forschungsgebiet, denn sobald ein Kind sprechen kann, sind Vorahnungen keine einseitige Sache mehr. Wir wissen nicht, ob Kinder in die Zukunft sehen können, bevor sie sprechen lernen, aber wir wissen, daß dann die meisten ihrer Vorahnungen nicht weit entfernte Geschehnisse betreffen, sondern die Menschen und Orte, die ihnen am nächsten stehen.

Nach fast fünfzig Jahren kann Elspeth sich noch gut daran erinnern, wie sie durch eine Vorahnung das Leben ihrer Mutter retten konnte. »Im Zweiten Weltkrieg lebten wir in Portland. Ich war damals fünf Jahre alt. Mein Vater war bei der Handelsmarine – er war Bergungstaucher –, und meine Mutter entschied, daß wir an dem Ort bleiben würden, an dem er stationiert war, damit wir zusammenbleiben konnten. Mama und ich gingen eines Tages mit unserem Hund Blue am Strand spazieren. ›Schnell, Mama‹, rief ich plötzlich, ›da kommt ein böses Flugzeug.‹ ›Aber nein, Liebes‹, versicherte sie beruhigend und sah zum Himmel auf. Aber ich packte sie und rief den Hund, und wir rannten alle drei hinter einen Felsen. Meine Mutter spielte mit, um mir einen Gefallen zu tun. Sekunden später detonierte eine Bombe am Strand, genau an der Stelle, an der wir eben noch gestanden hatten. Ohne es zu hören, wußte ich einfach, daß das Flugzeug kommen würde.«

Der Beschützerinstinkt von Müttern ist gut belegt – wenn auch kaum verstanden –, besonders dann, wenn er von einem Frühwarnsystem abhängt, auf das jedes Verteidigungsministerium neidisch werden könnte. Aber, wie wir gesehen haben, kann der Beschützerinstinkt von Kindern ebenso ausgeprägt sein. In Elspeths Fall hat ihre Prämonition ihr und ihrer Mutter das Leben gerettet. Verspürt ein Kind eine plötzliche, scheinbar irrationale Angst, tun wir gut daran, seine Warnung zu beherzigen.

Zum Beispiel: Ein kleines Mädchen rät ihrem Vater, sie und ihre Mutter beim Spazierengehen nicht zu begleiten. Er denkt, sie habe nur eine schwierige Phase, ignoriert ihre Warnung – und stolpert über einen Ast und verletzt sich das Bein. »Ich habe dir doch gesagt, du sollst nicht mitkommen, Papi«, sagt seine Tochter weise.

Cath aus Glastonbury war überrascht von dem parapsychischen und spirituellen Bewußtsein ihres kleinen Sohnes Dom. Sie hatte jedoch nie Angst vor seiner Begabung und nahm das, was er sagte, immer sehr ernst. Einmal wurde durch seine Präkognition ein schwerer Unfall verhindert. Cath erzählte mir: »Ich habe oft über Doms Weisheit gestaunt und habe gelernt, auf ihn zu hören. Einmal, als er noch ziemlich klein war, waren wir mit dem Auto unterwegs, als er plötzlich meinte, ich solle sofort langsamer fahren. Unmittelbar darauf scherte ein Wagen direkt vor mir aus.«

Was können wir aus all diesen Erfahrungen lernen? Erstens: Wenn wir das scheinbar unlogische Gefühl haben, daß unserem Kind Gefahr droht, falls wir es irgendwo hingehen oder irgend etwas tun lassen, sollten wir diesem Gefühl vertrauen. Sprechen wir jedoch pausenlos Warnungen oder Verbote aus, wird das Kind lernen, sie zu ignorieren. Bleiben die negativen Anweisungen auf ein Mimimum beschränkt, wird ein Kind wissen, daß wir es ernst meinen. Zweitens: Wenn unser Kind vor etwas warnt, sollten wir die Warnung ernstnehmen. Es gibt vieles, was wir über Kinder nicht wissen, aber wir sollten sie stets respektieren.

6
Vor der Geburt

Joseph ging mit Maria
Durch einen Garten gut
Da hingen Kirschen um Kirschen
So rot wie rotes Blut

Joseph ging mit Maria
Durch einen Garten schön
Da hingen Kirschen um Kirschen
In der Bäume Höhn

Da sprach Maria zu ihm
Und bat ihn leise und lind
»Pflück mir ein Kirschlein Joseph
Denn ich trag ein Kind«

Da antwortete Joseph
Grob und gar nicht sacht:
»Soll der dir Kirschen pflücken
Der dir dies Kind gemacht«

Da sprach das Kindlein selber
In seiner Mutter Schoß:
»O Baum neig dich zur Mutter
Du bist ihr sonst zu groß!«

Da neigt sich zu Marias Hand
Der höchste Baum sofort
Da rief sie: »Schau mein Joseph
Die Kirschen kommen aufs Wort!«

Der Kirschbaum-Carol[8]

Dieses alte englische Volkslied erzählt von einem ganz besonderen Kind, das mit seiner Mutter spricht, als es noch im Mutterleib ist. Aber ist es gewöhnlichen Sterblichen möglich, vom Mutterleib aus zu kommunizieren? Viele Mütter würden diese Frage bejahen. Sie haben während der Schwangerschaft und manchmal schon vorher gespürt, daß sie in Kontakt mit ihren ungeborenen Kindern waren. Bis zu einem gewissen Grad werden sie von Professor Peter Hepper von der Psychologischen Fakultät der Universität von Belfast, der sich intensiv mit pränatalem Lernen beschäftigt hat, in dieser Ansicht unterstützt. Hepper hat festgestellt, daß Neugeborene von Frauen, die während der Schwangerschaft regelmäßig die Seifenoper *Neighbours* im Fernsehen gesehen hatten, nach der Geburt auf die Titelmelodie reagierten. Cathy Critchley aus Essex erzählte mir dazu: »Im letzten Monat der Schwangerschaft fiel mir auf, daß das Baby in mir auf bestimmte vertraute Titelmelodien im Fernsehen reagierte (es trat wild um sich und bewegte sich aufgeregt). Es waren die drei Titelmelodien von *Nachrichten um Eins*, von *Neighbours* und von *EastEnders*. Fast vom Augenblick der Geburt meiner Tochter an bis zum Alter von vier oder fünf Monaten war ich ständig über ihr Verhalten verblüfft. Sobald die Titelmelodien ertönten, riß sie den Kopf herum und sah zum Fernseher hin. Sie hörte auf, an meiner Brust zu trinken und wandte ihren ganzen Körper der Quelle des Geräusches zu.

Das ist ganz bestimmt ein Beweis dafür, daß Babys vor der Geburt hören und sich an das erinnern können, was sie gehört haben», sagte Cathy. «Ich wünschte nur, ich hätte ihr ein bißchen klassische Musik nahegebracht!«

Professor Hepper erklärt: »Das Wiedererkennen von Melodien basiert ohne Zweifel auf dem Gehörsinn und setzt aller Wahrscheinlichkeit nach das Speichern von hochgradig spezifischen Lautmustern voraus. Die getesteten Neugeborenen reagierten nur auf die Titelmelodie von *Neighbours*, auf keine andere Melodie, und sie reagierten auch nicht, wenn die Melodie rückwärts gespielt wurde. Wir haben nachgewiesen, daß schon mit vierundzwanzig Wochen Lernvorgänge stattfinden (andere Forschungsergebnisse legen sogar die Vermutung nahe, daß die Titelmelodie von *Neighbours* bereits auf zwölf Wochen alte Föten einen beruhigenden Einfluß ausübt). Es ist unwahrscheinlich, daß es sich dabei um parapsychische Kommunikation zwischen Mutter und Fötus handelt, hauptsächlich, weil es schwer vorstellbar ist, wie so etwas geschehen sollte.

Es gibt zweifellos irgendeine Art der Kommunikation zwischen Mutter und Ungeborenem, und es ist erwiesen, daß das Baby, wenn die Mutter oder sonst jemand auf die Bauchdecke drückt, zurückdrückt. Was der Fötus dabei genau fühlt oder was er davon hat, ist unbekannt, aber dieser Vorgang ist zweifellos ein Anreiz für die Mutter, die glaubt, daß eine Interaktion zwischen ihr und ihrem Fötus stattfindet.«

Cathys Fall ist einfach und läßt sich durch die anerkannte Wissenschaft leicht erklären. Schließt das aber zwangsläufig die Möglichkeit einer übersinnlichen Kommunikation aus? Wir wollen einen Blick auf die etwas komplexere Geschichte von Felicity werfen, die in der Nähe von London lebt.

Felicity ist jetzt Mitte fünfzig und ihre Tochter fünfzehn. Vor der Geburt des Kindes fing Felicity eine Information auf, die sogar die hochentwickeltste Ultraschalluntersuchung nicht zutage bringen könnte. Felicity sprach oft mit ihrem ungeborenen Kind, um ihm von ihrem Vater und ihrem älteren Bruder zu erzählen. »Langsam wurde mir klar, daß meine Tochter antwortete und sich in meinem Kopf mit mir unterhielt«, sagte sie. Es war, als würde Felicity die Stimme des Kindes hören, und schließlich fanden richtige Unterhaltungen statt. »Als ich ungefähr im sechsten Monat war, fragte ich sie, ob sie gesund sei, und sie sagte ›Ja‹.

›Irgendwelche Schönheitsfehler?‹, wollte ich weiter wissen. Es war vielleicht blöd, sie so etwas zu fragen, da sie doch schon gesagt hatte, daß sie gesund sei, aber wenn Mütter ihr erstes Kind erwarten, wünschen sie sich, daß alles an ihm perfekt ist.

›Na ja‹, antwortete das Baby, ›ich habe ein apfelförmiges Muttermal an der Ferse.‹

Als meine Tochter geboren wurde, zeigte sich, daß sie absolut vollkommen war – bis auf ein apfelförmiges Muttermal an der Ferse. Es war das erstemal in der Geschichte unsere Familie, daß ein solches Muttermal auftrat.«

Bei Diane Jardel aus Dorset war die Kommunikation einseitig, aber die beruhigenden Botschaften, die sie von ihrem Kind erhielt, halfen ihr, die schwierige Geburt durchzustehen. »Acht Wochen vor Frist war ich ins Krankenhaus gekommen, weil ich ständig vorzeitige Wehen bekam und daher an den Tropf mit wehenhemmenden Medikamenten gelegt werden mußte. Ich wurde zunehmend schwächer und hatte Angst um mein Baby, da ich auch ein Fibrom in der Gebärmutter hatte und eine Lungeninfektion, die mit großen Dosen Antibiotika behandelt worden war. Eines Abends kurz vor dem Einschlafen ›sah‹ ich zwei große, braune Augen, die mich ruhig und zufrieden ansahen und hörte eine Stimme, die mir versicherte, daß alles in Ordnung sei. Ich wußte, daß es mein Baby war, das da mit mir sprach, und ich fühlte mich sofort ruhig und erleichtert.

Als mein Sohn sechs Wochen zu früh geboren wurde, war er bei guter Gesundheit, bis auf eine langwierige Gelbsucht. Ich fühlte eine starke Bindung zu ihm, obwohl er vier Wochen lang im Brutkasten liegen mußte.«

Diese geschilderte Situation ist etwas völlig anderes als die einer Frau, die in die Kindsbewegungen und das Treten ihres Babys etwas »hineininterpretiert«. Wir können die Mutter nicht vom Fötus trennen, obwohl es vielleicht bequemer ist anzunehmen, alles finde nur in ihrem Kopf statt.

Lisa, die Mutter eines der jüngsten Kinder in Großbritannien, bei denen eine Herztransplantation durchgeführt wurde, berichtete von einem noch dramatischeren Beispiel von vorgeburtlicher Kommunikation. Sie vertraute mir an, daß sie fast vom Augenblick der Empfängnis an von einer ernsten Krankheit ihres ungeborenen Kindes überzeugt war, entgegen aller Beteuerungen der Ärzte. »Vor der Geburt meiner ältesten Tochter Fiona hatte ich ein gutes Gefühl und machte mir überhaupt keine Sorgen; also wußte ich, daß es nun bei Erica keine gewöhnlichen Schwangerschaftsängste waren. Fast von Anfang an hatte ich ein ausgesprochen schlechtes Gefühl. Der beängstigende Gedanke, daß das Kind, das ich in mir trug, irgendeine furchtbare Krankheit hatte, kehrte immer wieder, obwohl ich nicht hätte sagen können, was für eine Krankheit das genau sein sollte. Mit fortschreitender Schwangerschaft fühlte ich mich immer schlechter, obwohl klinisch alles in Ordnung war. Bei einer Urinuntersuchung wurde Protein gefunden, so daß die Ärzte sich fragten, ob das Baby vielleicht Spina bifida habe, einen Spaltwirbel. Genauere Untersuchungen ergaben jedoch, daß sie völlig gesund war.

Ich dachte, vielleicht war es das, was mir Sorgen gemacht hatte, und ein paar Tage lang ging es mir gut. Aber dann kehrten die Sorgen zurück, stärker als zuvor. In Gedanken organisierte ich sogar schon das Begräbnis des Babys. Ich wußte zwar, daß es geboren werden würde, aber ich wußte auch, daß ich es nicht behalten konnte. Es war wirklich seltsam. Wir waren kurz zuvor in eine andere Stadt gezogen, und ich dachte ständig daran, wie gern ich in meine alte Heimatstadt zurückkehren würde, um mein Kind zu begraben, da alle meine Freunde und Verwandten dort wohnten. Bis zum Ende der Schwangerschaft wurde ich diese Gedanken nicht los. Ich machte nie Pläne für Erica, so wie ich es bei Fiona getan hatte. Ich dachte, ich warte bis später. Was für einen Sinn sollte es haben, jetzt Pläne zu machen?

Dann plötzlich, gegen Ende der Schwangerschaft, verspürte ich den brennenden Wunsch, Ericas Kinderzimmer auszustatten. Bei Fiona hatte ich dieses Gefühl von Dringlichkeit nicht gehabt. Aber bei Erica mußte ich das Zimmer sofort einrichten, obwohl ich nie damit gerechnet hatte, daß sie jemals darin schlafen würde. Ich hatte eine ganz gewöhnliche natürliche Geburt, und Erica wog 3600 Gramm. ›Ist sie gesund?‹, fragte ich meinen Mann Gerald. Er bejahte. Erica hatte anfangs Atemschwierigkeiten gehabt, aber das verschwieg er mir; ich erfuhr es erst viel später. Auf der Säuglingsstation betrachtete ich unsere Tochter und bemerkte, daß ihre Füße nach innen gedreht waren. Der Kinderarzt meinte, er würde einem Spezialisten Bescheid sagen, damit der sich damit befassen konnte, aber ich solle mir keine Sorgen machen. Der Spezialist erklärte am nächsten Morgen, Ericas Füße seien ganz in Ordnung, die falsche Fußstellung könne leicht behoben werden. Schön, dachte ich, das wäre geklärt. Das war es also, was mir während der Schwangerschaft Sorgen gemacht hat. Im Innersten wußte ich jedoch, daß das nicht stimmte. Da war noch etwas anderes.

Dieses Gefühl verließ mich auch in den folgenden dreieinhalb Wochen nicht. Natürlich war ich entzückt von Erica und sehr glücklich, aber es war, als würde eine schwarze Wolke über uns hängen. Ich untersuchte mein Kind von Kopf bis Fuß. Es war ein großes, prächtiges Baby, aber ich meinte zu Gerald: ›Ihr Brustkorb ist irgendwie komisch. Sie hat eine Hühnerbrust.‹ Er beschwichtigte: ›Stell dir vor, ein kleines Mädchen mit einer Hühnerbrust‹, und beließ es dabei, aber ich machte mir immer noch schreckliche Sorgen und war überzeugt, daß irgend etwas ganz und gar nicht stimmte. Als Erica vier Wochen alt war, begann ich, deutliche Anzeichen dafür wahrzunehmen, daß sie nicht gesund war. Mehrmals ging ich mit ihr zum Arzt, der ihren Brustkorb abhörte, sagte, daß alles in Ordnung sei, und uns nach Hause schickte. Er nahm an, ich sei eine überbesorgte Mutter, aber bei Fiona war ich das nicht gewesen. Als Erica sechs Wochen alt war, gingen wir zur Vorsorgeuntersuchung, und ich erwähnte, daß sie Atemschwierigkeiten zu haben schien. Der Arzt dachte erst, er könne irgend etwas hören, aber dann befand er, es sei alles in Ordnung, und ich könne mich ja jederzeit an meinen Kinderarzt wenden, wenn ich mir Sorgen machte. Kurz darauf verweigerte Erica die Flasche, die sie immer um vierzehn Uhr bekam. Ich sagte zu Gerald: ›Wenn sie auch um achtzehn Uhr nicht trinken will, rufe ich den Notarzt.‹ Als sie auch später nicht trinken wollte, rief ich den Arzt. Er kam und erklärte, Erica fehle nichts. Ich war sehr besorgt, weil sie nichts zu sich nahm, und hatte Angst, daß sie austrocknen würde. Schließlich bestand ich darauf, daß Ericas Brustkorb geröntgt wurde, weil sie hustete. ›Wenn Sie sich dann besser fühlen‹, sagte der Notarzt, ›können Sie sie zum Röntgen ins nächste Krankenhaus bringen.‹ Ich fuhr sie sofort dorthin.

Der diensthabende Arzt bemerkte, daß etwas nicht stimmte, ließ Erica röntgen und rief einen Spezialisten. Unsere Tochter litt unter schwerer Herzinsuffizienz und wurde sofort auf die Intensivstation gebracht, wo sie unter ein Sauerstoffzelt gelegt und an einen Herzmonitor angeschlossen wurde. Fünf Wochen später bekam sie eine Herztransplantation. Noch lange Zeit danach, selbst wenn es ihr gutging, war jeder Tag wie ein Geschenk. Wir machten uns keine Sorgen mehr über Kleinigkeiten. Ich hatte zu große Angst, an die Zukunft zu denken. Erst jetzt, mehr als zwei Jahre später, fühle ich mich etwas zuversichtlicher und kann akzeptieren, daß sie mir gehört.«

Lisas Geschichte soll Sie nicht ermutigen, sich über die Meinung der Ärzte hinwegzusetzen. Das wäre sehr unklug. Aber es ist wichtig für werdende Mütter (wenn auch oft sehr schwierig), das Selbstvertrauen zu entwickeln, auf ihre eigene innere Stimme oder die ihres ungeborenen Kindes zu hören und dem intuitiven Wissen Ausdruck zu verleihen, das das medizinische Wissen oft ergänzen kann. In Extremfällen, in denen sich nicht eindeutig beurteilen läßt, was richtig oder falsch ist, ist es vielleicht letzten Endes am besten, sich nach dem mütterlichen Instinkt zu richten. Es ist wahr, daß Frauen ihr eigenes Kind am besten kennen, selbst vor der Geburt. Zunehmend erkennen auch Hebammen und Krankenschwestern die Sachkenntnis der werdenden oder jungen Mutter an.

Sogar wenn die Mutter selbst eine medizinische Ausbildung hat, kann sie mit ihrem sechsten Sinn richtigliegen. Rita Laws erzählte mir von ihrer Freundin Andrea, einer Hebamme: »Im letzten Drittel der Schwangerschaft war Andrea tief besorgt über die Gesundheit ihres ungeborenen Kindes. Ihre Hebamme und ihre Gynäkologin beruhigten sie, aber Andrea ließ sich nicht davon abbringen, daß etwas nicht stimmte und ihr Kind in ernster Gefahr war. Selbst als eine Ultraschalluntersuchung ergab, daß das Baby völlig gesund war, ließ ihre Unruhe nicht nach. Andrea hatte eine lange, aber normale Geburt und brachte einen schönen, sehr lebendigen Jungen zur Welt. Es stellte sich heraus, daß in der Nabelschnur zwei Verknotungen waren. Hätten sich die Knoten zusammengezogen, wäre das Kind aufgrund des Sauerstoffmangels wahrscheinlich gestorben.«

Verknotungen in der Nabelschnur kommen sehr selten vor. Niemand konnte diesen Umstand vorhersehen – und dennoch: Andrea hat es »gesehen«.

Hebammen, die soviel mit der praktischen Seite der Schwangerschaft zu tun haben, können eng verbunden sein mit der »Magie« (im paranormalen Sinn des Wortes) der Geburt. Als ich mit dem mittlerweile verstorbenen Sir Alec Turnbull, ehemals Professor der Abteilung für Geburtshilfe und Gynäkologie des John-Radcliffe-Krankenhauses in Oxford, über übersinnliche Geburtserfahrungen von Müttern sprach, meinte er, so etwas sei ihm eigentlich noch nicht untergekommen, fügte aber hinzu, daß die Frauen sich ihm oder den anderen Geburtshelfern auch kaum anvertrauen würden. Eher würden sie sich mit den Hebammen austauschen, die schließlich zusammen mit ihnen in vorderster Front stünden.

Megan, eine Hebamme mit zehn Jahren Berufserfahrung, berichtete mir: »Ich fuhr nach der Sprechstunde nach Hause, aber ich konnte den Gedanken an eine der Frauen, die ich betreute, nicht loswerden. Die Größe ihres Babys entsprach der altersgemäßen Norm, und weder der Arzt noch ich hatten irgendwelche Probleme feststellen können. Ich hatte jedoch das Gefühl, daß etwas nicht stimmte. Obwohl ich ziemlich müde war, fuhr ich direkt zu dieser Frau und fragte sie, ob ich ihren Bauch noch einmal abtasten könne. Mein Erscheinen überraschte sie nicht, und sie gab zu, daß sie selber besorgt war, obwohl sie nicht hätte sagen können, warum eigentlich. Ich entschied, sobald wie möglich eine szintigraphische Untersuchung machen zu lassen, also rief ich den Spezialisten an. Er war sehr hilfsbereit, da er weiß, daß ich normalerweise keinen unnötigen Wirbel mache, und die Frau wurde am nächsten Tag untersucht. Die Untersuchung ergab, daß das Baby einen Wasserkopf bekommen hatte. Noch am selben Tag wurde eine Schnittentbindung gemacht, so daß die Flüssigkeit ablaufen konnte. Aufgrund des rechtzeitigen Eingreifens ist das Kind jetzt ein normaler, gesunder kleiner Junge.«

Maria Cadaxa aus Tucson (Arizona) schrieb mir: »Als Hebamme und Mutter von vier Kindern hat mich die eindeutig vorhandene übersensorische Verbindung zwischen Müttern und ihren Kindern, insbesondere den Kleinkindern, schon immer fasziniert. Was das vorgeburtliche Band angeht: Ich habe noch keine Mutter getroffen, die vom Geschlecht ihres Kindes völlig überrascht wurde. Neun von zehn Frauen wußten es definitiv oder hatten eine große Sicherheit. Ich glaube, daß dieses ›Wissen‹ eine physische und eine spirituelle Komponente hat. Zum einen erkennt der Körper der Mutter die neuen Hormone, die ihren Körper steuern, und zum anderen steht sie in Verbindung mit der Seele ihres Kindes.

Träume sagen oft das Geschlecht oder das Aussehen des Kindes voraus. Ein Beispiel: Eine Mutter, die eine Abtreibung in Erwägung zieht, hat einen Traum, in dem ein Kind mit dunklem, lockigem Haar erscheint und sie bittet, bleiben zu dürfen. Sie stimmt zu – und das Kind, das später geboren wird, ist ein Mädchen mit dunklem, lockigem Haar.«

Die Frau mag wissen, ob das Kind ein Junge oder ein Mädchen wird, aber sie hat nicht unbedingt auch den Wunsch, diese Information mitzuteilen, wie Joan Cannon aus New South Wales erzählt: »Ich nehme an, ich wußte ungefähr im fünften Monat, daß es ein Junge war. Mein Mann und ich wollten beide ein Mädchen, und ich versuchte angestrengt, mich und ihn davon zu überzeugen, daß es ein Mädchen werden würde. Aber immer, wenn ich von unserem Baby sprach, sagte ich ›er‹. Ich lag abends mit meinem Mann im Bett und meinte: ›Ich bin ganz sicher, daß es ein Mädchen ist‹, und dann, kurz vor dem Einschlafen, lachte ich leise und rieb mir den Bauch, weil ich wußte, daß es ein Junge war.

Es war eine sehr kurze Geburt (dreißig Minuten nach der Ankunft im Krankenhaus war es geschafft), aber trotzdem konnte ich danach nichts anderes denken als ›Gott sei Dank, der Schmerz ist vorbei‹. Niemand sagte mir, daß es ein Junge war; das mußten sie auch nicht. Ich schien genau zu wissen, was Jode von mir erwartete. Die ersten beiden Tage brachten wir damit zu, uns einfach nur anzusehen, als würden wir in den Geist des anderen schlüpfen. Vier Tage später konnten wir nach Hause, und es war, als hätten wir uns schon immer gekannt. Es schien alles so natürlich zu sein, obwohl Jode mein erstes Kind ist.«

Tracey Nelson aus Redhead (Australien) erzählte mir: »Meine Träume haben sich nie bewahrheitet, mit Ausnahme der beiden, die meine ungeborenen Kinder betrafen. Als ich zum ersten Mal schwanger war, träumte ich dreimal, daß mein Baby ein blonder Junge werden würde, zwei Monate zu früh geboren und völlig gesund. Im Wachzustand verbot ich mir, darüber nachzudenken, denn Frühgeborene sind nicht immer ›völlig gesund‹. Aber Simon wurde in der dreiunddreißigsten Woche geboren und war blond und gesund.

Noch bevor ich wußte, daß ich erneut schwanger war, träumte ich, daß ich Zwillinge bekommen würde, zwei Mädchen, die Jill und Sarah hießen. Etwas später, als ich mir Babypuppen aus Keramik ansah, fühlte ich mich stark zu den Zwillingen hingezogen. In der vierzehnten Woche der Schwangerschaft wurden Zwillinge bei mir diagnostiziert, und ich sagte, es würden zwei Mädchen werden. Und tatsächlich haben wir jetzt eine Beth und eine Sarah (meinem Mann gefällt der Name Jill nicht).«

Traceys erster Traum bereitete sie auf eine Frühgeburt vor. Viele Frauen erzählten mir, daß sie wußten, daß sie eine Frühgeburt haben würden, selbst wenn ihre anderen Kinder nach der normalen Schwangerschaftsdauer zur Welt gekommen waren. Es scheint fast, daß es sich dabei um einen Sicherheitsmechanismus handelt, der die Frau vor einem Schock bewahrt, so daß sie in der Lage ist, mit der Situation fertigzuwerden. Obwohl die Kulturen des Altertums großen Wert auf das Vorhersagen der Zukunft durch Traumdeutung legten, hat Tracey, wie zahlreiche andere Frauen, festgestellt, daß ihre Träume sich nicht bewahrheiteten, wenn sie nicht schwanger war. Ich glaube, daß diese besonderen Träume Teil der erhöhten Intuition sind, die eine Frau während der Schwangerschaft und der Geburt besitzt. Ein schwangere Frau ist weniger an die materielle Welt gebunden und weniger anfällig für äußere Einflüsse und den »gesunden Menschenverstand«, der sie sonst vielleicht davon abhalten würde, die Richtigkeit ihrer Instinkte anzuerkennen. Schwangere oder Frauen, die in inniger Gemeinschaft mit kleinen Kindern leben, stellen oft fest, daß Träume nur ein Element eines ganzen Bündels von Visionen, scheinbar willkürlichen Assoziationen, ungebetenen Gedanken und Phantasien sind, die zwischen Mutter und Fötus oder Mutter und Kind hin- und herwandern und die, wenn sie angenommen werden, wertvolle Anzeiger des Unsichtbaren und Unbekannten sein können. Freud hat Träume die »königliche Straße zum Unbewußten« genannt, aber mit den mütterlichen Abkürzungen durch Bereiche, die von der Wissenschaft noch nicht erforscht wurden, hat er sich nicht beschäftigt.

Die » Hellsichtigkeit«, die wir während der Schwangerschaft im Schlaf entwickeln, wird nach der Geburt auch im Hellschlaf möglich, in jenen Stunden nach Mitternacht, in denen wir am

Bett eines kranken oder unruhigen Kindes wachen. Wenn Sie genug Energie haben, nehmen Sie Papier und Schreibzeug zur Hand und notieren ein paar der Gedanken oder Halb-Träume, die Ihnen zu solchen Zeiten kommen. Wenn nicht, müssen Sie sich keine Sorgen machen, denn dieses Land der Magie und der Unwirklichkeit werden Sie viele Jahre lang betreten, selbst Jahre später noch, wenn Sie in Ihrem Lieblingssessel dösen und darauf warten, daß sich der Hausschlüssel Ihres Teenagers im Schloß dreht. Parapsychische Phänomene, außersinnliche Wahrnehmungen – Begriffe gibt es so viele, wie »Erklärungen« –, oder was immer es sein wird, wenn Sie in den Stunden nach Mitternacht wachen, blicken Sie einfach in diese unerschlossenen Dimensionen und akzeptieren Sie es.

Die prophetischen Träume der Schwangerschaft halfen einer anderen Mutter dabei, sich mit der Geburt eines Jungen abzufinden, den sie anfangs nicht richtig annehmen konnte. Karin Liedke lebte in San Franzisko, als die Träume begannen. »Ich wollte mein ganzes Leben lang ein Kind haben, aber es hat sich nie ergeben, und je älter ich wurde, desto weniger wagte ich, mich auf die Verantwortung einzulassen. Als ich siebenundzwanzig war, fühlte ich mich jedoch biologisch so bereit, daß es irgendwie schien, als würde sich alles von alleine ergeben.

Ich hatte mir immer eine Tochter gewünscht. Ein paar Monate bevor ich schwanger wurde beschlossen mein Mann und ich, in ungefähr einem Jahr ein Kind zu zeugen. Auf seine Frage hin, was ich tun würde, wenn ich einen Jungen bekäme, wurde mir bewußt, daß ich für diese Möglichkeit nicht ganz offen war. Dann hatte ich Träume, drei Träume in vielleicht drei Monaten, in denen ich einen Jungen hatte. Im ersten Traum war er gerade geboren, im dritten Traum war er sechs Jahre alt. In jedem Traum liebte ich ihn sehr, und danach hatte ich immer das Gefühl, daß es keinen Grund gab, sich nicht auch über einen Jungen zu freuen.

Einen Monat nach dem letzten Traum wurde ich schwanger, ein Jahr früher als geplant. Ich wußte, daß es ein Junge war, und Rob spürte es auch. Vom Augenblick der Geburt an war ich entzückt von Rory. Ich bete ihn an. Es schien, als hätte ich erst offener werden und begreifen müssen, daß ich jedes Kind lieben würde, das ich ausgetragen habe. Jetzt kommt es mir ausgesprochen albern vor, je Vorbehalte gehabt zu haben.«

Seitdem hat Karin viel Schweres zu erdulden gehabt: die Trennung von ihrem Mann, den Umzug in eine andere Stadt und gezwungen zu sein, ganztags in einem Beruf zu arbeiten, der nichts mit ihrem eigentlichen Fachgebiet, der ganzheitlichen Gesundheit, zu tun hat. Sie kann weniger Zeit mit ihrem geliebten Sohn verbringen, als sie möchte. Aber das Band, das geschmiedet wurde, bevor sie Rory empfing, hält, und Karin sagt: »Mein Leben wird langsam wieder ganz, und ich fühle mich großartig.«

Karla Colon, die in New Orleans lebt, hatte in Träumen Präkognitionen, die sowohl Leid als auch Freude ankündigten. Als sie ihr erstes Kind erwarteten, lebten Karla und ihr Mann in Puerto Rico. Karla hatte einen ständig wiederkehrenden Traum, in dem sie ihr Kind in einem Lebensmittelgeschäft verlor. »Ich konnte nicht genug Spanisch, um jemanden um Hilfe zu bitten. Ich kann es nicht so richtig erklären, aber durch diese Träume wußte ich, daß ich das Baby verlieren würde. Viele Freunde und Verwandte wollten mir Geschenke für das Kind geben, aber ich bat sie, damit bis nach der Geburt zu warten. In der zwanzigsten Woche wurde eine Ultraschalluntersuchung gemacht. Da erfuhren wir, daß unser kleiner Junge nicht leben würde.

Als ich erneut schwanger wurde, wußte ich wieder, daß unser Kind nicht bei uns bleiben würde. Ich träumte wiederholt von einem Mädchen, das beim Schwimmen ertrank. Wieder bat ich alle, mit den Geschenken bis zur Geburt zu warten. Meine Familie und unsere Freunde meinten, ich hätte nur

Angst, weil ich das erste Baby verloren hatte, aber ich wußte es besser. Am 23. Mai 1989 gebar ich ein dreiundzwanzig Wochen altes Mädchen.« Das Kind starb.

Als sie zum dritten Mal schwanger wurde, schrieb mir Karla, am 11. Mai 1991: »In der sechsten Woche hatte ich einen Traum, in dem mein Arzt mir sagte, daß ich Zwillinge bekommen würde. Aber als ich ihm später davon erzählte, lachte er nur. Bei der vorgeschriebenen Ultraschalluntersuchung erwähnte ich der Arzthelferin gegenüber meinen Traum. Sie lächelte und holte den Radiologen, der mir bestätigte, daß ich Zwillinge erwartete.

Vor der zwanzigsten Woche träumte ich den ersten von vielen Träumen, in denen ich eineiige Jungen gebar. Als der Arzt mich bei der nächsten Ultraschalluntersuchung fragte, ob ich das Geschlecht meiner Kinder wissen wolle, teilte ich ihm mit, daß es Jungen seien – und ich hatte recht. Mein Mann und ich lassen uns zwar gerade scheiden, aber ich habe ein so gutes, positives Gefühl, was die Schwangerschaft angeht. Diesmal wollen alle bis zur Geburt warten, ehe sie den Kindern Geschenke machen, aber ich habe ihnen gesagt, daß es diesmal nicht nötig sei.«

Karlas Zwillinge waren tatsächlich gesund und munter, als sie geboren wurden, aber sie hatte mir noch von einer weiteren Vorahnung berichtet: »Ich hatte ein leicht unbehagliches Gefühl, was das Baby auf der rechten Seite anging. In einem Traum nahm ich seinen Bruder auf den Arm und sagte zu ihm: ›Laß uns gehen und deinen Bruder retten‹. Ich hoffe, daß ich unrecht habe und er gesund ist. Alle Untersuchungen weisen zumindest darauf hin.«

Im Juni 1991 schrieb Karla mir noch einmal und legte ein Bild von zwei entzückenden Babys bei, von Richard, der bei der Geburt 3300 Gramm wog, und Matthew mit knapp über 3000 Gramm. Aber Karlas letzte Vorahnung traf zu. Matthew geriet während der Geburt in Schwierigkeiten, so daß ein Kaiserschnitt durchgeführt werden mußte. Jetzt sind die Zwillinge zu Hause und gesund.

Der mütterliche Instinkt kann sogar zur Empfängnis beitragen, wie weitere Beispiele zeigen werden. Jenny schaffte es nicht, schwanger zu werden. »Nachdem ich zwei Jahre lang versucht hatte, ein Kind zu bekommen, war ich derartig angespannt und besorgt, daß der Arzt meinte, es läge wahrscheinlich an meiner Erwartungshaltung, daß ich nicht schwanger würde. Dann hatte ich an einem Wochenende diese seltsame, überwältigend starke Vision – es war phantastisch. Ich konnte mich selbst sehen: Ich war bei meiner Schwiegermutter zu Besuch, hielt mein Baby auf dem Arm und unterhielt mich angeregt. Ein Gefühl von Sicherheit und Ruhe überkam mich, ich war ganz verändert und so glücklich. Ich hörte auf, mir Sorgen zu machen. Innerhalb eines Monats wurde ich schwanger.«

Regina Paleau aus Staten Island (New York) war überzeugt davon, daß sie schwanger war, obwohl die Ärzte beharrten, daß sie das unmöglich wissen konnte. »Mein Mann und ich hatten seit fast zwei Jahren versucht, ein Kind zu bekommen. Ich hatte sogar schon damit angefangen, morgens mit einem Fieberthermometer meine Temperatur zu messen, um den genauen Zeitpunkt des Eisprungs herauszufinden. Trotzdem machte ich mir keine Sorgen, ich wußte, unser Baby würde kommen, wenn es bereit war. Eines Nachts liebten wir uns ganz spontan, und in der nächsten Nacht träumte ich, daß ich schwanger war, einen großen, dicken Bauch hatte und von Freunden umgeben war, die mich fragten, wie ich mich fühlte. Ich sagte, ich sei in Hochstimmung.

Von diesem Zeitpunkt an ›wußte‹ ich, daß ich schwanger war, obwohl es noch Wochen dauerte, bis ich einen Schwangerschaftstest machen konnte. Ich ging zum Arzt, als meine Menstruation fünf Tage ausblieb, und der Arzt meinte, es könne sich auch um eine hysterische Schwangerschaft handeln. Ich wußte aufgrund des Traums, daß er nicht recht hatte. Und natürlich war ich schwanger; in der Nacht vor dem Traum hatte ich empfangen.«

In Fällen, wo Sorge und Anspannung zu den Faktoren gehören, die eine Schwangerschaft verhindern, können solche Vorahnungen möglicherweise zuversichtlicher stimmen. Die medizinische Wissenschaft fängt an, diese Zusammenhänge zu erkennen, und so begannen 1989 Ärzte aus dem London Hospital in einigen Fällen Heilmittel aus der Volkskunde anzuwenden.

Die Anthropologin Dr. Sue Jennings und ihr Team boten zukünftigen Eltern, die sich Schwierigkeiten gegenübersahen, Kurse in Maskenbau, Tanz und Theater an. Dr. Jennings empfahl Tanzen nach indischer Musik oder afrikanischen Trommeln als hilfreiche Therapie, weil die Eltern sich dabei entspannen, anstatt sich nur über die »technische Seite« der Empfängnis zu sorgen. Sie bestritt, daß solche Vorstellungen der westlichen Kultur fremd seien, und wies auf alte britische Fruchtbarkeitsriten wie den Tanz um den Maibaum hin.

Das parapsychische Band kann auch in Fällen nützlich sein, bei denen es durch konventionelle soziale Therapien nicht gelingt, der werdenden Mutter zu helfen, mit den Bedürfnissen ihres ungeborenen Kindes zurechtzukommen. Rosalie Denenfeld aus Harper Woods (Michigan), Mutter von zwei Kindern, arbeitet in diesem Bereich. Sie hat im »Center for Humanistic Studies« humanistische und klinische Psychologie studiert und 1984 ihre Abschlußarbeit über die Beziehung zwischen erstgebärenden Müttern und ihren ungeborenen Kindern vorgelegt. Für sie besteht der wichtigste Anwendungsbereich ihrer Arbeit darin, sozial unterpriviligierten Müttern, insbesondere jungen Frauen, die im Teenageralter schwanger werden, zu helfen, sich des pränatalen Bandes bewußt zu werden – und zwar nicht nur physisch, sondern auch emotional und spirituell, damit sie eher bereit sind, ihren schädlichen Lebensstil zu ändern, der den Fötus bedrohen könnte, und auch den Teufelskreis eventueller

Mißhandlungen zu durchbrechen, der ihr eigenes Leben geprägt hat.

Rosalie hat mit zehn erstgebärenden Müttern gearbeitet. Sie verwendete Techniken wie Focusing (um mit intuitiven Mitteln tiefere Bewußtseinsebenen innerhalb des Körpers zu erreichen), Tagebuchschreiben, Interviews, Kunst und Musik. Die werdenden Mütter waren gebildet, stammten aus der Mittelschicht und waren verheiratet. Die familiären, sozialen und inneren Konflikte, die sie aufgrund ihrer Schwangerschaft durchstehen mußten, waren minimal. Rosalie kommentiert, daß die »eindrucksvoll klaren verbalen Beschreibungen und künstlerischen Ausdrucksformen (dieser Frauen) eine wertvolle Einführung zu der Frage darstellen, wie schwangere Frauen die Kontaktaufnahme zu ihrem ungeborenen Kind erleben können.«

Rosalie sagt ferner: »Eine Frau, die zum ersten Mal schwanger wird, erlebt ihre Beziehung zu ihrem ungeborenen Kind offenbar als Katalysator für persönliches Wachstum und erhöhte Liebesfähigkeit. Aufgrund der einzigartig engen physischen Einheit zwischen der schwangeren Frau und ihrem ungeborenen Kind kann das Potential für physische, emotionale und spirituelle Interaktion unglaublich hoch sein.« Wie Rosalie festgestellt hat, nimmt die Angst vor dem Unbekannten, die bei der ersten Geburt größer ist als bei allen späteren Geburten, ab, wenn durch die Liebe, die zwischen Mutter und ungeborenem Kind wächst, die Bindung zwischen beiden zunimmt.

Auf der spirituellen Ebene, meint Rosalie, ist »die Schwangerschaft einer Frau – mit Ausnahme der neun Monate, die sie im Leib ihrer eigenen Mutter zugebracht hat – die einzige Gelegenheit, einen dramatischen Kontrast zu dem Getrenntsein zu erleben, dem wir alle ausgeliefert sind. Die Schwangerschaft ist die tiefste Intimität, die zwischen Menschen möglich ist. Vielleicht ist sie ein Medium, das dazu gedacht ist, Liebe in der Frau zu wecken und mehr Liebe in die Welt zu bringen.«

Einige der Frauen, mit denen Rosalie gearbeitet hat, haben die Erfahrung gemacht, daß ihr Körper die Gefühle ihres ungeborenen Kindes auffing. Gail erklärte: »Manchmal habe ich ein Gefühl, von dem ich nicht weiß, von wo es herkommt. Und dann wird mir bewußt, daß nicht ich diejenige bin, die das Gefühl hat.«

Das erste Mal machte Gail diese Erfahrung während eines heftigen Gewitters. »Wir wohnen oben auf einem Hügel, und unser Schlafzimmer hat zwei große Fenster. Direkt vor den Fenstern stehen Bäume, so daß man fast das Gefühl hat, draußen zu sein. Wenn es stürmt, wirkt es, als wäre der Sturm direkt im Zimmer. Eines Nachts wachte ich auf und hatte richtig Angst vor den Blitzen und dem Lärm. Ich persönlich liebe Stürme, ich liebe es, den Donner zu hören und die Blitze zu sehen. Aber dieses Mal fürchtete ich mich. Ich stand auf und ging im Haus umher. Ich wußte überhaupt nicht, was los war, und plötzlich begriff ich, daß nicht ich diejenige war, die Angst hatte; es war das ungeborene Baby. Also redete ich mit ihm. Ich erzählte ihm, es gäbe ein Gewitter, und das Krachen des Donners sei wahrscheinlich beängstigend, aber es sei alles in Ordnung. Die Angst verschwand.«

Die Kommunikation mit dem Ungeborenen scheint einer Reihe von wichtigen Zwecken zu dienen. Sie kann die Mutter vor medizinischen Komplikationen oder einer Frühgeburt warnen oder sie beruhigen. Und sie kann der Mutter helfen, die manchmal beängstigende Verantwortung für das in ihr heranwachsende menschliche Wesen zu bewältigen. Ich rate keiner Frau, die Meinung von Ärzten völlig zu mißachten, aber es spricht vieles dafür, der eigenen Intuition zu vertrauen, wenn es um das Wohlergehen ihres ungeborenen Kindes geht. Seien Sie nicht überrascht, wenn Ihr Herz im Einklang mit Ihrem Baby schlägt, denn schließlich und endlich ist es ein Teil Ihres Körpers, und das Band zwischen Ihnen ist nicht nur physischer Natur.

Die werdende Mutter kann das Kind in ihrem Bauch kennenlernen. Darüber wurde zwar viel geschrieben, aber wenn Sie mit Ihrem Baby Kontakt aufnehmen wollen, ist das Wichtigste, daß Sie sich für einen Weg entscheiden, bei dem Sie sich wohlfühlen. Noch einmal: Folgen Sie Ihrem Instinkt. Manche Frauen finden bestimmte Techniken hilfreich, aber es scheint hier kein Richtig oder Falsch zu geben. Sie werden wissen, welchen Weg Sie wählen sollten, wenn Sie auf sich selbst hören.

Noch ein Hinweis: Sie machen Erfahrungen für zwei, wie Ann aus British Columbia herausfand. Es stellte sich heraus, daß ein leidenschaftlicher Abend nicht, wie Ann gehofft hatte, ein sorgsam gehütetes Geheimnis geblieben war. »Als ich im siebten Monat schwanger war, liebten sich mein Freund und ich eines Abends in seinem Lastwagen. Vielleicht klingt das für manche Ohren etwas anrüchig, aber dieses Erlebnis ist mir in warmer und glücklicher Erinnerung geblieben. Ich fühlte mich abenteuerlustig, und doch verband mich mit dem betreffenden Mann eine enge und freundschaftliche Beziehung.

Als mein Sohn (das Kind, mit dem ich damals schwanger war) drei Jahre alt war, gingen wir eines Tages an einem geparkten Lastwagen vorbei. ›Das ist ein Mama-Lastwagen‹, verkündete mein Sohn. Ich wollte auf ihn eingehen und fragte: ›Gibt es auch Papa-Lastwagen?‹ Er ignorierte meine Frage und meinte: ›Du warst in einem Mama-Lastwagen. Du hattest keine Kleider an.‹

Na ja, ich bin nur einmal ohne Kleider in einem Lastwagen gewesen, und zwar in jener Nacht. Vielleicht sind Babys in der Lage, ihre Astralkörper aus der Gebärmutter hinauszuprojizieren und ihrer Mutter nachzuspionieren, oder es war ein Fall von Telepathie. Wenn ein Kind in deinem Bauch ist, ist es schließlich eng mit deinem Körper verbunden, und vielleicht ist es das auch mit deinen Gedanken und Gefühlen.«

7
Sind sie schon einmal hiergewesen?

Manchmal sagen Säuglingsschwestern von einem sehr aufgeweckten Neugeborenen: »Oh, der war schon mal hier!« Die angemessene Antwort der Mutter lautet: »Glauben Sie?« Es wäre wahrscheinlich nicht klug zu antworten: »Ich weiß, er ist in einem früheren Leben schon einmal mein Sohn gewesen.« Aber manche Frauen sind überzeugt davon, daß sie ihre Kinder aus früheren Inkarnationen kennen und daß die Geburt eine Art Wiedervereinigung ist – der vielleicht interessanteste Aspekt des Mutter-Kind-Bandes. Manche Frauen erleben ihn als Bestätigung ihrer Bindung zu ihrem Kind.

Cath glaubt, daß die Bindung zwischen ihr und ihrem Sohn Dom aus einem früheren, gemeinsam verbrachten Leben stammt. »Bei seiner Geburt haben wir uns sofort wiedererkannt. Ich liebte ihn, und ich wußte, daß er eine alte Seele war. Als er noch ein Baby war, wachte er oft auf, aber er hat nie geschrien. Ich sah im Geist seine Augen vor mir, und in meinen Kopf kam ein ›Dom braucht mich‹ – also ließ ich alles stehen und liegen und ging zu ihm, und er lag da und wartete.

Er hat die gleichen Träume wie ich, fängt meine Sorgen auf und liest meine Gedanken. Ich weiß nicht, ob er meine Träume auffängt oder ich seine. Einmal fragte ich ihn, woher er immer wisse, was ich denke, und er antwortete: ›Das ist leicht. Ich lese einfach die Bilder in deinem Kopf.‹«

Rätselhafte Hinweise darauf, daß Dom möglicherweise schon einmal gelebt hat, kamen, als er ungefähr zweieinhalb war. »Er kletterte auf das Motorrad eines Freundes und fing an, den Motor aufheulen zu lassen. ›Ich weiß, wie man das macht‹, sagte er, ›ich war einmal Motorradfahrer. Ich bin bei einem Unfall umgekommen.‹ Er sprach und verhielt sich ganz anders als ein kleiner Junge in seinem Alter. Nur ein einziges Mal noch hat er seine frühere Existenz erwähnt.«

Die Reinkarnation ist einer der grundlegenden Glaubenssätze des Hinduismus. Die Vorstellung, daß ein verstorbener Verwandter möglicherweise versucht, als neugeborenes Kind in die Familie zurückzukehren, wird begrüßt, wie folgender Bericht von Eleanor Nisbett von der Universität von Warwick zeigt. Sie hat eine ungefähr fünfunddreißigjährige Hindu-Frau aus dem Punjab besucht, die in Delhi aufgewachsen war und nun im Norden Englands lebt.

»An der Wand hing ein Bild ihres verstorbenen Schwiegervaters, in Sandelholz gerahmt. Wo sich sein Mund befand, waren auf der Glasplatte Rosinen befestigt. Jeden Tag bot sie ihm *prashad* an (in Anbetung geopferte Nahrung) nachdem sie zur Göttin gebetet und ihr Rosinen geopfert hatte. Ich fragte sie, warum sie das täte, da seine Seele sich doch möglicherweise bereits einen neuen Körper gesucht hätte. Sie entgegnete, sie würde ihm ihren Respekt erweisen, indem sie ihm täglich *prashad* gab. Schließlich würde sie ihm ja auch zu essen geben, wenn er noch am Leben wäre. Dann fügte sie hinzu, er sei wahrscheinlich wiedergekehrt als ihr ältester Sohn.

Nachdem sie zwei Töchter geboren hatte, war sie ein paar Monate später wieder schwanger geworden und hatte entschieden, das Kind abtreiben zu lassen, da sie niemanden hatte, der ihr helfen konnte, mit drei Babys zurechtzukommen. In der Nacht vor ihrem Termin in der Abtreibungsklinik erschien ihr der Schwiegervater (dem sie noch nie begegnet war) im Traum und sagte ihr, er würde als ihr Sohn wiedergeboren werden.

Also brach sie die Schwangerschaft nicht ab, und als sie ihren Sohn nach Indien brachte, bemerkten alle Verwandten, daß er genauso aussähe wie ihr Schwiegervater.«

Der Glaube an die Wiedergeburt ist jedoch nicht auf den Osten beschränkt. Rozanne Silverwood aus Lewes (Delaware) glaubt, daß ihre besonders innige Beziehung zu ihrer Tochter Margaret nicht erst mit ihrer Geburt begann, sondern schon vorher: mit dem Tod der Großmutter ihres Mannes Mark, Margaret, die in der Familie Omi genannt wurde. Als sie und Mark zur Totenwache kamen, spürte Rozanne »ein Kribbeln, das in den Schultern anfing und das Rückgrat hinunterlief.« Sie wußte, daß Omi hinter ihr stand.

»Bei der Trauerfeier, die am nächsten Tag stattfand, hatte ich das Gefühl, mir würde das Herz brechen. Mein Herz hämmerte, und es wollte nicht besser werden. Ich wunderte mich über mich selbst. Schließlich kannte ich diese Frau nicht gut genug, um so tiefe Trauer zu empfinden. Nach dem Begräbnis gingen wir in Richtung Stadtmitte, wo ihr altes Haus lag. Ich konnte ihre Gegenwart fühlen. Meine Seele streckte sich nach ihr aus und machte einen kläglichen Versuch, sie zu trösten.

Ein paar Monate später entdeckte ich, daß unsere Wege seit diesem Tag auf ganz besondere Weise miteinander verschlungen waren. Eines Abends, als Mark und ich in einem Restaurant aßen, stießen wir auf ihr Andenken an, und als wir das taten, schienen wir ihre Anwesenheit mit solcher Macht heraufzubeschwören, daß wir beide gleichzeitig eine Bemerkung darüber machten.

Mark meinte: ›Weißt du, Omi wird bald zu uns kommen. Ich weiß, es klingt verrückt, aber ich glaube, sie will sich einen neuen physischen Körper suchen. Und ich denke, daß sie als unser Kind zurückkehren will.‹ Ich war entsetzt. Wir hatten nie ernsthaft darüber gesprochen, ob wir überhaupt Kinder haben sollten, und noch viel weniger hatten wir darüber diskutiert, ob ich eine alte Verwandte empfangen wollte!

Gelegentlich überprüfte ich, ob dieses Wesen, das wir Omi nannten, noch da war. Ich hatte immer noch starke Zweifel an der ganzen Sache, aber jedesmal, wenn ich den Versuch unternahm, Kontakt zu ihr aufzunehmen, spürte ich ihre Gegenwart ganz deutlich, und ein leises Lächeln wuchs in mir.

An dem Tag, an dem wir entschieden, daß wir ein Kind haben wollten, waren wir aufgeregt und hatten wahnsinnige Angst vor allem. Im gemeinsamen Gespräch spürten wir die Gewißheit unseres Instinkts durch die Gegenwart des Wesens, für das wir einen Platz schaffen wollten.

In der Nacht vor dem geplanten Schwangerschaftstest träumte ich, daß ich mit vielen Menschen zusammen am Ufer eines Flusses stand. Ein kleines Mädchen zupfte mich am Bein. Sie war dunkelhäutig wie eine Lateinamerikanerin. Anstatt eine Brücke zu überqueren, mußte sie den Ort verlassen und durch eine Tür gehen, um auf die andere Seite des Flusses zu gelangen. Ihr Name war Consuela, und sie sagte mir mit glücklichen Augen Lebewohl. Ich versuchte, mich an mein Schulspanisch zu erinnern und erwiderte ›Poquito minuto‹. Was ich meinte, war: ›Wir werden uns sehr bald sehen‹.

Der Schwangerschaftstest war positiv. Am Wochenende gingen wir mit Marks Eltern in die Kathedrale des Heiligen Patrick in New York. Vor dem Schrein der Heiligen Margaret unterhielten wir uns über Omi, und ich fragte meine Schwiegermutter, wie Margarets Firmungsname gelautet habe. Sie antwortete: ›Consuela.‹

Mit dem Baby in mir, wuchsen auch meine Sorgen. Ich entschied, in der sechzehnten Woche einen Alpha-Feto-Protein (AFP)-Test zu machen, und eine Woche später hatte ich die Ergebnisse. Die Werte waren ungewöhnlich hoch, womit das Risiko, daß mein Kind unter dem Down-Syndrom litt, sich verdoppelt hatte. Da ich aufgrund meines Alters in der höheren Risikogruppe war, sah ich ein paar beängstigende Statistiken durch.

Der nächste Schritt war die Amniozentese. Ich nahm bereits die Fötusbewegungen wahr und spürte schon eine so starke Bindung an das Kind, daß ich nie eine therapeutische Abtreibung hätte machen lassen. Nach ein paar Tagen, die ich weinend und verzweifelt zubrachte, entschied ich mich schließlich, auf die Fruchtwasseruntersuchung zu verzichten. Mein Instinkt sagte mir, daß in meinem Baby bereits all das war, was es später sein würde, und daß ich fähig sein würde, mit allem fertigzuwerden.«

Als bei Rozanne die Wehen einsetzten, schien es ihr, als würde sich der Schleier zwischen den Lebenden und den Toten auflösen. »Ich konnte meine Vorfahren und meine Freunde und Lehrer sehen, die bereits auf der anderen Seite waren. Sie halfen mir, dieses Wesen in mir zur Welt zu bringen. Es war eine Erfahrung, die ebenso intensiv war wie jene, als ich zur Beerdigung von Marks Großmutter ging. Es war ein Augenblick unbezweifelbarer Macht für mich: eine Offenbarung der Beziehung zwischen Leben und Tod. Ich werde mich nie wieder vor einer Geburt oder dem Tod fürchten, weil ich weiß, daß ich nicht allein sein werde.

Wir gaben unserer Tochter den Namen Margaret, was Perle bedeutet, und das ist sie geworden, und mehr. Sie hat volles, dunkelbraunes Haar, und ihre Haut hat die bronzefarbene indianische Tönung, die vor langer Zeit auf meiner Seite der Familie zu finden war. Eine wunderschöne indianische Prinzessin, oder vielleicht Consuela, meine gute Freundin.

Durch meine Tochter Margaret habe ich eine tiefere Einsicht in die Bedeutung des Lehrens erhalten. Ich habe gesehen, daß ihre Entwicklung gesichert ist – alle Informationen, die sie braucht, sind in ihr und kommen zum Vorschein, wenn sie bereit ist. Wenn ich ihr nicht im Weg stehe, sondern ihr erlaube, Erfahrungen zu sammeln und auszudrücken, wird sie sich automatisch zu dem kleinen Mädchen und dann zu der Frau entfalten, die sie bereits ist.

Ich denke, das angeborene Wissen darum, wie man ein Kind erziehen soll, läßt sich im Herzen und im Geist jeder Mutter und jedes Vaters finden. Oft weiß ich besser als jeder Experte, was meine Tochter gerade braucht. Gelingt es mir, meiner Intuition zu vertrauen, kann sich das Wissen darum, wie ich eine gute Mutter sein kann, ganz von selbst entfalten. Jeden Tag lerne ich mehr über mich, denn das ist das hauptsächliche Erbe, das ich meiner Tochter hinterlassen werde – nicht das, was ich getan habe, sondern das, was ich bin, so ehrlich, wie ich kann. An das erinnere ich mich, wenn ich an Großmutter Margaret denke, und daran wird meine Tochter Margaret sich erinnern, wenn sie an mich denkt.«

Wenn Reinkarnation möglich ist, kann sich das Kind dann die Mutter aussuchen, mit der es eine Bindung eingehen will? Es ist möglich, daß Paul sich für seine jetzige Familie in Schottland entschied, weil er wußte, daß seine Mutter gut zu ihm sein würde. Als er ungefähr vier Jahre alt war, wusch seine Mutter ihm eines Morgens das Gesicht, als er plötzlich zurückzuckte und rief: »Wasch mich da nicht! Das ist die Stelle, wo meine Mami mich geschlagen hat.« Erst wollte seine Mutter mit einem »Komm jetzt, laß das!« reagieren, denn sie hatte viel zu tun, und Kinder denken sich alle möglichen Entschuldigungen aus, um die Tortur zu vermeiden, mit Wasser und Seife in Berührung zu kommen. Aber dann überlegte sie es sich anders und meinte: »Gut, erzähl mir davon.« Paul erklärte, als sei sie blöde: »Du weißt doch – hier hat sie mich geschlagen, und ich bin die Treppe hinuntergefallen und war tot. Nicht du, Mami, sondern die Mami, die ich vorher hatte. Deshalb wollte ich diesmal zu einer Mami gehen, die mich lieb hat!«

Wenn also das Kind möglicherweise die Wahl hat, warum sollte es zu einer Mutter zurückkehren, die es schon aus einem früheren, unglücklichen Leben kennt? Liz Cornish, eine Rebirthing-Expertin aus London, sagt dazu: »Der Sinn unseres Lebens auf dieser Erde ist, unsere Probleme zu bewältigen.

Wenn wir wiedergeboren werden, entscheiden wir uns für eine bestimmte Familie, weil aus einem früheren Leben noch irgendeine unerledigte Angelegenheit zurückgeblieben ist. Warum sonst sollten wir uns manchmal für so entsetzliche Eltern entscheiden? Vielleicht standen wir in einem früheren Leben in einer anderen Beziehung zu ihnen, und wir versuchen, es diesmal besserzumachen.«

Sarah, die ebenfalls in London lebt, ist der Ansicht, daß die Ursache ihrer Probleme mit ihrer Mutter in einem früheren Leben zu suchen ist, in dem sie ebenfalls Mutter und Tochter waren. Sie hatte Visionen von diesem früheren Leben, in dem sie mit ihrer damaligen Mutter, die sie schlug und sie schließlich im Stich ließ, in einem Slum lebte. In diesen Visionen »sehe ich mich am Eingang eines langen, dunklen Tunnels stehen und protestieren, weil ich nicht zurückkehren will. Ich sage: ›Ich will nicht durch diese Frau geboren werden‹. Damit meine ich meine jetzige Mutter. Aber ich muß durch den Tunnel gehen. Dann werde ich in die Welt gezerrt, bevor ich dazu bereit bin. Alles um mich herum ist hart, kalt und weiß. Das Licht ist zu grell und tut meinen Augen weh.

Solange ich zurückdenken kann, habe ich Feindseligkeit gegenüber meiner Mutter empfunden, aber ich hatte eine ganz normale Kindheit, und ich kann mich aus diesem Leben an nichts erinnern, das diese Feindseligkeit erklären könnte. Ich glaube, daß das Gefühl bereits da war, und daß meine Mutter die Mutter war, die mich damals verlassen hat. Vielleicht wollte sie das in ihrer Seele wiedergutmachen, hatte aber möglicherweise in diesem früheren Leben gar keine andere Wahl und war so streng mit mir, weil die Lebensbedingungen im Slum sehr hart waren.

Diese Erklärung hat eine Parallele zur psychologischen Theorie, die besagt, daß Leute dazu neigen, ihre Fehler zu wiederholen, sich wieder und wieder in ähnliche Situationen zu begeben, bis sie die wahre Ursache ihres Problems erkannt haben. Erst dann sind sie fähig, ihre Verhaltensmuster zu ändern. Ich bin überzeugt, daß wir uns unsere Eltern auswählen, entweder, weil es ein Band der Liebe zwischen uns gibt und wir wieder zusammenkommen wollen, oder weil es irgendeine Lektion gibt, die wir noch lernen müssen.«

Im vierten Kapitel erwähnte ich das telepathische Band zwischen Rebecca Parkes und ihrem Sohn Alex, das sehr stark ist, obwohl sie als berufstätige Mutter nicht die Zeit hat, bewußt an dem übersinnlichen Band zwischen ihr und ihren Kindern zu arbeiten, obgleich sie es gerne täte. Rebecca glaubt, daß das Band zwischen ihr und Alex sich möglicherweise bereits in einem früheren Leben entwickelt hat. »Ungefähr sechs Monate, bevor ich schwanger wurde, spürte ich ganz stark, daß ein Geist in meiner Nähe ›schwebte‹«, erzählte sie mir. »Es waren keine negativen Schwingungen, nicht einmal Ungeduld vermittelnde – ich hatte nur das Gefühl, daß jemand in meiner Nähe war und darauf wartete, geboren zu werden. Als ich eines Tages meditierte – ich versuchte nicht, über etwas Bestimmtes zu meditieren –, kam ein Wesen zu mir und stellte sich vor. Das Wesen war geschlechtslos, aber es schien eher weiblich als männlich zu sein. Es erzählte mir, daß es in einem früheren Leben meine Tochter gewesen war und sich jetzt darauf vorbereitete, wiedergeboren zu werden. Ich fragte, wann ich schwanger werden würde (mein Mann und ich hatten geplant, es im neuen Jahr zu versuchen). Sie meinte: ›Im Januar oder Februar – du wirst keine Probleme damit haben, schwanger zu werden.‹ Und tatsächlich wurde ich schon beim ersten Versuch schwanger, im Januar.

Ich weiß nicht, ob ich mir das alles eingebildet haben soll, denn es war eine so unglaublich reale und klare Erfahrung, daß ich nicht daran zweifeln kann.«

Wenn Ihr Kind anfängt, über ein früheres Leben zu sprechen, lachen Sie nicht und rufen Sie nicht den Psychiater. Sie sollten den Worten Ihres Kindes stets mit Respekt begegnen, egal, ob es sich nun an eine zurückliegende Existenz erinnert, von einer vorgeburtlichen Erfahrung spricht oder sich über seine jetzige intensive Verbindung zu Ihnen äußert. Und denken Sie immer daran: Wenn Sie Ihr Kind sehr genau befragen, erfahren Sie vielleicht mehr, als Sie wissen wollten, wie Lilian, eine Regressions-Expertin, herausfand.

Sie versuchte, ihren siebenjährigen Enkel George in ein früheres Leben zurückzuversetzen, um herauszufinden, ob er damals die gleiche Mutter gehabt hatte. »Kannst du deine Mami sehen?«, fragte sie ihn, als er im Geist in seine frühere Lebensform zurückgekehrt war. »Oh, ja, sie ist da drüben.« »Was macht sie?« »Schwingt sich von einem Baum«. Lilian zögerte etwas, als sie das hörte, und wollte dann wissen: »Wie sieht deine Mami aus, George?« »Pelzig, braun und kuschelig.« »Und was machst du?« »Oh, ich spiele, schaukle in den Zweigen, kratze mich ein bißchen und plage Mami.«

Mit weiteren Fragen konnte Lilian ihren Verdacht bestätigen, daß George und seine Mami in ihrem früheren Leben Orang-Utans gewesen waren!

8
Die reale Magie der Geburt

Gebären ist eine unglaubliche Erfahrung. Wenn Sie gebären, können Sie die Sterne berühren – während Ihr Mann vielleicht Sterne sieht. Bei der Geburt meines dritten Kindes war ich zusammen mit einer früheren Operationsschwester auf der Entbindungsstation untergebracht. Sie war unangenehm überrascht, weil ihre Wehen sich nicht so entwickelten, wie sie es nach den Lehrbüchern eigentlich sollten. Als ihr Mann sie auch noch daran erinnerte, daß sie sich nicht programmgemäß entspannte, schlug sie ihm eine Bettpfanne über den Kopf.

Sie können zu Hause gebären, in dem Bett, in dem Sie das Kind empfangen haben; auf dem Rücksitz eines Taxis, auf dem Weg ins Krankenhaus; auf einem Bohnensack, umgeben von Blumen und Kristallen, Kerzen und Freunden, oder in einem Operationssaal, der mit dem neuesten Stand der Technik ausgerüstet ist. Die Geburt kann das schönste oder das schrecklichste Erlebnis Ihres Lebens sein – sehr wahrscheinlich beides. Sie kann planmäßig verlaufen oder absolut chaotisch. Wie also können Sie hoffen, in diesem entscheidendsten aller Augenblicke ein übersinnliches Band zu Ihrem Kind zu knüpfen?

Meiner Meinung nach wissen wir immer noch viel zu wenig über dieses Phänomen, um mit einiger Sicherheit sagen zu können, was man tun sollte und was nicht. Der Blitz scheint dort einzuschlagen, wo er will, ohne Vorwarnung, aber es gibt Menschen, die glauben, daß es am besten ist, »übersinnliche Blitzableiter« aufzustellen und zu versuchen, den Blitz zu überzeugen, dort zur Erde zu kommen, wo wir ihn haben möchten. Heutzutage halten zum Beispiel viele die Wassergeburt für den Heiligen Gral der Mutterschaft. Was also ist die Antwort?

Michel Odent, der international bekannte Arzt und vormals Chefarzt der Entbindungsstation einer Klinik in Pithiviers in der Nähe von Paris, hat Frédérick Leboyers Prinzipien der »sanften Geburt« (das Neugeborene wird sanft und rücksichtsvoll in Empfang genommen) weiterentwickelt und als erster einen Geburtspool benutzt, weil das in vielen Fällen die Schmerzen der Mutter während der Geburt linderte. Er entdeckte bald, daß das auch ein hervorragender Weg war, ein Baby sanft in diese Welt zu geleiten.

Der Wissenschaftler Igor Tjarkovsky geht noch weiter als Odent, denn er ist überzeugt, daß im Wasser geborene Babys größere hellseherische Fähigkeiten haben. Er läßt sogar einen Parapsychologen bei der Geburt dabeisein.[9] Tjarkovsky geht davon aus, daß Mutter und Kind in der vorgeburtlichen Phase telepathisch miteinander kommunizieren und daß das Neugeborene offen für übersinnliche Einflüsse ist. Clairvoyance und andere paranormale Fähigkeiten sind seiner Ansicht nach natürliche Hirnfunktionen, die bei der Geburt leicht zerstört werden können. »Ein sanfter Übergang zur Welt der Schwerkraft und zu einer anderen Art zu atmen könnte völlig neue Möglichkeiten für die Menschheit eröffnen.«

All das stimmt mit der Erfahrung überein, daß die übersinnliche Mutter-Kind-Bindung durch Sanftheit, Ruhe und Akzeptanz gefördert wird. Aber wenn Sie wirklich etwas über Wassergeburten wissen möchten, sollten Sie mit dem größten Experten sprechen – also mit einer Frau, die im Wasser ihr Kind geboren hat. Cindy Bertrand-Brozdik aus Ontario begann nach der Wassergeburt ihres Sohnes Jonathan mit dieser Technik zu arbeiten. Sie ist überzeugt davon, daß diese besondere Art der Geburt dazu beigetragen hat, das übersinnliche Band zwischen ihnen zu stärken. »Wir haben uns für die Wassergeburt entschieden, weil uns das die sanfteste und natürlichste Methode zu sein schien«, erzählte sie mir. »Bevor die Wehen einsetzten, hatte ich zahlreiche Träume und Visionen, und ich fühlte die Anwesenheit der Energie eines neuen Menschen.

Ich begann, von Delphinen zu träumen. Diese Träume waren so lebhaft, daß ich an meinen Händen roch, wenn ich aufwachte, um zu sehen, ob der Geruch der Delphine, mit denen ich schwamm und die ich berührte, an ihnen haften geblieben war. In einem Traum ging ich am Strand entlang, das ganze Meer war voll von Baby-Delphinen. Sie hatten die Gesichter von kleinen Kindern, und ich fragte mich, welches von ihnen wohl meines war. Das letzte und kleinste Delphin-Kind sah mir in die Augen, und ich wußte, daß ich für es sorgen sollte. Als mein Sohn anderthalb war und friedlich schlief, sah ich in sein kleines Engelsgesicht, und zu meiner Verblüffung wurde mir auf einmal bewußt, daß er das Gesicht des Delphins aus meinem Traum hatte.

Auf Anraten unserer Hebamme erzählten wir nur sehr wenigen Leuten von unseren Plänen für eine Haus-Wassergeburt. Einige Tage vor der Geburt meines Sohnes hatte meine Mutter einen Traum, in dem sie ein Baby aus dem Wasser hob und ihm auf den Rücken klopfte, damit es atmen konnte. Meine Mutter lebt auf der anderen Seite des Bundesstaates und wußte nicht, was wir geplant hatten.«

Cindys Sohn Jonathan wurde zu Hause im Beisein von Freunden des Paares geboren und schlief in seiner ersten Nacht zwischen seinen Eltern. »Wir kauften einen Pool, stellten ihn im Eßzimmer auf, füllten ihn mit Wasser und warteten und warteten und warteten – leerten ihn, machten ihn sauber, füllten ihn wieder mit Wasser und warteten. Der Geburtstermin kam und ging: Wo blieb das Baby?«

Cindys Mann Rick war nicht zu Hause, als die ersten Wehen einsetzten. »Eine sehr starke Wehe ließ mich zum Telefon stürzen, um Rick anzurufen. Ich hörte, wie er seinen Kollegen mitteilte: ›Könnt ihr einen Moment warten? Meine Frau hat Wehen, und ich muß mit ihr atmen.‹ Wir lachten beide durch diese Wehe hindurch.

Die Zeit verging. Dann war es endlich Zeit, ins Wasser zu steigen. Es war warm, wie in meiner Gebärmutter. Ich fühlte mich entspannt, sicher und geborgen. Meine Hebamme Catherine kam und sah, daß alles gut lief. Meine Freundinnen kamen, und noch zwei andere Hebammen, Mary und Jennifer. Die Energie war wunderbar. Rick stand hinter mir und hielt mich fest, während ich im Wasser hockte. Als die Wehen heftiger wurden, zog ich an seinem Haar. Er meinte: ›Das macht nichts, du machst das großartig. Ich liebe dich.‹ Noch eine Wehe. ›Wie viele noch?‹, fragte ich keuchend. Catherine sagte, zwischen einer und fünfundzwanzig, aber ich solle mir keine Gedanken darüber machen, sondern mich einfach dem natürlichen Rhythmus überlassen.

Ich preßte noch viermal, und dann glitt ein vollkommener, schöner, hellwacher kleiner Junge aus mir. Seine Augen waren offen, und er trieb ruhig im Wasser. Dann sah er uns und streckte die Hand nach uns aus. Wir hoben seinen Kopf aus dem Wasser und umarmten ihn, während Catherine ihm etwas Sauerstoff gab, da die Nabelschnur ein wenig flach pulsierte. Es war der bei weitem unglaublichste Moment meines Lebens. Rick durchschnitt die Nabelschnur, ganz begeistert von der Farbe, die sie hatte.

Wir saßen alle vor einer Schale mit Früchten und tauschten unsere Gefühle aus. Regenbogen tanzten durch den Raum, durch die Kristalle, die an den Fenstern hingen. Sanfte Musik spielte, wir zündeten Kerzen an, hielten uns an den Händen und dankten einander. Dann kam der Abend, und alle gingen. Es wurde Zeit, zu Bett zu gehen, und so legten wir unseren neugeborenen Sohn zwischen uns und schliefen ein. Neue Eltern waren geboren.

Unser Baby wurde größer, und wenn ich ihm in die Augen sah, konnte ich nicht umhin zu spüren, daß er eine sehr alte Seele ist. Er hat etwas Besonderes an sich, obwohl er nach außen hin nicht anders wirkt als jedes andere Kind. Ich habe ihn nur sehr selten alleingelassen, und wenn ich es tat, schrieb ich auf, zu welcher Uhrzeit mich Botschaften oder Gedanken erreichten. Wenn ich nach Hause kam, stellte ich stets fest, daß er tatsächlich genau zu diesen Zeiten nach mir gerufen hatte. Obwohl Rick nicht wie ich Gefühle und Vorahnungen hat, ist er ebenfalls sehr eng mit seinem Sohn verbunden.«

Also doch. Wenn Sie eine Wassergeburt erwägen und sich herausstellt, daß das bei Ihnen möglich ist, kann das den Fluß der übersinnlichen Bindung erleichtern. Aber eine sanfte Geburt ist nicht der einzige Weg. Shawna Stewart aus Oxford hatte eine Klinikentbindung, bei der alles schiefging. Sie glaubt jedoch, daß der übersinnliche Dialog, der begann, als ihre Tochter noch im Mutterleib war, es dem Baby Mela ermöglichte, lebendig und gesund geboren zu werden, obwohl sie eine Frühgeburt war. Die starke Bindung zwischen ihnen stärkte das Kind auch in den schwierigen Wochen, in denen es eine Intensivbehandlung brauchte. »Als ich feststellte, daß ich mit meinem dritten Kind schwanger war, war ich begeistert. Mela war ein echtes Wunschkind. Aber während der ganzen Schwangerschaft spürte ich, daß etwas nicht stimmte. Ich ließ die üblichen Bluttests und eine Ultraschalluntersuchung machen.

Alles schien in Ordnung zu sein, aber ich konnte dieses sonderbare Gefühl nicht mißachten, also dachte ich darüber nach, was einem Baby alles fehlen kann. Ich kam zu dem Schluß, daß ich mein Kind lieben würde, ganz egal, was ihm fehlen sollte. Was auch immer geschehen würde, es würde richtig sein, dachte ich, denn gute und nicht so gute Erfahrungen werden uns in den Weg gelegt, weil wir sie brauchen, um eine bestimmte Lektion zu lernen. Diese Überlegungen ermöglichten es mir, meine Angst loszulassen und mich auf die Geburt dieses Kindes genauso zu freuen wie auf die vorangegangenen.

Ich las noch einmal die Bücher, die mir während meiner ersten Schwangerschaften Freude gemacht hatten, und ich las ein Buch über Wassergeburt. So wollte ich mein Baby bekommen. Die ganze Schwangerschaft über schob ich jedoch den Gedanken ›Sei bereit für etwas anderes‹ zur Seite; er drängte sich mir immer wieder auf. Eines Nachts, als ich ungefähr in der zweiundzwanzigsten Woche war, träumte ich, daß ich mein Kind in der Klinik zur Welt bringen würde, nicht zu Hause wie geplant. Aber dieses kleine Baby, das so früh geboren worden war, war gesund – es sprach sogar und setzte sich auf. Als ich aufwachte, fühlte ich mich seltsam erleichtert. Ich erzählte meinem Mann von dem Traum und sagte: ›Aber das Baby in meinem Traum war ein Junge, und wir werden ein Mädchen bekommen.‹ Ich dachte, die Erleichterung sei ein Zeichen dafür, daß alles in Ordnung war, und daß ich das an mir nagende Gefühl endlich loswerden würde.

Anderthalb Wochen später, als ich gerade zu Bett gehen wollte, wußte ich plötzlich, daß ich ein Lammfell für das Baby und eine Kassette mit Geburtsmusik bestellen möchte. Ich legte die Bestellformulare in einen frankierten Briefumschlag, damit ich sie tags darauf absenden konnte. In der Nacht wurde ich mehrmals wach, weil ich auf die Toilette mußte, und zwischendurch verlor ich immer wieder Fruchtwasser. Ich fand das seltsam, weil mein Bauch noch gar nicht so groß war (ich konnte immer noch meine Jeans anziehen), aber ich war zu müde, um darüber nachzudenken, und so schlief ich wieder ein.

Morgens fuhr ich mit meinem Mann und den beiden Jungs in die Stadt. Anfangs fühlte ich mich gut, aber nachdem ich aus dem Bus gestiegen war, ging wieder ein ganz klein wenig

Fruchtwasser ab. Wir gingen einen Kaffee trinken, und als ich mich hingesetzt hatte, wurde mir schließlich klar, was los war. Ich fuhr sofort nach Hause, packte meine Tasche und rief meine Ärztin an. Mein Mann wollte mit den Kindern nachkommen. Als die Ärztin eintraf, riet sie mir, sofort ins Krankenhaus zu fahren und mich untersuchen zu lassen.

Die nächsten Tage verbrachte ich im Krankenhaus. Ich hatte den sehnlichen Wunsch, nach Hause gehen und mich in meinem eigenen Bett ausruhen zu können, in der Nähe meiner Kinder; aber ich fühlte mich auch merkwürdig zuversichtlich und stark. Nie hatte ich daran gezweifelt, daß das Baby leben würde; das Krankenhauspersonal jedoch schien der Ansicht zu sein, daß es ihre Pflicht war, mir meine Illusionen zu nehmen. Mein winziges Baby beruhigte mich und gab mir Kraft. Ich machte mir schreckliche Sorgen darüber, welche psychischen Auswirkungen es auf mein Baby haben würde, wenn es zu früh auf die Welt kam und körperliches Leid und die Trennung von mir durchstehen mußte. Aber eine innere ruhige Stimme gab mir das Gefühl, daß es in Ordnung war. Ich kannte dieses kleine Mädchen. Sie war tapfer und freundlich. Sie konnte keine verängstigte Mutter brauchen. Nach vier Tagen im Krankenhaus, setzten die Wehen ein, und ich wußte, daß die mentale Kommunikation mit meiner Tochter uns zusammenhalten würde.

In den folgenden zwölf Stunden, in denen ich die stärksten Schmerzen hatte, die ich je erlebt habe, blieb ich mit Mela in Verbindung. Ich ließ sie wissen, daß ich damit fertigwerden konnte, und daß es ihr gutgehen würde. Die Entbindungsschwester, die mich wegen der Infektionsgefahr nicht untersuchen konnte, hatte meinen Mann weggeschickt und mir erzählt, daß es wahrscheinlich nur eine Gebärmutterreizung sei. Ich solle schlafen, dann würden die Schmerzen wahrscheinlich aufhören. Sanft teilte ich ihr mit, daß ich ihr ja gern zustimmen würde, aber ich hätte bereits zwei Geburten hinter mir und wolle nur, daß sie dafür sorgte, daß alles bereit war, falls dieses vierundzwanzig Wochen alte Baby tatsächlich bald kommen sollte. Da mein Kind sowieso kaum eine Überlebenschance habe, solle ich lieber an meine eigene Gesundheit denken, entgegnete sie mir. Daraufhin suchte ich mir einen ruhigen Ort in meinem Geist, an dem ich mich mit meiner Tochter ausruhen konnte. Ich erlebte die Wehen zusammen mit Mela, aus ihrer Perspektive. Es war unglaublich! Ich fühlte, wie die Gebärmutterkontraktionen meinem Herzen ermöglichten, das Blut warm und schnell durch meinen ganzen Körper zu pumpen, wie mein Adrenalinspiegel anstieg. Mela und ich waren zusammen in der Gebärmutter, und ich massierte sie. Dann waren wir eins – bis es losging.

Zum ersten Mal war ich in Panik und verlor für einen Moment die Verbindung zu Mela, als ich nach der Schwester klingelte und ihr zurief, ich könne es nicht mehr aushalten, denn das Baby käme jetzt! Sie glaubte mir nicht, willigte aber ein, mich zu untersuchen – und dann geriet *sie* in Panik, und ich fühlte mich gut, sogar glücklich.

Das Personal hatte nichts vorbereitet; sie mußten Mela also buchstäblich zurückhalten, nachdem sie mich rennend die Flure entlang in den Entbindungssaal geschoben hatten. Die Schwester redete ermutigend auf mich ein und entschuldigte sich dafür, daß sie meinen Mann weggeschickt hatte. Aber ich fühlte mich erleichtert und stark und war sicher, daß alles gutgehen würde. Sobald alle bereit waren, gebar ich Mela. Ich war erschüttert, weil sie so winzig und so schön war. Sie war wie eine Puppe, wog nur ein Pfund und sechzig Gramm und war leuchtend rosa, viel rosenfarbener als meine beiden anderen Babys. Eine Schwester legte sie in Windeseile in den Brutkasten, bevor ich sie auch nur berühren konnte. Das ist das einzige, was ich bedauere.

Während der folgenden Monate, in denen Mela im Brutkasten lag, waren wir viele Stunden durch mentale Kommunikation verbunden. Es war schmerzlich für mich, getrennt von ihr zu sein, also verbrachte ich fast jede wache Minute an ihrer Seite. Ich sang ihr vor, sprach mit ihr und streichelte sie, aber den weitaus größeren Teil der Zeit sprachen wir im Geist miteinander. Wenn ich kam, wurde mir oft gesagt, daß sie ein leichtes Beruhigungsmittel erhalten hatte oder daß ihre Herztätigkeit zu langsam sei. War ich aber bei ihr, gab es keinerlei Schwierigkeiten. Meine Tochter machte langsam, aber stetig Fortschritte, und es traten keine größeren Komplikationen auf.

Bei ihrer Geburt waren Melas Augen noch geschlossen. Als ich sie zum ersten Mal halten konnte, war es auch das erste Mal, daß sie die Augen öffnete. Sie sah mich direkt an. Ich konnte kaum glauben, daß es wahr war.

Mela ist jetzt ein sehr gesundes kleines Mädchen. Sie wird bald vier. Sie ist glücklich, gutherzig, rücksichtsvoll und klug. Sie tröstet und liebt ihre großen Brüder, wenn sie traurig sind, und ist völlig entzückt von ihrer kleinen Schwester Arwen, die am 29. November 1990 geboren wurde, zu Hause, in einem Geburtsbecken. Noch immer lerne ich von Mela und frage mich, ob sie sich je an das erinnern wird, was wir gemeinsam durchgemacht haben. Ich habe gelernt, daß es die Seele eines Menschen ist, mit der wir alle kommunizieren sollten – der Körper spielt dabei eine geringere Rolle.«

Shawna und Mela waren bei der Geburt auf sehr spirituelle Art miteinander verbunden, obgleich die Umstände alles andere als ideal waren. In zweiten Kapitel sind wir bereits Ingrid Millar begegnet, die mit übersinnlichen Mitteln die lebensbedrohliche Krankheit ihres kleinen Sohnes Rory diagnostizierte. Die Bindung zwischen ihr und Rory ist sehr eng. Seine Geburt war, wie die von Mela, alles andere als ein magischer, sanfter Prozeß, aber Ingrid hat festgestellt, daß das übersinnliche Band, das sie mit Rory verbindet, stärker ist als das zu ihrem zweiten Sohn, dessen Geburt leichter war und mit dem sie, oberflächlich betrachtet, enger verbunden ist.

»Bei Rory dauerte die Geburt sechsunddreißig Stunden, und er mußte mit der Zange geholt werden. Die Nabelschnur hatte sich zweimal eng um seinen Hals gewickelt. Ich hatte großes Glück, ihn überhaupt zu bekommen, und noch größeres Glück, daß er vollkommen gesund war. In der Minute, in der er geboren wurde (um sechs Uhr morgens), strömte das Licht in den Raum, und ich hielt, nach all den Schmerzen, das schönste Kind im Arm, das ich je gesehen habe. Ich konnte einfach die Augen nicht von ihm abwenden; er sah wie ein kleiner Engel aus. Aber obwohl er wirkt, als könne er kein Wässerchen trüben, kann er ein richtiger kleiner Teufel sein.

Nachdem Rory geboren war, konnte ich es nicht ertragen, von ihm getrennt zu sein. Er war meine erste große Liebe. Das Klinikpersonal wollte ihn nicht bei mir im Zimmer schlafen lassen, also schlurfte ich ständig zum Säuglingszimmer, um ihn mir anzusehen. Immer ging ich direkt zu seinem Bettchen, obwohl noch acht oder neun andere Säuglinge dort lagen. Damals konnte ich nicht glauben, daß ich je wieder ein so außergewöhnliches Gefühl haben würde.«

Leos Geburt, im Gegensatz zu den eben geschilderten eher eine Slapstick-Komödie, war dennoch von einer Magie durchwoben, die nach Meinung von »Experten« nur bei einer stillen, spirituell orientierten Geburt möglich ist. Diesmal griff Ingrid Millar in der nüchternen Umgebung des Wäschezimmers der Klinik nach den Sternen. »Bei Leo fuhr ich so spät wie irgend möglich in die Klinik, weil Rorys Geburt so schmerzhaft gewesen war. Als ich endlich ankam, wurde mir eröffnet, daß sie meinen Geburtsraum zwischenzeitlich einer anderen Frau gegeben hatten, da sie annahmen, ich käme nicht. Der einzige Raum, in dem ich mein Kind zur Welt bringen konnte, war das Zimmer, in dem die Wäsche aufbewahrt wurde, und so zwängten sie mein Bett zwischen Handtücher und Gummihandschuhe. Mein Mann Kevin wartete, bis ich gut untergebracht war, und rannte dann los, um Rory von der Tagesmutter abzuholen.

Plötzlich hatte ich das Gefühl, als würde ich jede Kontrolle abgeben. Mein Körper übernahm vollständig das Geschehen, ich spürte eine physische Welle vom Scheitel bis zu den Zehenspitzen. Es war das intensivste, welterschütterndste, orgiastischste Gefühl, das ich je erlebt habe. Ich war wahnsinnig glücklich. Es war die beste Erfahrung meines Lebens. Und ich hatte nichts dafür getan; zu diesem Zeitpunkt hatte ich weder Wille noch Verstand, ich wußte nur, daß das Baby kommen würde. Die Schwester öffnete das Fenster und schrie Kevin aus voller Kehle zu, er solle zurückkommen.

Kevin, bereits am Eingangstor des Krankenhauses angelangt, hielt einen Wäschereiwagen an, der ihn mit Höchstgeschwindigkeit zur Entbindungsstation zurückfuhr. Kevin kam gerade noch rechtzeitig, um zu sehen, wie Leo mit unglaublicher Geschwindigkeit aus mir herausgesaust kam. Leo ist mir seelenverwandt; er ist mir so ähnlich, äußerlich und auch sonst. Ich liebe ihn abgöttisch und bin unglaublich tolerant ihm gegenüber. Wir haben eine sehr innige Beziehung zueinander.

Aber dennoch ist es mein Sohn Rory, mit dem mich dieses unglaubliche, intuitive Band verbindet, obgleich er mich manchmal zum Wahnsinn treibt. Ich habe immer gespürt, daß ich auf ihn achtgeben muß, denn er ist schon immer sensibel und übererregbar gewesen. Jedesmal, bevor Rory wach wurde, konnte ich nicht mehr schlafen. Bei Leo war das nicht so; ich wußte, daß Leo in Ordnung war. Es war nicht allein die Erschöpfung, die mich schlafen ließ, bis Leo richtig losbrüllte.

Noch sechs Wochen vor Leos Geburt stillte ich Rory, und ich habe das Gefühl, das niemand einem Kind hätte mehr geben können.«

Ingrids Erfahrungen zeigen uns wieder einmal, wie sinnlos es ist, den mütterlichen Instinkt vorhersagen, geschweige denn beeinflussen zu wollen. Nach allem, was man so hört und liest, hätte es Leo sein sollen, mit dem sie ein übersinnliches Band verbindet – das Geschenk einer leichten, glücklichen Geburt, ein Kind mit einem positiven Naturell, ihr vom Wesen her ähnlich. Aber Ingrids Ansicht nach hat das übersinnliche Band mehr mit den Bedürfnissen des Kindes als mit den Wünschen der Eltern zu tun.

Natürlich wünscht sich jede Mutter eine möglichst sanfte Geburt und gute postnatale Erfahrungen. Aber die tiefere, übersinnliche Mutter-Kind-Bindung ist, wie jede Form der Mutter-Kind-Bindung, nicht etwas, was zu einem bestimmten Zeitpunkt entstehen muß. Auch wenn die Geburt eine eher traumatische Erfahrung war, haben Sie schließlich noch Ihr ganzes Leben lang Zeit, eine intensive Beziehung zu Ihrem Kind aufzubauen.

In der Privatklinik »Garden Hospital« in London werden die Mütter ermutigt, sich mit allen Aspekten der Schwangerschaft auseinanderzusetzen, mit den spirituellen ebenso wie mit den körperlichen. Werdende Mütter belegen beispielsweise Yoga-Kurse und hören Vorträge über die parapsychischen Dimensionen der Geburt. Dennoch hält Yehudi Gordon, ein Geburtshelfer dieser Klinik, Flexibilität für unbedingt notwendig, denn auch der beste Geburtsplan hilft nicht weiter, wenn Mutter Natur sich weigert mitzuspielen – schließlich kann die überzeugteste Anhängerin der natürlichen Geburt in bestimmten Fällen eine Narkose brauchen. Yehudi Gordons Ansicht nach besteht die Gefahr, daß die neuen Methoden ebenso unflexibel gehandhabt werden wie die herkömmlichen. Er wurde mit der Äußerung zitiert, daß ein rigider Geburtsplan, komplett mit Freunden, Kissen, Kerzen und Bildern, ebenso gefährlich sein kann wie die konventionelle Art, alles nach Klinikvorschrift zu machen. »Es ist wichtig«, meint er, »fähig zu sein, mit dem natürlichen Rhythmus zu gehen, ohne sich wie ein Versager vorzukommen, selbst wenn eine Schnittentbindung notwendig sein sollte.«

Während der Geburt kann eine Mutter mit ihrem neugeborenen Kind einen flüchtigen Einblick in eine andere Dimension erhaschen. Denn zu keiner anderen Zeit, mit Ausnahme dem Zeitpunkt des Todes, entfernen sich Menschen so weit vom Bereich des Irdischen. Auch das ist nicht vorhersagbar, und Sie können es nicht planen, indem Sie bewußt an Ihrer Spiritualität arbeiten. Oft zeigt sich die Welt des Übernatürlichen während der schmerzhafteren, schwierigeren Geburten, und selbst wenn Sie nicht das Glück haben, die erhebende Erfahrung einer sanften Geburt zu machen, kann die Trennung Ihrer Psyche und der Psyche Ihres Kindes ein erstaunliches spirituelles Feuerwerk verursachen. Viele Frauen erzählten mir, daß sie, obwohl sie keine Medikamente eingenommen hatten, verstorbene Verwandte sahen, oft weibliche Verwandte, die »auf einen Sprung vorbeikamen, um ein Auge auf die Sache zu haben«.

Als Britt Courtney aus Boca Raton (Florida) ihr zweites Kind Amanda gebar, spürte sie, wie ihre verstorbenen Verwandten sich um sie versammelten, um das neue Leben zu feiern.

»Amandas Geburt war ein schönes, beglückendes Ereignis, und ich brauchte keine Medikamente einzunehmen. Da mein Mann Grippe hatte, waren meine beiden Schwestern bei der Geburt dabei. Meine Tochter wurde mittags um ein Uhr geboren, und an diesem Abend und die ganze Nacht über war mein Zimmer ein spiritueller Versammlungsort zur Feier der Geburt von Amanda Patricia. Alle kamen, um unsere Freude zu teilen.

Mein verstorbener Vater kam vorbei, und ich spürte sein liebevolles Lachen und seine Freude über mein Glück. Mein verstorbener Großvater Jacob und Großmutter Amanda kamen gemeinsam zu Besuch, mein Onkel und meine Tante und mein verstorbener älterer Bruder Johnnie, der mich mit einem stolzen Großer-Bruder-Lächeln ansah. Es können auch noch mehr gekommen sein, aber am längsten blieb Amandas verstorbene Großmutter Pat, die Mutter meines Mannes. Sie war so glücklich.

Ich bin staatlich geprüfte Krankenschwester und Geburtsvorbereiterin, ein sehr praktischer Mensch und ein wenig zynisch. Zwar habe ich mich immer für einen spirituell orientierten Menschen gehalten, aber ich war nie fanatisch oder mit glühendem Eifer dabei. Ich versuche nicht, übersinnliche oder spirituelle Erfahrungen zu erzwingen. Sie geschehen einfach. Oft wachte ich nachts auf, kurz vor den Kindern, und unzählige Male erschien ich rechtzeitig am Schauplatz eines potientiellen Unfalls und konnte ihn verhüten (trotzdem bin ich immer noch eine vorsichtige Mutter).

Kurz vor Weihnachten, als mein Sohn anderthalb war, war ich allein mit ihm im Wohnzimmer, als ich fühlte, wie seine Großmutter Patricia hereinkam, um ihren Enkel zu besuchen. Sie ließ mich wissen, wie glücklich ihr Enkel sie mache und wie sehr sie ihn liebe (ich konnte ihre Anwesenheit spüren und ihre Gefühle wahrnehmen.) Seitdem habe ich ihre Anwesenheit noch zweimal gespürt.«

Es ist gut möglich, daß Großmutter Pat auch bei der Geburt von Britts Sohn dabei war, aber Britt weiß es nicht, denn sie wurde durch einen Kaiserschnitt entbunden und war daher unter Vollnarkose.

Lizzie Parkers verstorbene Tante gab sich nicht damit zufrieden, danebenzusitzen und zuzusehen, als ihre Nichte ihr Kind gebar, besonders, da der Arzt einen Fehler zu machen schien. Lizzie, die in Reading (Berkshire) wohnt, erwartete ihr drittes Kind und hätte bei der Geburt gern ihre Mutter an ihrer Seite gehabt, um sich gegen den Arzt durchsetzen zu können. Ihre Mutter aber mußte die beiden älteren Kinder betreuen.

Der Arzt beabsichtigte, Lizzie eine Tropfinfusion zu geben, denn seiner Einschätzung nach würde sich die Geburt noch lange hinziehen, und sie brauche etwas, das die Sache beschleunigte. Lizzie wollte das nicht, da sie sicher war, daß das Kind in den nächsten Minuten kommen würde, aber sie war zu schwach, um zu widersprechen. Plötzlich sah Lizzie, daß ihre

Lieblingstante Eileen, die vor zwei Monaten gestorben war, neben ihrem Bett stand, und jedesmal, wenn der Arzt versuchte, die Kanüle an Lizzies Arm zu befestigen, sie wieder entfernte. Der Arzt konnte nicht verstehen, warum die Kanüle nicht halten mochte, aber er hatte keine Zeit, dem Rätsel auf den Grund zu gehen, denn fünf Minuten später wurde Baby Heather geboren.

Manchmal kann eine gebärende Frau die Engel anrufen, damit sie ihr helfen. Carol Newfield, Redakteurin aus Santa Fe (New Mexico), rief bei der Geburt ihrer Tochter den Erzengel Michael an. »Ich hatte immer ein intensives Gefühl von Freude und enger Gemeinschaft mit meinem Baby im Bauch«, sagte sie. »Bei der Geburt meiner Tochter vor fünf Jahren ging ich friedlich in die Entbindung hinein und erlebte eine sanfte, streßfreie und harmonische Eröffnungsperiode. Der Muttermund war schon zehn Zentimeter geöffnet, als mein Mann die Hebamme rief. Ich muß hinzufügen, daß ich seit dem Augenblick meiner ersten Begegnung mit ihr eine starke spirituelle Verbundenheit spürte, und ich wußte, daß die Fähigkeiten dieser Hebamme, ihre Intuition und unsere Verbundenheit miteinander ein sehr wesentlicher Teil der Geburt sein würde. Dann schien die Austreibungsphase plötzlich zum Stillstand zu kommen. Meine Tochter lag offensichtlich auf dem Rücken, mit dem Kopf nach unten, und war nicht in Gefahr, so daß wir alle ein gutes Gefühl dabei hatten, die Geburt so lange dauern zu lassen, wie es nötig war. Nach drei Stunden Pressen war ich jedoch erschöpft, und ein Gefühl von Angst und Hoffnungslosigkeit befiel uns alle. Meine Hebamme war besonders müde, da sie in der Nacht zuvor eine Freundin von mir betreut hatte und nicht zum Schlafen gekommen war. Dann hatte ich zwischen den Wehen einen klaren Moment.

Ich richtete mich im Bett auf. Ich spürte, wie Kraft mich durchströmte, und ich bat den Erzengel Michael um Hilfe – ein Wesen, das ich mein ganzes Leben lang als Führer und Beschützer erlebt habe – ein androgynes Wesen, wenn auch mit einem männlichen Kern. Sofort stellte sich Klarheit und Entschlußkraft ein. Jede Person wußte genau, was sie zu tun hatte: Die Angst löste sich auf, die Furcht verschwand, und der Durchblick für das richtige Handeln und die richtigen Entschlüsse war da. Ich schob mein Baby so weit hinunter, daß meine Hebamme es zusammen mit einer weiteren Geburtshelferin drehen konnte – ein schmerzhaftes, aber unglaubliches Manöver, das absolute Übereinstimmung zwischen mir und den beiden erforderte. Minuten später wurde meine Tochter geboren. Wir haben sie Mikhaila genannt, da sie ganz offensichtlich eine Beziehung zum Erzengel Michael hat. Noch drei Wochen nach ihrer Geburt machten Freunde Bemerkungen über die Atmosphäre in unserem Haus. Einer sagte, es hätte darin ein Gefühl wie in einem Ashram. In einem allgemeineren Sinn war ich mir der Gegenwart von Geburtsengeln bewußt – aber das ›Schwert des Erzengels Michael‹ war, was wir am dringendsten gebraucht hatten.

Beim Zubettgehen haben wir ein kleines Ritual: Meine Tochter legt die Hand auf ihr Herz – das ist ihre Art, mit ihrem Schutzengel Kontakt aufzunehmen.«

Im Verlauf meiner Forschungen bin ich auf ein seltsames Phänomen gestoßen, das ich Nahgeburtserfahrung (NGE) genannt habe. Es kommt vor, daß eine Frau während der Entbindung eine Erfahrung macht, die jener sehr ähnlich ist, die wir als Nahtodeserfahrungen kennen: Die Frau verläßt ihren Körper, hat Bilder von wunderschönen Orten oder spricht mit leuchtenden Wesen. Warum das geschieht, wissen wir nicht; wir wissen nur, daß außergewöhnliche Dinge geschehen können, wenn ein neues Leben auf die Welt kommt und die Psyche der Mutter und die des Neugeborenen beginnen, getrennt voneinander zu existieren. Diese Erfahrungen legen vielleicht mehr als alles andere die Vermutung nahe, daß das Band zwischen Mutter und Kind nicht rein körperlich und auch nicht rein psychisch ist, sondern dem magischen Bereich entspringt, an den wir alle glaubten, als wir noch Kinder waren.

Karens Entbindung verlief traumatisch. Es stellte sich heraus, daß nicht alles so lief, wie es laufen sollte, und daß das Baby in großer Gefahr war. »Ich wurde auf den Rücken gelegt und bekam eine Äther-Sauerstoffmaske aufgesetzt. Als ich so dalag, flehte ich: ›Bitte, Gott, hilf mir!‹ Daran erinnere ich mich noch, und dann fühlte ich, wie ich meinen Körper verließ. Ich fand mich an einem dunklen Ort wieder (es war fast, als wäre ich im Weltraum). Das Gesicht meiner Mutter kam aus der Dunkelheit auf mich zu, und sie sagte: ›Du kannst nicht hierbleiben. Du mußt weitergehen.‹ Ich fragte: ›Wohin?‹ Sie gab keine Antwort, ihr Gesicht verschwand, und das Gesicht meines Vaters erschien. Er sagte dasselbe. Auch mein Mann, dessen Gesicht anschließend auftauchte, gebrauchte diese Worte. Alles war unglaublich real. Ich fühlte, daß ich in meinen Körper zurückkehren mußte, und ich sagte oder dachte: ›Dafür bin ich noch nicht bereit. Ich möchte zurückkehren.‹ Als ich begann, mich zu meinem Körper hinunterzulassen, leuchtete etwas auf – fast wie ein Bild der Welt, vom Weltraum aus gesehen. Ich öffnete die Augen und sagte zur Krankenschwester: ›Ich bin gerade gestorben.‹ Meine Betreuer lachten mich aus. ›Sie sind nur ohnmächtig geworden‹, meinten sie, und ich dachte bei mir: ›Na ja, wenn es nicht mir selbst passiert wäre, hätte ich es auch nicht geglaubt.‹

Eines kann ich nicht verstehen: Mein Mann, meine Mutter und mein Vater leben noch, und doch waren sie dort. Ich möchte nur noch hinzufügen, daß mein Baby heil und gesund zur Welt kam. Wir haben jetzt einen lebhaften zweieinhalbjährigen Jungen.«

Karens Erfahrung weist bemerkenswerte Ähnlichkeit mit den Nahtodeserfahrungen von Kindern auf. Forschungen haben ergeben, daß Kinder bei Nahtodeserfahrungen eher lebende Verwandte als verstorbene sehen. Könnte es sein, daß Karen die Erfahrung mit ihrem Kind teilte und alles durch die Augen des Kindes sah? Zwar haben die Krankenschwestern gelacht, aber nur, weil es medizinischem Personal häufig schwerfällt, mit dem Ungewöhnlichen fertigzuwerden, denn ihre Kompetenz hängt davon ab, daß sie alles »unter Kontrolle haben«. Nur wenn sie große Sensibilität besitzen und großes Selbstvertrauen in sich als Menschen, können sie sich überhaupt auf derartige Phänomene einlassen. Ob nun rein physisch bedingt oder übersinnlich, für Karen war es jedenfalls ein sehr bedeutungsvoller Moment.

Vielleicht fällt manchen die Annahme leichter, daß Karens Erfahrung eine Nebenwirkung des Narkosemittels war. Viele Erwachsene finden die Vorstellung unbequem, daß bei der Geburt ein magisches Band zwischen Mutter und Kind geschmiedet wird, besonders, wenn sie gern von sich glauben, daß sie mit ihrer eigenen Mutter überhaupt nichts verbindet.

Die Ärzte Andrew und Penny Stanway meinen: »Da die Geburt nun einmal ein erstaunlicher und wunderbarer Prozeß ist, ist es kaum überraschend, daß sie gelegentlich mit dem Übernatürlichen in Verbindung gebracht wird. Manche interpretieren die Entrücktheit der Frau beim Gebären sogar als ›zwischen Leben und Tod schweben‹.«[10]

Aber was auch immer die Ärzte sagen, was letztendlich zählt ist der Glaube der Frau an ihre Erfahrung. Schließlich ist die Frau diejenige, die diese Erfahrung macht.

Wenn das Leben der Frau in Gefahr ist, unterscheidet sich eine Nahgeburtserfahrung von einer Nahtodeserfahrung dadurch, daß allein die Bindung an das Baby die Mutter in unsere alltägliche Welt zurückruft.

Pauline bekam die Geschichte ihrer Geburt im Zweiten Weltkrieg viele Male von ihrer Mutter erzählt. »Es war eine sehr lange und komplizierte Hausgeburt, und meine Mutter wurde nur von einer jungen und sehr unerfahrenen Hebamme unterstützt. Als der Hausarzt kam, war meine Mutter im Schockzustand, ihr Herz versagte. Er versuchte, sie mit der mittlerweile veralteten Methode der Herzmassage wiederzubeleben. Vom Augenblick des Herzstillstands an verspürte meine Mutter nur noch ein wundervolles Gefühl von Entspannung und völliger Schmerzfreiheit. Sie fühlte sich, als würde sie durch einen blaßblauen Nebel treiben, umgeben vom Duft unzähliger Blumen, und sie hörte Musik und einen Gesang, der süßer war als alles, was sie je auf dieser Welt gehört hatte. Sie spürte die Anwesenheit warmer und freundlicher Menschen und war überzeugt, daß sie bald aus dem Nebel auftauchen und fähig sein würde, diese unsichtbaren Wesenheiten zu sehen. In diesem Augenblick hörte sie ein Baby schreien und eine Stimme sagen: ›Du hast jetzt ein Kind – du mußt für es sorgen.‹ Sie entschied sich, in ihren Körper zurückzukehren, und kam wieder in diese Welt.«

Paulines Mutter äußerte oft, daß ihre größte Furcht sei, nicht fähig zu sein, an diesen wundervollen Ort, den sie bei der Geburt besucht hatte, zurückkehren zu können.

Durch die Bindung an ihr erstes Kind wünschte sich auch Alison, wieder ins Leben zurückzukehren. Sie erinnert sich: »Es ging alles ganz schnell. Morgens um zehn nach fünf verließ ich das Haus, und um zehn vor sechs wurde mein zweiter Sohn geboren. Und dann passierte es. Sofort nach der Geburt bekam ich starke Blutungen. Ich erinnere mich nur noch daran, daß die beiden anwesenden Hebammen riefen: ›Schnell, holt einen Arzt!‹ Ich hatte keine Narkose und keine Spritze bekommen, und als der Arzt endlich kam, ohrfeigten sie mich und bedrängten mich: ›Nicht einschlafen!‹

Nach einigen Minuten fühlte ich, wie ich mich von meinem Körper löste und über mir schwebte, und ich kam an einen Ort mit Strömen und wunderschönen Gärten und wollte weitergehen. Ich sah auch mich selbst, wie ich auf dem Bett lag. Ich konnte meinen ganzen Körper unten sehen, obwohl ich aufwärts schwebte. Und plötzlich dachte ich an meinen ältesten

Sohn, der erst zwei Jahre alt war. Daraufhin packte ich die Bettkanten und zog mich nach unten. Diese Erfahrung hat mir entsetzliche Angst eingejagt.«

Alison erzählte mir, daß ihr der Schrecken von damals noch gut im Gedächtnis hafte, obwohl das Erlebnis neun Jahre zurückliegt. Sie erinnert sich jedoch auch an die Freude und meinte: »Wenn das der Tod ist, muß niemand Angst davor haben, nehme ich an.«

Manche Frauen beurteilen eine solche Erfahrung nicht vollständig positiv. Es ist eine Erfahrung, die alles hinwegfegen kann, was sie zu wissen glaubten, und wenn sie ihr keine religiöse oder spirituelle Bedeutung geben können, können sie den ganzen Prozeß sehr zermürbend finden. Aber schließlich kann auch die Mutter-Kind-Bindung eine sehr zermürbende und zugleich aufregende Sache sein. Wenn Sie ein Kind haben, ist nichts mehr so, wie es einmal war.

Dr. Peter Fenwick ist beratender Neurologe und Psychiater des Maudsley-Hospitals in London und Präsident der britischen Sektion von IANDS (International Association for Near-Death Studies). Als ich ihn über die Nahgeburtserfahrungen von Frauen befragte, meinte er: »Ihre Theorie, daß Nahgeburtserfahrungen möglicherweise mit dem Bindungsprozeß zusammenhängen – ein Standpunkt, den ich noch nie zuvor diskutiert gehört habe – wirft meiner Ansicht nach interessante Implikationen auf. Dagegen spricht, daß Nahgeburtserfahrungen, die extrem selten sind, kaum einen wichtigen Beitrag zum Entstehen der Mutter-Kind-Bindung leisten können, und daher ist es unwahrscheinlich, daß sie eine wichtige Rolle beim Überleben der Art spielen. Jedoch denke ich, daß wir mehr Daten brauchen, bevor diese Ansicht als gesichert gelten kann.

Vom physiologischen Standpunkt aus gesehen sind Nahgeburtserfahrungen den Nahtodeserfahrungen sehr ähnlich, und diese werden für eine Fehlfunktion der Hirntätigkeit gehalten. Es wirft ernsthafte Probleme auf, subjektive Erfahrungen gänzlich auf die Hirntätigkeit zurückzuführen, da wir bislang noch keine wissenschaftlichen Modelle dafür besitzen.«

Dr. Fenwick und David Lorimer schreiben in einer Studie: »Wir wissen, daß wir in einer Welt leben, wo Liebe, Schönheit, Sinn und Wert Teil unseres täglichen Lebens, ja, die wichtigsten Aspekte unserer Welt sind. Diese subjektive Erfahrung nennen wir das Bewußtsein, und wenn die Physiker es auch nicht messen können, dürfen wir es dennoch nicht außer acht lassen.«[11]

Bis die entsprechenden theoretischen Gedankenmodelle entwickelt worden sind, werden Mütter weiterhin diese außergewöhnlichen Erfahrungen machen und feststellen, welch starkes Band die Mutter-Kind-Beziehung ist.

Zu Beginn dieses Kapitels bemerkte ich, daß die Geburt eines Kindes ein unglaubliches Ereignis darstellt. Aber was ist, wenn die Entbindung vom Anfang bis zum Ende eine Katastrophe ist? Vielleicht brauchen Sie Medikamente, weil die Geburt scheinbar aus einer einzigen qualvollen Kontraktion besteht und schließlich – nach stundenlangen Wehen – doch operativ entbunden werden muß. Später stellen Sie möglicherweise fest, daß Ihr Baby, das Sie vom ersten Augenblick an stillen wollten, die Flasche bekommen hat – abgesehen davon, daß Sie gar nicht stillen könnten, denn Ihr Bauch fühlt sich an, als wäre er von einem Maultier getreten worden. Dann bemerken Sie vielleicht, daß Sie keines dieser Bilderbuch-Babys bekommen haben, sondern eines, das Tag und Nacht jede halbe Stunde gefüttert werden will und zwischendurch Koliken hat und brüllt. Geraten Sie nicht in Panik, es ist unwahrscheinlich, daß Sie mit all diesen Plagen geschlagen werden (oder ist Ihr Name Frau Hiob?). Sie werden niemals sagen können: »Ich habe meine Meinung geändert – bitte nehmen Sie das Baby zurück«, obwohl das in solchen Situationen eine gut nachvollziehbare Reaktion wäre. Aber selbst wenn es zum Schlimmsten kommt und alles schiefgeht, erzählten mir viele Frauen, daß die Mutter-

Kind-Bindung trotzdem zustandekam. Der nächste Morgen ist immer ein neuer Tag, und Sie werden noch ausreichend Zeit haben, dieses übersinnliche Band zwischen Ihnen und Ihrem Kind zu entdecken, wie unwahrscheinlich Ihnen das auch vorkommen mag. Sie haben den ganzen Rest Ihres Lebens Zeit, alles in Ordnung zu bringen, wie Rachel Hey, die Sie im dritten Kapitel kennenlernten.

»Als Jacob geboren wurde, fühlte ich keine Liebe zu ihm. Ich hatte nur ein unglaublich intensives Bedürfnis, ihn zu beschützen. Die Geburt hatte sehr lange gedauert – vierundzwanzig Stunden vom Einsetzen schmerzhafter Kontraktionen an –, und am Ende war ich völlig erschöpft. Schließlich bekam ich eine Epiduralanästhesie, und als Jacob endlich geboren wurde, waren wir beide zu müde, um einander kennenzulernen. Vom Augenblick der Geburt an hatte ich ihn stillen wollen, aber er war voller Schleim und hatte Atemschwierigkeiten. Seine erste Mahlzeit bekam er mit der Flasche, weil er über Nacht zur Beobachtung auf die Intensivstation mußte.

Ich hatte erwartet, daß ich ihn sofort lieben würde, aber das war nicht der Fall. Alles, was ich spürte, was dieses überwältigende Bedürfnis, ihn zu beschützen. Mir kamen die Tränen bei dem Gedanken, daß irgend etwas ihm je wehtun könnte. Zwei Tage nach der Geburt sah ich ihn an, als er schlief, und plötzlich wurde ich von Liebe zu ihm ergriffen. Darüber war ich sehr erleichtert, da ich mir große Sorgen gemacht hatte, ob ich ihn wohl je lieben würde.«

Louise Richardson aus Mississauga (Ontario) glaubt, daß eine traumatische Geburt noch einige Zeit später negative Auswirkungen sowohl auf die Mutter als auch auf das Baby haben kann. Zwar haben die Psychologen beginnend mit Freud ein sehr düsteres Bild von der Irreversibilität frühkindlicher psychologischer Schäden gezeichnet, aber Louise ist überzeugt davon, daß es ihr mit Hilfe des übersinnlichen Bandes gelungen ist, ihre Tochter zu beruhigen und ihr eine positive Lebenseinstellung zu vermitteln.

»Bei der Geburt meiner Tochter«, berichtete Louise, »gingen die Entbindungsschwestern in der Klinik bemerkenswert brutal vor. Einmal war eine von ihnen so grob mit mir, daß ich das seltsame Gefühl hatte, daß meine Tochter es gespürt haben mußte, obwohl sie sich nicht bewegte. Nach der Geburt durfte ich mein Kind ungefähr eine Minute lang halten und sah sie erst vier Stunden später wieder. Ich kann nur hoffen, daß die Schwestern behutsamer mit ihr umgingen als mit mir! Später stellte sich heraus, daß es zu dieser Zeit in der Klinik besonders erbitterte Tarifkonflikte gab.

Die ersten sechs Monate lang war meine Tochter schrecklich nervös und verängstigt. Sie zuckte beim leisesten Geräusch zusammen und schloß nie einfach nur die Augen und schlief ein, wenn sie müde war, sondern weinte sich immer in meinen Armen in den Schlaf. Und sie schrie untröstlich, wenn jemand anders sie hielt oder ich sie in einen Babystuhl oder eine Babyschaukel setzte. Mein Verdacht war, daß ihr Verhalten an der Brutalität lag, die sie bei ihrer Geburt hatte erdulden müssen. Nach ungefähr einem halben Jahr wurde diese Ängstlichkeit für meine Tochter und mich fast unerträglich. Eines Nachts, als ich mit ihr im Schaukelstuhl saß, sprach ich in Gedanken mit ihr, aber diesmal tat ich das ganz bewußt. Ich versicherte ihr: ›Ich werde immer bei dir bleiben und nie zulassen, daß dir jemand etwas zuleide tut, und das, was in der Klinik passiert ist, kommt nie wieder vor. Was hältst du also von einem Waffenstillstand?‹

In der nächsten Nacht schlief sie durch und wurde insgesamt viel ruhiger. Zuerst dachte ich, es sei Einbildung oder Wunschdenken, aber mein Mann, die Nachbarn und meine Eltern machten alle eine Bemerkung darüber, wie verändert sie sei. Ich hatte meinen Eltern oder den Nachbarn nichts von dem ›Gespräch‹ gesagt, das ich mit meinem Baby geführt hatte.«

Was können wir aus all diesen Geschichten von Engeln, verstorbenen Verwandten, Wasserbecken und Wäschezimmern schließen? Seien Sie auf alles vorbereitet, und wenn es Ihnen möglich ist, dann suchen Sie sich die Geburtsmethode aus, die zu Ihnen paßt. Die Geburt ist kein Härtetest, sondern ein Weg zum Allerbesten auf der Welt – Ihrem Baby. Beschaffen Sie sich so viele Informationen wie möglich. Machen Sie zwei Geburtenpläne: einen für den schlimmsten Fall und einen für den besten. Als ich zum erstenmal schwanger war, weigerte ich mich, den Schwangerschaftskurs über die Schnittentbindung zu besuchen, weil ich wußte, daß ich eine natürliche Geburt haben wollte. Leider mußte ein Kaiserschnitt gemacht werden, und weil ich nichts darüber wußte, war das ein schrecklicher Schock für mich. Als bei meinem fünften Kind eine Schnittentbindung notwendig wurde, war ich dagegen hellwach und hielt mein Baby, während die Ärzte meine Bauchdecke wieder zusammennähten. Das war eine der intensivsten Erfahrungen meines Lebens.

Selbst wenn Ihr Baby das Letzte ist, was Sie nach der Entbindung sehen wollen, haben Sie es nicht für sein restliches Leben verdorben, auch wenn Psychologen behaupten, daß die ersten sechzehn Stunden entscheiden, ob das Kind einmal seinen Doktor machen wird. Sie können zeit Ihres Lebens alles wieder in Ordnung bringen. Entspannen Sie sich, und besprechen Sie alles mit Ihrem Neugeborenen – schließlich sind Sie ein parapsychisches Team. Letztendlich ist es Ihr Wohlergehen und das Ihres Kindes, das zählt. Zwanzig Jahre später wird Ihr Zwei-Meter-Sohn Ihnen nicht vorwerfen, daß Sie bei der Geburt eine hohe Dosis Narkosemittel verabreicht bekommen haben. Ihr Kind wird sich vielmehr an all die magischen Momente erinnern, die es zwischen ihnen gab – sie sind aus Liebe erwachsen, nicht aus Schuldgefühlen.

Ich beende das Kapitel mit den Worten von Maria Cadaxa, unserer Hebamme aus Tucson (Arizona): »Ich habe mehrmals ganz deutlich gesehen, daß das Baby von einem goldenen Licht umgeben war, als es zur Welt kam. Bisher konnte ich noch kein

Muster entdecken, wann das geschieht und warum. Ich weiß nur, daß diese Kinder zu liebevollen, gut vorbereiteten Eltern kamen. Geboren im Licht der Liebe? Es ist ein ziemlich ehrfurchtgebietendes Geschehen, dieses Licht wahrzunehmen und die Schönheit und Heiligkeit der Geburt zu erkennen. Es ist, als könnte ich durch eine Tür in eine andere Welt sehen.«

Happy Birthday!

9
Die wachsende Verbindung

Sie haben den Rest Ihres Lebens, um alles in Ordnung zu bringen, wie ich im letzten Kapitel bemerkte. Für viele Mütter war das ein tröstlicher Gedanke, wenn sie herumwirbelten wie Derwische und kaum glauben konnten, daß ein einziges Acht-Pfund-Bündel soviel Arbeit macht. Aber Kinder werden erwachsen, und manchmal wächst das übersinnliche Band mit ihnen – aber nicht so, wie Sie es vielleicht erwarten würden.

Der riesige, merkwürdig angezogene junge Mann, der durch Ihr Haus stapft, wird nicht mehr regelmäßig Ihre Gedanken lesen. Er ist viel zu beschäftigt damit, seine eigenen Gedanken lautstark zu verbreiten. Und das früher so süße kleine Mädchen, das jetzt wochenlang ununterbrochen schmollt – gewöhnlich im Badezimmer –, ist zu sehr damit beschäftigt, ihre eigenen Gedanken geheimzuhalten, um die ihrer Mutter zu belauschen. Fassen Sie Mut: Die Phase parapsychischer Kommunikation kommt wieder, wenn aus Jugendlichen menschliche Wesen geworden sind und die Harmonie sowohl auf der irdischen als auch auf der übersinnlichen Ebene wiederhergestellt ist.

Jugendliche verkünden oft, daß sie eher sterben würden, als die Ratschläge ihrer Mutter zu befolgen. Aber da Ihr geliebtes Kind sich jetzt Hobbys zugelegt hat, die einem wirklich das Herz stillstehen lassen können (und meistens etwas mit Rädern und starken Motoren zu tun haben), muß das schützende Band oft Überstunden machen.

Elise aus Dallas (Texas) ist überzeugt, daß ein übersinnliches Zeichen sie veranlaßt hat, solange zu meckern, bis ihr Sohn einen Rat befolgte, der ihm das Leben rettete. »Mein Jüngster hat sich ein Motorrad gekauft, als er achtzehn wurde. Er wohnte ungefähr fünfunddreißig Kilometer von uns entfernt, und jeden Abend, wenn er von der Arbeit kam, schaute er kurz bei uns vorbei. Ich machte immer Theater, weil er keinen Helm tragen wollte, aber es schien keinen Sinn zu haben, sich mit ihm darüber zu streiten, denn jeden Tag fuhr er wieder ohne Helm. An diesem Abend waren mein Mann und ich gerade beim Essen, und ich sah durch das Fenster unseren Sohn die Auffahrt herauffahren. Als er ins Haus trat, war es, als wäre er ganz von Licht umgeben, einem schimmernden blauen Licht. Der Gedanke kam mir, klarer als alles, was mir je zuvor in den Sinn gekommen war, daß das Licht, das meinen Sohn umgab, der Tod war. Es war ein klares, eindeutiges Gefühl. Ich sah David an und sagte: ›Mein Kind, warum kannst du nicht deinen Helm aufsetzen? Du wirst sterben, wenn du es nicht tust.‹

Jungs hassen es, wenn ihre Mütter versuchen, sie zu irgend etwas zu überreden. Sie meinen, alt genug zu sein, um selbst entscheiden zu können. Mein Sohn fand das auch. Aber ich wußte, daß ich ihn an diesem Tag dazu bringen mußte, den Helm zu tragen, oder er würde sterben. Kurze Zeit war er sauer, dann brüllte er: ›Gut, gut, wenn du mich dann in Ruhe läßt, setze ich den Helm auf!‹ Er hatte noch einen Helm bei uns liegen, und als er losfuhr, hatte er ihn auf.

Zwanzig Minuten später und etliche Kilometer entfernt scherte ein Wagen, in dem ein sechzehnjähriges Mädchen saß, direkt vor meinem Sohn nach links aus. Er konnte nicht mehr ausweichen, so daß es einen Zusammenstoß gab. David prallte gegen die Windschutzscheibe, wobei er sich böse Schnittwunden am Arm und an der Schulter zuzog, flog über den Wagen und landete mehrere Meter hinter ihm auf der Fahrbahn. Sein Helm hatte auf der Rückseite einen zehn Zentimeter langen Riß. David wurde schwer verletzt ins Krankenhaus gebracht und lag drei Tage mit inneren Verletzungen auf der Intensivstation. Seitdem habe ich das blaue Licht um ihn herum nie wieder gesehen, aber ich weiß, daß er an diesem Tag gestorben wäre, wenn er keinen Helm aufgehabt hätte. Ich konnte schon immer die Gefahren vorhersehen, die meinen Kindern drohten, und meiner Ansicht nach war ich oft in der Lage, die Gefahr abzuwenden. Wenn es um mich selbst geht, kann ich diese Dinge nicht sehen.«

Die durch die Pubertät hervorgerufene Feindseligkeit scheint das tiefere Band zwischen Mutter und Kind also nicht zu gefährden. Aber es bleibt für Krisenzeiten reserviert, insbesondere für jene Krisen, in denen die selbstsicheren Jugendlichen sich plötzlich wieder vorkommen, als seien sie fünf Jahre alt, und wollen, daß Mama die Welt wieder in Ordnung bringt. Natürlich ist es sehr wahrscheinlich, daß sie nicht um Hilfe bitten werden, aber sie erwarten trotzdem, welche zu bekommen. »Soll ich etwa Gedanken lesen?«, fauchen Sie, wenn Ihr allwissender Fünfzehnjähriger einmal wieder irgendeine unverschämte Bemerkung gemacht hat. Die Rebirthing-Expertin Liz Cornish glaubt, daß die Rebellion der Jugendlichen wichtig ist, weil sie ihnen den Anstoß gibt, das elterliche Nest zu verlassen. Die Rebellion ist also ebenso gesund wie unvermeidlich.

Wenn Jugendliche nur zögernd zugeben können, daß hinter der coolen Fassade nicht alles zum Besten steht, kann der mütterliche Instinkt manchmal ein hochwichtiges Werkzeug sein. Belinda, die in Südengland lebt, hatte nicht immer das beste Verhältnis zu ihrer siebzehnjährigen Tochter Judy. Als sie, ihr Mann, ihr Bruder und ihre Schwägerin ein paar Tage Urlaub im Westen Englands machen wollten, fuhr Belinda also mit einer gewissen Erleichterung. Judy blieb zurück – mit einer wohlgefüllten Tiefkühltruhe, genügend Geld und der Anweisung, zu ihrer Großmutter zu gehen, die um die Ecke wohnte, wenn es Probleme geben sollte. Judy hatte die Freiheit und die Gelegenheit, das Haus ganz für sich zu haben, immer genossen, wenn ihre Eltern einmal weggefahren waren. Belinda war vier Tage im Urlaub gewesen, als folgendes geschah: »Plötzlich hatte ich das Gefühl, daß meine Tochter in schrecklichen Schwierigkeiten war – nicht die üblichen Teenager-Eskapaden, sondern etwas Ernstes – und daß ich sofort nach Hause zurückkehren mußte. Ich sagte meinem Mann: ›Es tut mir leid, aber wir müssen sofort nach Hause fahren. Judy ist etwas zugestoßen.‹ Mein Mann meinte, das sei albern, besonders, da ich nichts Konkretes vorbringen konnte. Alles was ich wußte, war, daß sie mich brauchte. Aber ich blieb fest. Wenn mein Mann mich nicht fahren wollte, würde ich den Zug nehmen. Auf der Rückfahrt wiederholte mein Mann ständig, daß ich eine absolute Närrin und eine überängstliche Mutter sei.

Als wir zu Hause ankamen, war Judy in einem schrecklichen Zustand. Sie hatte es mir nicht erzählt, bevor wir losgefahren waren: Sie war schwanger. Und sie hatte eine Fehlgeburt gehabt. Zwar rief Judy ihre Großmutter an und bat sie um Hilfe, aber Oma kann sehr engstirnig sein und wollte es einfach nicht hören. Meine Tochter hatte nicht gewußt, an wen sie sich wenden sollte; sie hatte sogar zu große Angst gehabt, einen Arzt zu rufen.

Obwohl Judy und ich oft Krach miteinander hatten (und noch haben) und uns auf konventionelle Art nicht einmal sonderlich nahestehen, war sie sehr erleichtert, als sie mich sah. Wir konnten eine Lösung finden. Es stellte sich heraus, daß sie mit Zwillingen schwanger gewesen war und eines der Kinder verloren hatte. Wir sprachen die Angelegenheit durch, und ich versprach ihr meine Hilfe, wenn sie das zweite Kind bekommen würde. Wir fingen sogar bereits an, uns irgendwie darauf zu freuen. Aber sie verlor dieses Kind ebenfalls. Wer weiß, was geschehen hätte können, wenn ich nicht zurückgekommen wäre? Gut, daß ich da war, als sie mich brauchte.«

Jugendliche und Fahrzeuge (wenn es sich nicht gerade um Fahrräder handelt) sind keine glückliche Verbindung, wie wir durch Elises Bericht über den Motorradunfall erfahren haben. Obwohl es zwischen Daphne Plowman und ihren Söhnen keine größeren Pubertätskonflikte gab, machte auch sie diesbezüglich übersinnliche Erfahrungen. Als ihr zweiter Sohn Alistair in dichtem Schneetreiben den Wagen in den Straßengraben fuhr, rief er nicht nach dem Pannendienst, sondern: »Hilfe, Mama.« Alistair war im März 1982 mit dem Wagen unterwegs, als ein unerwarteter Schneesturm über Schottland hereinbrach. »Ich stand vor dem Eßzimmerfenster unseres Hauses in Glasgow und sah zu, wie riesige Schneeflocken im Garten landeten«, erzählte Daphne, »als ich plötzlich Alistairs Stimme hörte. Er rief: ›Hilf mir, Mama.‹ Ich sagte völlig aufgelöst zu meinem Mann: ›Ali ist etwas zugestoßen.‹ John meinte nur, der Schnee würde mich nervös machen, aber das war noch nie der Fall.

Ungefähr eine Stunde später erschien Ali an der Hintertür. Er war in einem schrecklichen Zustand und ganz mit Schnee bedeckt. ›Ich habe den Wagen in den Graben gefahren, aber ich habe ihn nach Hause gebracht‹, sagte er. Scheinbar war das Auto auf der Hauptstraße, ungefähr vier Kilometer von unserem Haus entfernt, ins Schleudern geraten, hatte eine Hecke durchbrochen, war eine Böschung hinuntergerollt und auf einem Feld gelandet. Alistair hatte es ganz allein geschafft, den schweren Wagen wieder auf die Straße zu schieben und nach Hause zu fahren.

Als wir uns den Unfallort genau besahen, konnten wir kaum glauben, daß er ohne fremde Hilfe das Auto auf die Straße zurückbringen konnte. Hatte ich es zuwegegebracht, ihm die zusätzliche Kraft zu senden, die er so dringend gebraucht hatte? Ich fragte ihn später, was er nach dem Unfall gedacht habe. Er antwortete: ›Ich glaube, ich sagte: Mama, Hilfe oder so ähnlich.‹«

Die zweite Begebenheit mit dem sechsten Sinn betraf ihren dritten Sohn Mike und war eher eine übersinnliche Frühwarnung. »Anfang August 1984 machten wir mit unserem Caravan Urlaub in Sussex, als ich einen gräßlichen Traum hatte. Mein dritter Sohn, Mike, kam in unser Wohnzimmer und blieb in der Nähe des Schreibtischs stehen. Blut lief ihm über die Stirn, und er sagte: ›Mama, ich habe Papas Auto zu Schrott gefahren.‹«

Trotz des Traums verlief der Urlaub ohne Zwischenfälle. Am Ende des Monats waren Daphne und ihr Mann John zurück in Schottland, und John, der Lehrer ist, wollte mit einer Gruppe von Schülern eine Fahrt zum Bergsport-Center der Schule am Glen Etive unternehmen. »Die Straße, die bei Loch Lomond den Berg hinauf und über Rannoch Moor führt, ist ziemlich serpentinenreich. Daher sollte ich in Johns Wagen außer dem Proviant noch zwei Jungen transportieren, die zur Reisekrankheit neigten«, berichtete Daphne. »Mein Mann wollte mit dem Rest der Schüler im Minibus der Schule fahren. Am Tag vor der Klassenreise wurde meine Mutter, die in East Lothian wohnt, krank, so daß ich den Ausflug absagen mußte. Die Frau eines anderen Lehrers nahm meinen Platz ein, und ich fuhr mit Johns Wagen zu meiner Mutter. Am Sonnabend hatte sie sich soweit erholt, daß ich wieder nach Glasgow fahren konnte. Zwar hatte ich geplant, mich Johns Klassenfahrt am Sonntag anzuschließen, aber John meinte, ich solle mich erst einen Tag ausruhen und am Montag nachkommen. Am Sonntagmittag rief er mich an, und während wir uns unterhielten, kam Mike herein und fragte, ob er sich das Auto ausleihen könne, um mit Freunden zum Loch Lomond zu fahren. Drei Stunden später wiederholte sich die Szene, die ich im Traum gesehen hatte. Am Wagen war ein Reifen geplatzt, und die Fahrt endete in einem Steingraben. Mike hatte eine Schnittwunde an der Stirn, so daß ihm das Blut über das Gesicht lief. Die übrigen Insassen des Wagens blieben unverletzt. Mikes Worte waren: ›Mama, ich habe Papas Wagen zu Schrott gefahren.‹ Und das hatte er: Das Auto hatte Totalschaden.

Die Krankheit meiner Mutter hatte zu einer Änderung unserer Pläne geführt, und so stand das Auto Mike zur Verfügung, obwohl es eigentlich hundertfünfzig Kilometer entfernt hätte sein sollen.«

Damit sind wir wieder bei der Frage angelangt, die schon im zweiten Kapitel aufgetaucht war: Was für einen Sinn soll es haben, daß man weiß, was geschehen wird, aber es nicht verhindern kann? Daphnes Sohn Ali mag sehr wohl von der Tatsache profitiert haben, daß seine Mutter fähig war, ihm unbewußt Kraft zu senden, als er in Schwierigkeiten war. Aber Mike konnte sie eines Traumes wegen kaum zum Fahrradfahren verdonnern. Zumindest war Daphne auf die Geschehnisse vorbereitet, und als ihr Sohn im Schockzustand und verletzt nach Hause kam, war sie in der Lage, ihn zu versorgen und ihn zu trösten, anstatt mit ihren eigenen Gefühlen beschäftigt zu sein.

Nicht nur Verkehrsrisiken bedrohen unsere Sprößlinge, sondern auch das Minenfeld der zwischenmenschlichen Beziehungen. Es kommt vor, daß erwachsene Kinder Fehler machen, ganz besonders bei der Partnerwahl. Oft kann eine Mutter nur danebenstehen und zusehen, bereit, die Scherben aufzusammeln, wenn alles zu Bruch geht. Wenige Beziehungen werden so traumatisch enden wie die von Lucille Hurds Tochter Donitza, aber wenn dies doch der Fall sein sollte, ist es ein tröstlicher Gedanke, daß die Mutter ein Auge darauf haben kann, selbst wenn sie Tausende von Meilen entfernt ist. Donitza befand sich in den USA, als Lucille, die in Großbritannien lebt, eines Nachts einen schrecklichen Traum hatte. »Es ging um meine Tochter, die sich unglücklicherweise in einen Mann verliebt hatte, der so großspurig umherstolzierte wie Errol Flynn und meine junge, schöne Tochter in ihrer Wohnung in Manhattan beinahe umbrachte. Sie schrie nach mir, als er mit einem Messer auf sie losging. Ich wachte schweißgebadet auf, wie vom

Donner gerührt, und schickte ihr liebevolle und beschützende Gedanken. Wie durch ein Wunder überlebte sie. Ich glaube, sie überlebte, weil ich bei ihr war, wie ich die ganze Kindheit über bei ihr gewesen bin, wenn sie nach mir rief.«

Glücklicherweise gehen die meisten Nestfluchten erfreulicher aus, obwohl das einer Mutter durchaus einige schlaflose Nächte bereiten kann. Wenn ein Kind erst einmal gelernt hat, die Halteriemen des Kinderwagens zu öffnen, können Sie es nicht vom Umherlaufen abhalten. Mit den Jahren werden es große Schritte, und Ihr einstiges Baby kann in allen möglichen exotischen Orten landen, an denen es von Gefahren nur so wimmelt. Warum nur beschließen Kinder nie, wenn sie ihre Bestimmung finden wollen, sich zwanzig Kilometer entfernt niederzulassen, wo sie sicher sind? Natürlich versprechen sie anzurufen, aber… Was also tun Sie, nachdem Sie sich lange genug Sorgen gemacht haben, weil aus Katmandu nur Schweigen kommt? Das kommt darauf an: Wenn Sie, wie Doris aus Manchester, das Glück haben, eine übersinnliche Verbindung herstellen zu können, werden Sie tun, was sie getan hat.

Sie erzählte mir, daß ihre Tochter Susan 1981 einen Monat lang mit einer Freundin nach Korsika fahren wollte. »Sie schrieb und rief ein paarmal an und versprach, sich am 9. Juni zu melden, dem Geburtstag meines Mannes. Der 9. Juni kam. Kein Anruf von Susan. Die Tage vergingen, und unsere Besorgnis wuchs. Wir fragten die Polizei, ob sie uns helfen könne, Kontakt mit unserer Tochter aufzunehmen, aber die Beamten sagten, Susan sei über achtzehn und deshalb könnten sie im Augenblick nichts für uns tun. Am 19. Juni waren wir ernsthaft beunruhigt. Mein Mann wandte sich an mich und fragte, ob ich eine Ahnung hätte, was mit Susan passiert sei (da ich anscheinend eine mentale Verbindung zu Susan habe, dachte er, ich würde es vielleicht wissen.) Aber ich hatte keine Ahnung. Mein Mann machte einen Spaziergang und ließ mich mit meinen Gedanken allein. Ich dachte an meine Mutter, die vor sechs

Monaten gestorben war. Sie hatte Susan gerngehabt, und plötzlich stellte ich fest, daß ich in Gedanken mit meiner Mutter sprach und sie bat, auf Susan aufzupassen. Die Antwort kam sofort. Ohne den leisesten Zweifel ›wußte‹ ich, was geschehen war. Es war, als wäre eine große Last von mir genommen worden. Als mein Mann zurückkam, erklärte ich in fester Überzeugung, daß er aufhören könne, sich Sorgen zu machen; Susan ginge es gut. Sie habe nicht angerufen, weil sie am neunten, dem Geburtstag meines Mannes, kein Telefon hatte finden können. Und an den folgenden Tagen sei nichts Besonderes passiert, also habe sie sich nicht die Mühe gemacht anzurufen. Eine Stunde später klingelte das Telefon. Es war Susan, und sie wiederholte fast wortwörtlich das, was ich meinem Mann erzählt hatte.«

Jane fing die Notsignale ihres fast erwachsenen Sprößlings auf, der sich auf der anderen Seite der Welt befand, und war schon entschlossen, sich auf den Weg zu machen und nach ihm zu suchen, als sie hörte, daß er am Leben war, wenn auch eindeutig in Not. Sie wachte mitten in der Nacht auf und fühlte sich krank und verängstigt, und sie war sich sicher, daß ihrem Sohn etwas zugestoßen war. Er befand sich damals irgendwo in Indien; sein genauer Aufenthaltsort war unbekannt. Jane bat ihren Mann, ihr Geld für den Flug zu geben, damit sie nach ihrem Sohn suchen konnte. Kurze Zeit später schickte der ein Telegramm, in dem er um Geld für den Rückflug bat. Seine Freunde waren nach Katmandu weitergereist und hatten ihn allein zurückgelassen. Er hatte drei Tage lang im Delirium gelegen. Wie sich später herausstellte, litt er unter Hepatitis.

Im vierten Kapitel, in dem es um Kleinkinder ging, die Notsignale aussenden, erzählte Louise, wie ihr kleiner Sohn einmal verlorenging und sie keine Angst hatte, weil sie wußte, daß er am Leben war und es ihm gutging. Warum können mit Hilfe dieser besonderen Art von Kommunikation nicht regelmäßig und systematisch vermißte Kinder und junge Erwachsene aufgespürt werden? Von den vermißten Jugendlichen wollen einige vielleicht nicht gefunden werden und unterbrechen die Verbindung. Und in einigen tragischen Fällen ist die Angst von Mutter und Kind vielleicht so groß, daß der sechste Sinn nicht funktioniert.

Doreen Muir aus Wiltshire konnte mit Hilfe des übersinnlichen Bandes, das sie mit ihrer Tochter verbindet, die Barrieren »militärischer Geheimhaltung« durchbrechen. Ihre Tochter war gerade zur Armee gegangen und schickte regelmäßig muntere Briefe nach Hause, in denen sie behauptete, alles sei in Ordnung. Aber Doreen hatte das sichere Gefühl, daß etwas nicht stimmte. Nach einem besonders lebhaften Traum, in dem ihre Tochter sehr verzweifelt war, vertraute Doreen ihrem Instinkt, der ihr sagte, daß ihr Mißtrauen mehr war als die übliche mütterliche Besorgnis – es war ein Hilferuf von ihrem Soldaten-Mädchen. Doreen stellte ihre Tochter zur Rede, und die gab zu, daß sie in ernsthafte finanzielle Schwierigkeiten geraten war. Doreen konnte ihr helfen, die Angelegenheit zu bereinigen.

Doreens Beziehung zu ihrem Sohn Eric, der noch zu Hause wohnte, war ebenfalls sehr harmonisch, und das Band, das sie, schon als er noch ein Kind war, im Alltag miteinander verband, hatte gehalten. Als Eric dabei war, selbständiger zu werden, stellte er fest, daß ihm das übersinnliche Band gute Dienste leistete. Doreen erzählte: »Als Eric ungefähr siebzehn war, hatte er die Angewohnheit, seinen Schlüssel zu vergessen. Wenn er dann nachts nach Hause kam, wartete er ruhig vor der Tür und benutzte seine telepathischen Fähigkeiten, um mich zu wecken. Manchmal kam er erst weit nach Mitternacht, ich wachte dann plötzlich auf und mir war bewußt, daß Eric auf mich wartete. Er war ein bißchen verlegen, als ich ihn fragte, auf welche Weise er mich aufwecken könne. Eric meinte, er würde fest an mich denken und mich in Gedanken rufen; und nach einer Weile würde ich dann aufwachen und wissen, daß er vor der Tür steht und wartet.«

Peggy Rouse, die ebenfalls aus Wiltshire stammt, hatte eine sehr schlechte Beziehung zu ihrer Mutter. Ihre Mutter hatte sie von Anfang an abgelehnt, und vielleicht hat Peggy aus diesem Grund viel für eine warme, enge Beziehung zu ihren eigenen Kindern getan, die auch während der Pubertät und später im Erwachsenenleben nicht abbrach. Zwischen ihnen ist telepathische Kommunikation reine Routine, so daß es kaum überrascht, wenn der Gesprächspartner laut auf einen unausgesprochenen Gedanken des anderen antwortet. Peggy war schon immer davon überzeugt, daß es wichtig ist, nicht nur die eigenen, sondern alle Kinder als Individuen mit eigenen Rechten zu behandeln. Ihre telepathischen Fähigkeiten sorgen dafür, daß sie auch mit ihren Enkeln auf diese Weise kommunizieren kann.

Peggy erzählte mir drei der zahlreichen Vorfälle. »Als meine Tochter Penny sechzehn war, wollten wir gerade einkaufen gehen, als sie sagte: ›Ich könnte auch eines brauchen.‹ ›Was kannst du brauchen?‹, fragte ich. ›Ein Bier, wenn wir mit dem Einkaufen fertig sind.‹ Dann hielt sie inne: ›Hast du das nicht gerade gesagt?‹ Natürlich hatte ich nichts dergleichen geäußert, aber genau das hatte ich gedacht.

Mein Sohn und ich waren daran gewohnt, das gleiche zu sagen und zu denken. Wir lebten damals in Neuseeland, und weil er erst fünfzehn war, erlaubte ich ihm nur, auf der Landstraße mit dem Auto zu fahren. Eines Tages saß er am Steuer, als mir der Gedanke kam: ›Ich hoffe, wir geraten da vorn nicht in eine Polizeikontrolle.‹ Mein Sohn fuhr den Wagen an den Straßenrand, und ich rutschte auf den Fahrersitz. Dann wurde mir klar, was wir da taten, und ich fragte: ›Warum haben wir das gemacht?‹, denn normalerweise gab es an dieser Stelle keine Polizeikontrollen, und ich hatte meinen Gedanken bestimmt nicht laut ausgesprochen. ›Ich dachte, wir würden vielleicht in eine Polizeikontrolle geraten‹, antwortete er.

Als die Kinder erwachsen waren, entschieden wir, als Investition gemeinsam einen landwirtschaftlichen Kleinbetrieb zu kaufen. Eines Sonntagnachmittags sagte ich zu meiner Tochter Jo, die bei mir wohnte: ›Ist morgen nicht die Rate für den Grundbesitz fällig? Ich hoffe, Penny vergißt nicht zu zahlen, ich werde sie besser anrufen.‹ Also ging ich sofort zum Telefon. Penny meldete sich, und bevor ich irgend etwas erwähnen konnte, meinte sie: ›Ich habe es vor fünf Minuten aus dem Schrank genommen. Morgen ist der dreiundzwanzigste, nicht wahr?‹«

Diese Begebenheiten könnten mit familiärer Vertrautheit erklärt werden. Zum Beispiel: Als die Ratenzahlung fällig wurde, dachte Penny von sich aus daran, und möglicherweise rechnete sie damit, daß ihre Mutter sich Sorgen macht, daß sie es vergessen haben könnte. Aber es ist die zeitliche Abstimmung, die diese Fälle so außergewöhnlich macht. Penny führte die unausgesprochene Kommunikation ihrer Mutter nahtlos fort.

Routinemäßiger telepathischer Kontakt ist ein Nebenprodukt einer engen, von gegenseitiger Akzeptanz geprägten Beziehung zwischen den Familienmitgliedern und hält selbst dann an, wenn die Kinder erwachsen sind. Der Vorteil ist, daß die Familienmitglieder sich auch weiterhin gegenseitig unterstützen können, selbst wenn sie weit voneinander entfernt leben. Ein interessanter Faktor ist, daß diese Art der Beziehung sich dort entwickelt, wo Kinder ausreichend physische und emotionale Freiheit und Unabhängigkeit genießen, so daß die Gedankenübertragung ungehindert stattfinden kann. Das übersinnliche Band ist keine Kette; es ist ein Rettungsseil, das Sie und Ihre Kinder verbindet, während jeder von Ihnen seinen eigenen Berg besteigt. Sie brauchen nicht zu befürchten, daß Sie Ihren Kindern die Luft zum Atmen nehmen, wenn Sie zulassen, daß die Bindung zwischen ihnen bestehen bleibt. Im Gegenteil: Die Ängste und der Groll jener Frauen, die bestrebt sind, ihre heranwachsenden Kinder zu manipulieren und als Gegenmittel zur Einsamkeit in ihrer Nähe zu behalten, blockieren ganz automatisch den Kanal.

Viele erwachsene Frauen haben schon erlebt, daß sie nach dem Telefonhörer griffen, um ihre Mutter anzurufen, und nur das Besetztzeichen hörten, da ihre Mutter gerade versuchte, sie anzurufen. Diese Kommunikation ist in hohem Maße gegenseitig. Vielleicht kocht eine Frau gerade vor Wut wegen irgendeiner Ungerechtigkeit, will aber niemandem mit ihren Problemen belasten. Oder sie fühlt sich einfach nur einsam oder unwohl. Das Telefon klingelt, und ihre erwachsene Tochter, die am anderen Ende des Landes lebt, fragt: »Was ist los, Mutti?«

Jean, die in Südengland lebt, hat drei erwachsene Kinder. Sie und ihre Töchter wissen immer, wenn eine von ihnen Probleme hat, obwohl sie über ganz Großbritannien verstreut leben. Eines Nachts wachte Jean ungefähr um drei Uhr morgens auf und war überzeugt, daß etwas bei ihrer jüngsten Tochter Sally, die Mitte Zwanzig war, nicht stimmte. Jean wollte nicht nachts bei Sally anrufen, denn vielleicht war es ja falscher Alarm, also warf sie sich den Rest der Nacht unruhig im Bett umher, unfähig, zur Ruhe zu kommen.

Um sieben Uhr morgens rief Sally an und berichtete, daß mitten in der Nacht ein Feuer in ihrer Wohnung ausgebrochen sei. Sie habe nur nicht eher angerufen, weil sie ihre Mutter nicht hatte wecken wollen, außerdem war niemand verletzt worden. Sally wußte nicht, daß dank dem übersinnlichen Band Jeans Nachtruhe sowieso ruiniert gewesen war.

Jeans Tochter Kate, Mutter von zwei Kindern, lebt sechshundert Kilometer von ihrem Elternhaus entfernt. Kate erzählte mir: »Wenn wir als Kinder krank waren, war Mutti stets genau in der Minute zur Stelle, in der wir die Augen öffneten. Heute spüre ich es, wenn sie beleidigt ist, und rufe sie an. Sie weiß immer, ob mit einer von uns irgend etwas los ist. Dann fühlt sie sich sehr unwohl, und schließlich ist Papa es leid, daß sie umherläuft wie ein verirrter Hund, und sagt zu ihr: ›Um Himmels Willen, ruf die Kinder an und stell fest, wer von ihnen das

Problem hat!‹ Wir sind schon immer eine glückliche Familie gewesen und haben uns eng miteinander verbunden gefühlt.«

In der Zeit um die Geburt fühlen sich Frauen ganz besonders eng mit ihrer eigenen Mutter verbunden. Es kann sehr beruhigend sein, wenn die eigene Mutter in der Nähe ist und die erste Besucherin sein kann. Ann Dewey, die heute in Kailua (Hawaii) lebt, war Tausende von Meilen von ihrer Mutter entfernt, als bei ihr die Wehen einsetzten, aber ihre Mutter wußte trotzdem Bescheid.

Anne lebte damals in Kalifornien, und ihre Mutter war im fünftausend Kilometer entfernten Ohio zum Abendessen eingeladen. Anne berichtete: »Meine Mutter saß am Tisch, legte die Gabel zur Seite und wußte einfach, daß ich gerade das Baby herauspreßte. Sie konnte meine Gegenwart intensiv spüren. Kurz nach der Geburt rief ich sie an, um ihr die gute Neuigkeit mitzuteilen. Sie war überhaupt nicht überrascht – sie wußte ja bereits, daß mein Kind geboren war.

Meine Mutter und ich sind sehr eng miteinander verbunden; wir sind Freundinnen, nicht nur Mutter und Tochter. Wir greifen oft im selben Moment zum Hörer, um die andere anzurufen, oder schreiben uns am selben Tag Briefe.«

Manchmal kann das übersinnliche Band einem erwachsenen Kind ein Warnsignal zukommen lassen. Es weiß dann, daß es wichtig ist, seine Mutter sofort zu besuchen und »Ich hab' dich lieb« zu sagen, weil es morgen zu spät sein kann. Sylvia, die selbst schon erwachsene Kinder hat, lag mit Grippe im Bett, als sie plötzlich das dringliche Gefühl hatte, ihre Mutter besuchen zu müssen, die auf der anderen Seite von Cardiff lebte. Sylvia schleppte sich also aus dem Bett, fuhr umständlich mit öffentlichen Bussen und kam nach mehr als einer Stunde erhitzt und erschöpft bei ihrer Mutter an.

»Was machst du hier?«, fragte ihre Mutter, »du siehst aus, als gehörtest du ins Bett.« Sie machte viel Wirbel um Sylvia, und es wurde ein sehr angenehmer Nachmittag. Am nächsten Tag starb Sylvias Mutter, eine leistungsfähige und gesunde Frau von Mitte Fünfzig, unerwartet an einem Herzanfall.

Welchen Schluß können wir aus diesen Erfahrungen ziehen? Vielleicht, daß es wichtig ist, die Kommunikationskanäle offenzuhalten, selbst wenn ein Jugendlicher sich noch so uneinsichtig verhält. Sind Jugendliche verschlossen, ist es unabdingbar, daß die Eltern mit ihrem sechsten Sinn die Warnsignale auffangen, die zeigen, daß möglicherweise mit dem Nachwuchs doch nicht alles zum Besten steht. Falls Sie aus dem Bauch heraus fühlen, daß Ihr Kind Probleme hat – selbst wenn das nicht von der Logik untermauert wird –, dann gehen Sie die Angelegenheit mit soviel Takt an, wie Sie können. Ebenso schwierig ist es zu akzeptieren, daß erwachsene Kinder uns jetzt ebenbürtig sind und eines Tages vielleicht selbst Eltern sein werden – aber es ist unbedingt notwendig.

Und denken Sie schließlich daran, daß der mütterliche Instinkt die letzte Geheimwaffe ist, wenn alles andere fehlschlägt. Indem Sie auf Ihre innere Stimme hören, können Sie Ihren Kindern vielleicht um eine Nasenlänge voraus sein, wenn es einmal wirklich darauf ankommt.

10
Der väterliche Instinkt

Warum habe ich mich im Titel dieses Buches nur auf den sechsten Sinn von Müttern bezogen und nicht auf den von Eltern? Zwar habe ich Väter getroffen, deren Instinkte ebenso sicher und sensitiv waren wie die der Mütter, aber nur ein sehr kleiner Teil der von mir gesammelten Erfahrungen hatte mit Vätern zu tun, und selbst diese wurden mir überwiegend von Ehefrauen oder Töchtern erzählt.

Nach ausgedehnten Forschungsarbeiten bin ich zu dem Schluß gekommen, daß eine übersinnliche Bindung überwiegend zwischen Mutter und Kind entsteht. Ich kann nicht mit Sicherheit sagen, warum das so ist, aber ich denke, es hängt mit einer Vielzahl von Faktoren zusammen. Wenn die Gesellschaft, in der wir leben, die Männer ermutigen würde, ihre intuitive Seite zu entwickeln, gäbe es nicht nur mehr übersinnliche Bindungen zwischen Vater und Kind, sondern auch weitaus weniger Gewalt gegen Kinder innerhalb der Familie.

Bei den Beispielen, die mir erzählt wurden, ging es oft um einmalige Vorkommnisse, obwohl es bemerkenswerte Ausnahmen gibt, die zeigen, daß die permanente parapsychische Bindung, die gewöhnlich den Müttern vorbehalten ist, auch bei Vätern vorkommen kann, besonders dann, wenn der Mann bereit ist, offen und empfänglich zu sein (entgegen der Vorstellung der wettbewerbsorientierten, leistungsbetonten Gesellschaft, in der wir leben). Welcher Mann würde nicht belächelt werden, wenn er seinen Chef bittet, ihm einen Tag frei zu geben, damit er mit seinem Kind zum Zahnarzt gehen kann? Und vielleicht würde er nicht einmal fragen, wenn seine Frau ihn verlassen und das Kindermädchen sich beide Beine gebrochen hat.

Eine Folge davon ist, daß manche Väter, die ein übersinnliches Band zu ihren Kindern geknüpft haben, darüber nicht sprechen, es sei denn, es kommt zu erstaunlichen oder dramatischen Vorkommnissen. Durch einen sechsten Sinn mit einem kleinen Kind verbunden zu sein, paßt nicht zum Bild des stets Haltung bewahrenden Machos, das immer noch vielen Männern aufgezwungen wird, insbesondere jenen, die im materiellen Sinn »Erfolg« haben wollen. Windeln wechseln und einen Kinderwagen schieben mag ja noch akzeptabel sein, aber regelmäßig nachts aufwachen, bevor das Baby schreit? Das ist doch Frauensache, oder?

Nach Ansicht von John Helm aus Friedberg (Deutschland) nicht. Er berichtete: »Die Geburt unseres ersten Kindes war ein Alptraum. Die ›Haltet den Mund und tut, was euch gesagt wird‹-Haltung des Pflegepersonals wurde schnell zu einem ›Wir werden euch lehren, wer hier der Boss ist‹.

Silvia hatte einen schweren Dammriß und erlitt einen großen Blutverlust. Aber es gibt keinen großen Verlust ohne irgendeinen kleinen Gewinn. In diesem Fall war Silvias Verlust mein Gewinn. Da sie zu schwach war, um unsere neugeborene Tochter zu halten, fiel mir diese Ehre zu. Jenny verbrachte die ersten beiden Stunden ihres Leben in meinen Armen, und sie und ich brachten einen Großteil dieser Zeit damit zu, uns einfach nur anzusehen. Ich hatte das starke Gefühl, das eine Bindung zwischen uns entstand, selbst damals schon.

Als wir wieder zu Hause waren, war es meine Aufgabe, Jennys Windeln zu wechseln und sie abends an unser Bett zu bringen, damit sie gestillt werden konnte. Von Anfang an bemerkte ich ein seltsames Phänomen: Normalerweise schlafe ich sehr fest, aber damals wachte ich nachts oft auf, und ungefähr eine Minute später hörte ich dann, wie Jenny zu schreien begann. Das geschah mehrere Monate lang praktisch jede Nacht. Ich muß noch hinzufügen, daß Jenny nicht in unserem Schlafzimmer schlief, sondern im Nebenzimmer. Ich habe das Gefühl, daß dieses Aufwachen auf ein übersinnliches Band zwischen uns zurückzuführen war, aber ich habe mir nie die Mühe gemacht, meine Theorie zu ›beweisen‹.

Die Geburt unseres zweiten Kindes war für Silvia sehr viel angenehmer. Sie konnte das Baby sofort nach der Geburt halten und stillen. Obwohl es wieder meine Aufgabe war, die Windeln zu wechseln und unseren Sohn abends zum Stillen zu bringen, wachte ich nachts immer erst auf, wenn er bereits schrie. Ich nehme an, es gibt keinen Gewinn ohne irgendeinen Verlust.«

John Helm ist nicht der einzige Vater, der solche Erfahrungen gemacht hat, Erfahrungen, die konventionelle Theorien über die Synchronizität bei Müttern völlig umwerfen. Denn in keinem der Fälle bekamen die Männer eine Dosis mütterlicher Hormone verabreicht (die angeblich in männlichen Laborratten mütterliche Gefühle hervorrufen.)

Roger Keys-Weaver aus Oregon erzählte mir: »Bei uns war immer ich es, der nachts aufwachte und nach den Kindern sah, nicht ihre Mutter, die trotzdem ein sehr inniges Verhältnis zu ihnen hat. Ich kann nicht erklären, wieso ich stets plötzlich aufwachte und wußte, daß mit Eric oder Kevin etwas nicht in Ordnung war. Aber wenn ich nach ihnen sah, stellte ich stets fest, daß es nie falscher Alarm war, und manchmal war es ziemlich ernst.«

Natürlich bin ich voreingenommen, da ich selbst erlebt habe, was dieses magische Band bei meinem Mann und meinem zweiten Sohn Jack bewirkt hat. Und wie ich bereits im ersten Kapitel erwähnte, hat mich eben dieses Erlebnis auf die Spur des sechsten Sinns gebracht.

Natürlich fällt Jacks Prämonition über den Motorradunfall, den mein Mann damals hatte, in die Kategorie dramatischer übersinnlicher Erfahrungen. Auch ein zweiter Vorfall bestätigte, daß wir einen höchst unwahrscheinlichen Propheten in unserem sehr praktisch veranlagten Sohn besaßen.

Jacks zweite Prämonition Anfang November 1988 war, wie sich erwies, mehr eine Prophezeiung. Unser Sohn fing an, über »einen Papa mit einem Bart« zu reden (seiner hat einen), der mit seinem Motorrad von einem Last- oder Lieferwagen auf einer »harten« Straße von hinten gerammt wird, aber: »der Papa fällt nicht runter«. Wie die Verkündigungen aller großen Orakel schien Jacks Prophezeiung zunächst nicht viel Sinn zu machen, nicht einmal für die Eingeweihten. Dann, ein paar Wochen später – am Mittwoch, den 30. November 1988, um ganz genau zu sein – verlangsamte John, der von London kommend die M4 herunterfuhr, sein Tempo, weil die vor ihm fahrenden Wagen das auch taten. Der Lieferwagen eines Schlachters, der hinter John die Autobahn entlangraste, bremste jedoch nicht und fuhr mit ungefähr hundert Stundenkilometern von hinten auf Johns Motorrad auf. Unergründlicherweise stürzte John nicht. Andernfalls wäre er mit großer Wahrscheinlichkeit umgekommen – und hätte somit Jacks Prophezeiung ruiniert.

Das war eine weitere dramatische Erfahrung, aber es gab auch andere, alltäglichere übersinnliche Verbindungen zwischen John und Jack, die, wie ich glaube, die Grundlage für eine dauerhafte Bindung zwischen ihnen gelegt haben.

Das übersinnliche Band zwischen Vater und Kind scheint, wie auch das zwischen Mutter und Kind, durch einen engen Kontakt zum Kind gefördert zu werden. Ich empfehle nicht eine Packung Windeln und einen Besuch bei der nächsten Vater-Kleinkind-Gruppe als Abkürzung auf dem Weg zur »Erleuchtung«. So leicht läßt sich das übersinnliche Band nicht herstellen.

Das Vorhandensein eines übersinnlichen Bandes zwischen Vater und Kind schließt selbstverständlich nicht aus, daß auch zwischen Mutter und Kind eines besteht. Trotz einer schlechten Geburtserfahrung bin ich mit Jack sehr verbunden, und das war auch bei Donata Glassmeyer der Fall, die ich bereits im vierten Kapitel vorstellte. Ihre Tochter Hope hat auch eine sehr innige Beziehung zu ihrem Vater, der sich, wann immer es möglich war, an der täglichen Kinderpflege beteiligte. Tochter und Vater gelang es, über den Atlantik hinweg zu kommunizieren. Es war kein dramatischer Fall, in dem es um Leben und Tod ging, sondern eine einfache Botschaft der Liebe. Hope und ihre Mutter waren zu Hause in Ohio, während ihr Vater sich geschäftlich in Großbritannien befand. Donata erzählte: »Eines Morgens, genau fünf Minuten nach zwei (ich habe auf den Wecker gesehen, als ich aufstand), rief Hope aus ihrem Zimmer nach mir. Sie saß kerzengrade im Bett, und ihre Augen leuchteten wie Scheinwerfer. ›Ich höre etwas, Mama‹, sagte sie.

Hope wacht nachts selten auf. Wenn sie es tut, ist sie schlaftrunken, dreht sich einfach auf die andere Seite und schläft weiter. Aber in dieser Nacht war sie hellwach und wiederholte mehrmals, daß sie wirklich etwas hören könne. Ich beruhigte sie, und dann schliefen wir beide wieder ein.

Am nächsten Tag rief ihr Vater aus London an. Er erzählte mir, er hätte morgens unter einem leuchtenden Vollmond gejoggt. Beim Laufen hätte er den Mond gebeten, sein schützendes Licht auf seine schlafende Tochter zu werfen. Ich fragte ihn, wann das genau gewesen wäre. Seine lunare Botschaft wurde genau um fünf nach sieben Londoner Zeit übermittelt. Wenn man den fünfstündigen Zeitunterschied bedenkt, hat Hope die transatlantische Kunde ihres Vater in genau dem Augenblick erreicht, in dem sie nachts aufgewacht war.« Die übersinnliche Botschaft von Hopes Vater hatte also die Concorde überholt.

In mehreren mir bekannten Fällen einer übersinnlichen Bindung zwischen Vater und Kind spielte Reisen eine Rolle. Die Geschichten von Seemanns- oder Soldatenvätern waren besonders faszinierend, da sie die Frage aufwerfen, ob es eine übersinnliche Bindung ohne täglichen Kontakt geben kann. Aber wie wir bei der Erkundung des mütterlichen Bandes festgestellt haben, ist der ständige Kontakt mit dem Kind an sich nicht der entscheidende Faktor. Solange die Liebe der Mutter echt ist und frei gegeben wird, kommt es nicht so sehr auf die Zeit an, die sie mit dem Kind zusammen verbringt, sondern auf die Qualität des Kontakts, wenn sie beisammen sind. Wie im vierten Kapitel erwähnt, hat Rebecca Parkes eine besonders enge übersinnliche Beziehung zu ihrem Sohn, trotz der Tatsache, daß er einen großen Teil des Tages im Betriebskindergarten verbringt. Im ersten Kapitel ging es um das Band zwischen Wendy Hutton und ihrer Tochter Jo, die die Gedanken ihrer Mutter las und wußte, daß diese gern ihre Freundin Julie wiedersehen wollte. Auch Jos Bindung an ihren Soldatenvater ist eng. Als sie vier Jahre alt war, gelang es ihr, mit ihm mental Kontakt aufzunehmen und herauszufinden, wann er wieder nach Hause kommen würde, obwohl er sich auf der anderen Seite der Welt befand. Wendy erzählte mir: »Mein Mann ist bei der Luftwaffe und war sechs Monate in Belize stationiert. Wir erwarteten ihn im Juni zurück, aber im April widersprach Jo, die damals viereinhalb war, dieser Prognose. Sie erklärte mit felsenfester Überzeugung, daß ihr Papa im Mai nach Hause kommen würde, und zwar am 23. Mai.

Mehrere Wochen später erfuhren wir von meinem Mann, daß ihm mitgeteilt worden war, er würde Belize früher als erwartet verlassen. Tatsächlich trat er am 23. Mai die Heimreise an.«

Olive French, die in Ryde (Isle of Wight) lebt, hatte als Kind nicht nur eine sehr enge emotionale und physische Beziehung zu ihrem Vater, sondern auch eine telepathische Verbindung, die weit stärker war als jene zu ihrer Mutter. Auch als Olive schon längst erwachsen war, blieb dieses außerordentlich gute Verhältnis zwischen Vater und Tochter bestehen; es endete erst mit dessen Tod. Olive erzählte mir von einem Tag vor vielen Jahren, als ihr Vater sie verließ, um im Zweiten Weltkrieg zu kämpfen.

»Im Pflaster unserer Straße gab es einen ganz besonderen Stein. Wir Kinder nannten ihn den ›Spuckstein‹, weil wir immer draufspuckten und uns etwas wünschten, wenn wir über ihn hinwegsprangen. Ich wünschte mir, ich könnte, wenn ich auf den Hügel steigen würde, meinen Vater nach Hause kommen sehen. Ich wußte, daß das unmöglich war, weil Papa weggegangen war und Monate, vielleicht sogar Jahre, auf einem Schiff sein würde. Aber ich spuckte auf den Stein und wünschte es mir trotzdem. Auf dem Hügel angekommen, konnte ich eine in Khaki gekleidete Gestalt sehen, die auf mich zukam. Sie war zu weit entfernt, und ich konnte nicht sehen, wer es war, aber ich wußte, daß es nicht mein Vater sein konnte. Dann, als die Gestalt näher kam, begann ich zu laufen und rief laut: ›Papa, Papa‹. Bis auf den heutigen Tag kann ich mich erinnern, wie glücklich ich damals war. Es hatte technische Probleme mit dem Schiff gegeben, und so hatte er eine Woche Landurlaub bekommen.«

Hat Olives Vater telepathisch das kleine Mädchen verständigt, das er liebte, damit sie ihm entgegengehen konnte? Oder kann der sehnliche Wunsch eines kleinen Mädchens, ihren Vater wiederzusehen, die Schiffsmaschinen lahmlegen und die Zeit rückwärts laufen lassen (mit freundlicher Genehmigung des Spucksteins selbstverständlich)? Die letzte Erklärung ist weniger wahrscheinlich als die erste, aber wäre es nicht schön, wenn es so wäre?

Ich habe bereits viele Geschichten von Müttern widergegeben, die die Notsignale ihres Kindes auffangen konnten. Gordon, der an der Südküste Englands lebt, rief mich während einer meiner Radiosendungen an und erzählte mir von einem nigerianischen Vater.

»Vor zehn Jahren war ich als Chefingenieur eines Vermessungsschiffs in Nigeria«, erzählte Gordon. »Die Besatzung bestand aus Männern von vielen verschiedenen Stämmen. Wir arbeiten gerade in der Trichtermündung, als ein Matrose, der aus einem abgelegenen, viele Kilometer entfernten Dorf stammte, zu mir kam und sagte: ›Chef, meine Tochter ist krank. Ich muß nach Hause gehen.‹ Ich gab ihm daraufhin vier Tage Urlaub.

Der Kapitän war davon nicht begeistert. Schließlich gab es weder an Bord des Schiffes noch im Dorf, aus dem der Mann stammte, ein Telefon, und zudem lag unser Schiff in der Mitte der Flußmündung – woher also wollte dieser Mann wissen, daß seine Tochter erkrankt war? Es könne nur eine Lüge sein, um Landurlaub zu bekommen, mutmaßte der Kapitän, und wir würden den Mann wahrscheinlich nie wiedersehen.

Da ich aber dem Mann glaubte, bestand ich auf seine vier Tage Urlaub (es gab vieles in diesem Land, das ich nicht verstand, aber einfach akzeptierte). Pünktlich kam der Mann zurück; er erzählte mir, seine Tochter wäre schwer an Masern und Grippe erkrankt gewesen und einen Tag nach seiner Rückkehr ins Dorf gestorben.«

Wie ich bereits erwähnte, haben viele Väter Schwierigkeiten damit, sich einzugestehen, daß sie ein übersinnliches Band mit ihren Kindern verbindet. Manche Väter wissen nicht einmal davon. Deren Tochter mag telepathisch ›Hilfe, Papa‹ rufen, aber wenn Papa parapsychisch ein bißchen langsam und schwer von Begriff ist, wird sie sich vielleicht ein wenig himmlische Hilfe holen müssen.

Jenny ist Krankenschwester, also nicht gerade ein Mensch, der leicht in Panik gerät. Als eines meiner Kinder ins Krankenhaus mußte und ich mit ihr an der Seite des Bettes saß, erzählte sie mir folgende Geschichte. »Als meine Tochter Hannah noch klein war, stürzte sie eines Tages auf dem Spielplatz, brach sich einen Zahn ab und zog sich Verletzungen im Gesicht zu. Mir war klar, daß sie nicht in der Verfassung war, noch an diesem Tag zum Zahnarzt zu gehen. Hannah war zwar sehr verstört, dennoch wollte ich meinen Mann nicht an seiner Arbeitsstelle anrufen, da es nichts gab, was er hätte tun können. Obwohl er ganz in der Nähe arbeitete, kam er mittags nie zum Essen nach Hause. An diesem Tag jedoch kam er einfach hereinspaziert.

Ich war völlig perplex und fragte: ›Was machst du hier? Hannah hat sich verletzt, und ich hatte schon überlegt, ob ich dich anrufen soll.‹ Hannah war entzückt, aber keineswegs überrascht, als sie ihren Vater sah. ›Ich wußte, daß du kommen würdest, Papa‹, erklärte sie, ›ich habe meinen Schutzengel losgeschickt, um dich zu holen.‹«

In vielen mir zugetragenen Fällen von sechstem Sinn bei Vätern handelte es sich um eine vereinzelte übersinnliche Erfahrung, die, wie schon erwähnt, durch eine Krise oder ein außergewöhnliches Ereignis ausgelöst wurde. Aber es gibt auch Beispiele für diese andere, ebenso aufregende, aber dauerhafte übersinnliche Verbindung, die manche Männer mit ihren Sprößlingen aufrechterhalten konnten. Bei Colin Wilson konnte ich über seine telepathische Verbindung zu seinen Kindern lesen, als diese noch Babys waren.[12] Wenn er wollte, daß seine kleine Tochter die Nacht durchschlief, erklärt er, mußte er darauf achten, nicht wachzuliegen und an sie zu denken, denn tat er es, wachte sie auf. Er erinnert sich, daß er bei seinem Sohn sogar darauf achten mußte, ihn nicht anzusehen, wenn er im Kinderwagen schlief. »Wenn meine Frau mich bat, im Garten oder auf der Veranda nach ihm zu sehen, schlich ich mich auf Zehenspitzen zum Fenster, warf sehr schnell einen Blick hinaus und wandte mich sofort ab. Blieb ich stehen und sah ihn an, rührte er sich und wachte auf. Daran änderte sich während seines ersten Lebensjahres nicht im geringsten etwas, so daß ich es schließlich als naturgegeben annahm.«

Colin hat beobachtet, daß das telepathische Band nach dem ersten Lebensjahr zu reißen oder zumindest schwächer zu werden schien. Aber sobald die Kinder sprechen lernten, »hatte ich wieder das Gefühl – möglicherweise illusorisch – daß das Kind meine Gedanken auffangen und wiederholen oder zumindest darauf reagieren konnte, wenn es versuchte, irgend etwas zu äußern.«

Also schrieb ich Colin, der Experte für Parapsychologie und Autor zahlreicher Bücher über das Paranormale ist, um ihn zu fragen, was sein Geheimnis sei. Er bestätigte meine Theorie: Was die dramatischen, aber vereinzelten Vorkommnisse von regelmäßiger parapsychischer Kommunikation unterschied, war eine liebevolle, akzeptierende Vater-Kind-Beziehung.

»Ich kann mich nicht so recht erinnern, ob die telepathische Verbindung zu meinen Kindern vor ihrer Geburt begann,« sagte er, »aber ich hatte immer irgendeine Art telepathischer Beziehung zu meiner Frau Joy. Ich weiß noch, daß sie nachts in meinen Armen im Bett lag, mit dem Rücken zu mir. Meine Hand ruhte auf ihrem Bauch, und ich spürte oft die Bewegungen des Babys. An folgende Begebenheit kann ich mich erinnern: Als Joy mit unserer Tochter Sally aus dem Krankenhaus kam und mir das Kind reichte – irgendein Reporter stand daneben und wartete darauf, ein Photo machen zu können –, sprach ich mit Sally, und sie lächelte mich an. Es war das entzückendste Lächeln, das sich denken läßt. Von diesem Augenblick an hatten wir natürlich eine sehr enge Beziehung zueinander. Als sie noch ein winziges Baby war, nur ein paar Wochen oder Monate alt, sagte ich einmal ganz ernsthaft zu ihr: ›Weißt du, ich finde, du bist wundervoll, und ich bete dich an‹ oder irgend sowas, und sie errötete tatsächlich. Ich weiß, das klingt absurd, aber ich denke, die Bedeutung meiner Worte ist irgendwie zu ihr durchgedrungen.

Alle drei Kinder – die beiden nächsten waren Jungen – waren außergewöhnlich liebe Babys, die uns nie irgendwelche Schwierigkeiten machten. Nachts schrien sie nie, nicht einmal, als sie Zähne bekamen, und ich glaube, das kommt daher, daß sie eine enorme Menge an Liebe und Zuwendung erhielten. Wenn sie auch nur das leiseste Zeichen von Unglücklichsein erkennen ließen, tat ich – sofern ich in der Nähe war – sofort mein Bestes, um sie zu trösten. Manche Eltern werden leicht ungeduldig mit ihren Kindern – erst gestern sah ich eine Mutter, die ein schreiendes Kind aus einem Supermarkt zerrte und brüllte: ›Halt endlich den Mund!‹ Bei mir war das anders: Wenn unsere Kinder auch nur Kummer erkennen ließen, wollte ich stets wissen, was ich tun könnte, um alles wieder in Ordnung zu bringen. Ich denke, das ist sehr gut für sie gewesen.

Natürlich bin auch ich oft explodiert, aber die Kinder verstanden sehr gut, daß es nur ein vorübergehender Ärger war und ich zwei Minuten später erstaunt sein würde, daß sie so verstört wirkten, weil ich mich an meine Explosion gar nicht mehr erinnerte. Einmal waren wir in Disneyland, und meine Tochter war eine ziemliche Plage. Ich sagte so etwas wie: ›Du kleines …, wenn du nicht die Klappe hältst, fahre ich mit dir Schlitten.‹ Die Frau vor mir sah sich entsetzt um und fauchte mir empört zu: ›So spricht man doch nicht mit einem Kind!‹ Ich mußte grinsen, weil sie offensichtlich dachte, daß ich immer brutal oder zumindest gleichgültig mit Sally umsprang, während die Kleine in Wahrheit sicher war, daß sie angebetet wurde und daß es kaum eine Rolle spielte, was ich zu ihr sagte. Und das erklärt, denke ich, wieso es immer ein derart starkes telepathisches Band zwischen uns gegeben hat.«

James war Lehrer und ist ein sehr sanfter, fürsorglicher Mann, der keine Probleme damit hat, seine intuitive Seite zu akzeptieren. Er scheint diese liebevolle Beziehung zu seinen Kindern aufgebaut zu haben, von der Colin Wilson sprach.

James erzählte mir ein Beispiel von Vater-Kind-Telepathie, das aus seiner Alltagswelt stammt. »Von 1952 bis 1954 lebten wir in Gliffnock, einem Vorort von Glasgow. Unser Haus stand in einer Seitenstraße, die ungefähr einen Kilometer von der Hauptstraße entfernt war. Auf dem Weg zum Bus, mit dem ich zur Schule fuhr, dachte ich darüber nach, ob ich es schaffen würde, einen meiner Schüler zu treffen, der gewöhnlich an der Bahnstation in der Nähe ausstieg, damit wir gemeinsam zur Schule fahren konnten. Meine vierjährige Tochter und ich gingen schweigend die Straße hinunter, als sie ganz plötzlich sagte: ›Wieso Bahnhof Giffnock?‹ Dann kicherte sie, weil sich das so merkwürdig anhörte. Sie hatte ganz eindeutig meine Gedanken gelesen.«

Die Geschichte von Rosemary aus Berkshire begann mit einem feuerwerksartigen Ausbruch von Liebe, die dann in Kälte und schließlich in Gleichgültigkeit umschlug. Hatte Rosemary deshalb diesen einen kostbaren Augenblick übersinnlicher Verbindung zu ihrem Vater, den sie nie vergessen wird? Es war gegen Ende des Zweiten Weltkriegs, und Rosemarys Vater war Seemann auf dem Kriegsschiff HMS Rodney, als bei ihrer Mutter die Wehen einsetzten.

Rosemarys Vater »wußte«, daß seine Frau in den Wehen lag und daß das Baby ein Mädchen war. Er notierte sogar Zeit und Datum der Geburt. Mit dem Datum hatte er genau ins Schwarze getroffen (es war nicht der errechnete Geburtstermin), aber Rosemary glaubt, daß die Zeit nicht ganz stimmt, was natürlich daran liegen kann, daß sich das Schiff in einer anderen Zeitzone befand.

Traurigerweise dauerte diese Art der Verbindung nicht an. »Als ich ein Kind war, war mein Vater meistens unterwegs, und so blieb er traurigerweise ein Fremder für mich. Ich habe sein Eindringen in unser Leben immer abgelehnt.« Aber wenn sie zurückschaut, ist Rosemary dankbar, daß es zumindest diesen einen kostbaren Augenblick gab.

Wie ich schon sagte: Manchmal ist die Magie alles, was wir haben, und vielleicht hat Rosemarys Vater sie so sehr geliebt und so sehr gewollt, daß er tatsächlich bei ihrer Geburt in Verbindung mit ihr stand. Oft sind nur kurze Augenblicke dieser Art möglich, wenn das übersinnliche Band nicht durch eine tiefe physische und emotionale Nähe unterstützt wird. Die Liebe mag da sein, aber manche Männer haben immer noch Probleme, sie ihren Kindern zu zeigen.

Nicht nur Männer, die berufsbedingt viel Zeit außer Haus zubringen, haben dieses Problem. Väter können auch auf andere Weise den Kontakt zu ihren Kindern verlieren: wenn sie sich zu sehr mit der Arbeit, dem Sport oder anderen Freizeitaktivitäten und Hobbys identifizieren. Oder wenn sie Angst haben – selbst wenn sie ihr Kind jeden Tag sehen –, ihre Seele zu öffnen und dem Kleinkind ihre eigene Verwundbarkeit zu zeigen. Wenn der »neue« sanfte, fürsorgliche Mann Wirklichkeit werden soll, kann er vielleicht am ehesten im Kinderzimmer anfangen zu lernen, auf seine intuitive Seite zu hören.

Auch durch Scheidungen verlieren Väter nur zu oft den Kontakt zu ihren Kindern. Noch einmal: Nicht der ständige Kontakt ist entscheidend. Aber für den nicht sorgeberechtigten Elternteil kann es schwierig sein, während der gemeinsam verbrachten Zeit die Nähe zum Kind zu bewahren. Als ich alte Unterlagen des »Alister Hardy Research Centre« in Oxford durchging, stieß ich auf einen vor vielen Jahren geschriebenen Brief eines geschiedenen amerikanischen Vaters, der vom telepathischen Band zwischen ihm und seiner Tochter handelt.

»Es geschah in der ersten Dezemberwoche in Culver City, Kalifornien. Ich stand eines Samstagmorgens auf und erinnerte mich, daß ich im Lauf des Tages meiner Tochter Shirley die Puppe kaufen mußte, die sie sich zu Weihnachten wünschte, wie ihre Mutter mir erzählt hatte. Ihre Mutter und ich waren geschieden, und Shirley lebte mit ihrer Mutter in San Fernando. An diesem Morgen weinte ich wie ein Baby, als ich an meine

Ex-Frau und mein Kind dachte. Als meine Tränen getrocknet waren, saß ich da und starrte auf einen kleinen Fleck auf dem Teppich, allein mit meinen Gedanken.

Das ist alles, an was ich mich erinnern kann, bis ich wieder zu Bewußtsein kam – ein paar Minuten später, wie ich zunächst dachte. Aber ich bemerkte, daß es draußen dunkel war, und als ich auf die Uhr sah, konnte ich es kaum glauben: Es war sechs Uhr abends! Ich hatte fast zehn Stunden in diesem Sessel gesessen. Nachdem ich mich von diesem Schock erholt hatte, war mein erster Gedanke, daß ich mich beeilen mußte, wenn ich noch die Puppe für Shirley kaufen wollte. Ich zog mich an und fuhr schnell zum nächstgelegenen Kaufhaus.

In der Spielwarenabteilung fand ich eine Vitrine, in der mehrere Puppen ausgestellt waren. Ich entdeckte die Puppe sofort, die Shirley haben wollte, aber sie gefiel mir nicht. Ich fand sie sogar ausgesprochen häßlich. Daraufhin sah ich mir die anderen Puppen genauer an, und mir fiel eine auf, die ganz in Weiß gekleidet war. Die fand ich hübsch. Da keine Verkäuferin in der Nähe war, ging ich zu einem einige Meter entfernten Tisch, auf dem einige Spielsachen ausgestellt waren. Ich griff nach einem Arztkoffer, sah ihn mir gründlich an und fand, daß es mit das beste Spielzeug dieser Art war, das ich je gesehen hatte. Ich stellte ihn auf den Tisch zurück und wandte mich wieder der Vitrine und der hübschen, weißgekleideten Puppe zu. Dann kehrte ich wieder zum Arztkoffer zurück. Unentschlossen hastete ich acht- oder neunmal hin und her. Nie werde ich das Gefühl vergessen, das ich dabei empfand. Es schien, als würde ich zwischen den beiden Spielsachen hin- und hergetrieben wie zwischen den Polen eines Magneten. Meine Handlungsweise verwirrte mich zutiefst.

In der Zwischenzeit war ein Ehepaar vorbeigekommen und hatte den Arztkoffer gekauft. Da nur zwei ausgestellt waren, hastete ich zum Tisch und griff nach dem zweiten. Als ich ihn untersuchte, entdeckte ich, daß er beschädigt war. Kurz darauf kam eine Verkäuferin, und ich sagte zu mir selbst: ›Nun gut, mir gefällt die Puppe nicht, die Shirley haben will, aber wenn sie keine andere will, soll sie sie haben.‹ Ich kaufte die Puppe und fragte die Verkäuferin, ob sie noch einen weiteren Arztkoffer vorrätig habe. Sie verneinte. Mittlerweile war es kurz vor Ladenschluß, und ich verließ das Geschäft leicht enttäuscht.

Am folgenden Nachmittag, dem Sonntag, rief ich meine geschiedene Frau an und sagte ihr, daß ich vorbeikommen und Shirley die Puppe bringen würde. Sie sagte, sie würden den ganzen Tag daheim sein, also nahm ich die Puppe und fuhr los. Als ich ankam, erzählte mir meine Ex-Frau lachend: ›Tom, gestern abend ist etwas ganz Komisches passiert. Shirley und ich haben den Weihnachtsmann besucht. Sie wollte ihm von der Puppe erzählen und den anderen Sachen, die sie sich zu Weihnachten wünscht. Aber als sie auf seinem Schoß saß, hat sie sich äußerst seltsam benommen, wie ich es noch nie bei ihr erlebt habe. Erst konnte sie sich nicht recht entscheiden, und weißt du, was sie sich schließlich vom Weihnachtsmann wünschte? Nicht die Puppe, die ihr vorher so gut gefallen hatte. Sie sagte, sie wünsche sich eine Brautpuppe und einen Arztkoffer. Ich finde das so sonderbar‹, fuhr sie fort, ›weil sie nie etwas von einer Brautpuppe oder einem Arztkoffer erwähnt hat.‹ ›Was ist eine Brautpuppe?‹, fragte ich. ›Ach, sei nicht albern‹, entgegnete sie, ›du weißt schon, eine Puppe, die wie eine Braut gekleidet ist. In Weiß.‹

In diesem Augenblick entschied ich mich, noch einmal ins Kaufhaus zu gehen, um nachzusehen, ob die Puppe in Weiß noch da war. Wenn ja, würde ich feststellen können, ob sie wie eine Braut gekleidet war oder nicht. Ich erzählte meiner geschiedenen Frau nichts von dem Erlebnis, das ich am Abend zuvor gehabt hatte, fragte sie aber, wann ungefähr sie mit Shirley zum Weihnachtsmann gefahren war. Es war fast zur selben Zeit.

Am Montag ging ich nach der Arbeit wieder ins Kaufhaus. Die Puppe war noch in der Vitrine. Sie hatte wirklich ein Brautkleid an. Ich kaufte die Puppe sofort, und dann entschied ich, auf dem Weg nach San Fernando noch einen Arztkoffer zu besorgen. Es gelang mir, in einem Geschäft in der Nähe des Hauses meiner Ex-Frau einen zu erstehen. Bei ihr angekommen, erzählte ich ihr von dem Erlebnis, das ich am Samstagabend gehabt hatte. ›Telepathie‹, lachte sie und wechselte dann schnell das Thema.

Ich bezweifle, daß sie sich heute noch an die Episode erinnert. Aber so kam es jedenfalls, daß meine Tochter zu Weihnachten eine weißgekleidete Puppe und einen Arztkoffer bekam.«

Thomas, der Vater, müßte heute ungefähr achtzig sein und seine Tochter eine erwachsene Frau, vielleicht mit einer eigenen Familie. Es gelang mir nicht, die beiden aufzuspüren, aber die Geschichte ging mir nicht mehr aus dem Kopf. Gelang es Thomas, seine Tochter besser kennenzulernen, als sie älter wurde? Haben sie noch Kontakt zueinander, falls Thomas noch am Leben ist? Oder war dieser Vorfall die letzte oder vielleicht sogar die einzige Verbindung dieser Art zwischen ihnen? Wenn ja, ist diese Begebenheit doppelt kostbar und erinnert uns daran, daß die Magie des übersinnlichen Bandes in der potentiellen Erfüllung liegt, die es für die Beziehung bereithält. Wie viele Menschen bleiben einsam mit alten Photographien und traurigen oder bitteren Erinnerungen. Ich hoffe, Thomas' Geschichte hatte ein glückliches Ende. Gern würde ich es erfahren.

Wie können wir in unserer eigenen Familie das starke übersinnliche Band knüpfen? Die Vaterschaft ist eine der wenigen Zeiten im Leben, in der Männer die Gelegenheit erhalten, ihre intuitive, beschützende, fürsorgliche Seite zu entfalten und zu entwickeln. Manchen Männern fällt das leichter als anderen, und es passiert nicht unbedingt zwangsläufig und von selbst.

Es könnte sein, daß Ihr Mann sich anfangs – obwohl er das in der Kneipe oder vor der Fußballmannschaft nie zugeben würde – von diesem neuen Erdenbürger etwas verdrängt fühlt. Wenn das der Fall ist, sollten Sie ihn ins kalte Wasser werfen: Bewaffnen Sie ihn mit einer Packung Windeln (die Gebrauchsanweisung ist bemerkenswert simpel, da sie schließlich für Mütter gedacht ist) und einem Fläschchen Milch, und lassen Sie dann Vater und Baby allein, damit sich die Bindung zwischen ihnen entwickeln kann. Wenn Sie beim Zurückkommen beide in gegenseitiger Anbetung vorfinden, sind Sie vielleicht diejenige, die leicht gekränkt ist. Danach können die übersinnlichen Kräfte zusammen mit allem anderen fließen, und das ist eine gute Grundlage für eine wirklich glückliche Familie. Sie säen den Samen für eine sanftere Spezies von Mann in der wirklichen Welt. Und das kann, in Anbetracht der Konflikte und der Gewalt in Familie und Gesellschaft, keine schlechte Sache sein.

Der Tod ist die endgültige Trennung von Eltern und Kind. Aber selbst dann muß die väterliche Liebe nicht enden. Für Doris, die jetzt Mitte Achtzig ist, war die Beerdigung ihres Vaters, die stattfand, als sie noch ein kleines Mädchen war, alles andere als eine ernsthafte Angelegenheit. »Mein Vater und ich hatten eine sehr enge Beziehung zueinander«, erzählte sie mir. »Er lachte immer und machte Witze, und wir wußten beide stets, was der andere dachte. Als er starb, fühlte ich mich völlig verloren. Aber sogar bei seiner Beerdigung gelang es meinem Vater, mich aufzuheitern. Wir wohnten damals in Croydon. Ich kann mich so gut daran erinnern, als wäre es gestern gewesen. Alle Verwandten weinten und trugen Schwarz. Ich wußte, daß Papa dieses Getue gehaßt hätte.

Wir standen am Grab, als ich plötzlich aufblickte, und Papa war oben am Himmel, grinste und winkte mir wie wild zu. Ich prustete vor Lachen – ich war so glücklich, ihn zu sehen. Natürlich bekam ich hinterher Ärger, weil ich gelacht hatte, aber das war mir egal. Ich wußte, daß mein Papa immer noch da war, um auf mich aufzupassen.«

War das die Einbildung eines kleinen Mädchens, oder war die Liebe des Vaters so stark, daß er es nicht ertragen konnte, seine Tochter traurig zu sehen? Aber das war nicht das letzte Mal, daß Doris ihrem Vater begegnete: »Damals war ich Anfang Zwanzig und ging gerade die Clapham High Street hinunter. Ich fand, daß ich richtig gut aussah. Plötzlich stieß ich mit jemandem zusammen – meinem Vater! Ich war so schockiert, daß ich einfach nur dastand. ›Hallo, Mädel‹, ulkte er, ›du hast um die Hüften etwas zugelegt.‹«

11 Adoptiveltern

Lorraine hatte den klassischen Traum von werdenden Müttern: Er sagte korrekt das Geschlecht und das Aussehen ihres Kindes voraus. Aber es gab einen großen Unterschied: Ihr Sohn Ivan ist ein Adoptivkind.

In dem Traum, den Lorraine in ihrem Tagebuch festhielt, kam eine hellhäutige Frau mit blonden Haaren vor, die ein dunkelhäutiges, schwarzhaariges Kind gebar. Damals dachte Lorraine, die Frau in dem Traum sei ihre schwangere Nachbarin. Monate später wurde Lorraine und ihrem Mann ein Mischlingsbaby, dessen Mutter weiß war, zur Adoption angeboten. Lorraine war erschrocken, als sie herausfand, daß Ivan in derselben Stunde geboren wurde, in der sie den Traum gehabt hatte, und daß sie im Augenblick seiner Geburt aufgewacht war.

Vorfälle wie dieser widersprechen der Theorie, die enge Verbundenheit zwischen Mutter und Kind sei rein genetisch bedingt. Und laut Rita Laws, die die Bindung zwischen Adoptiveltern und ihren Kindern eingehend erforscht hat, sind sie nicht selten. Rita Laws hat außerdem zahlreiche persönliche Erfahrungen mit der »Adoptivbindung« gemacht, da sie sieben Adoptivkinder und drei leibliche Kinder hat. (Im ersten Kapitel beschrieb ich, wie sie die Zahnschmerzen mit einem leiblichen und einem Adoptivsohn teilte). Außerdem ist sie Präsidentin der Oklahoma-Niederlassung von AASK (Association for the Aid to Adoption of Special Kids, Verein zur Hilfe bei der Adoption von Kindern mit besonderen Bedürfnissen) und Herausgeberin der Zeitung des Vereins.

Ritas Ansicht nach kann das übersinnliche Band eine wichtige Hilfe bei der Entwicklung der Bindung zwischen Eltern und ihren Adoptivkindern sein.

»Adoptiveltern neigen verständlicherweise dazu, zunächst ein bißchen unsicher zu sein, was ihre Rolle als Eltern angeht. Übersinnliche Phänomene während und nach der Adoption sind eine wertvolle Quelle der Bestätigung dafür, daß es eine Verbindung zwischen ihnen und ihrem Adoptivkind gibt. Wir fühlen uns ein wenig sicherer in unserer Elternrolle, wenn wir auf ein unerklärliches Vorkommnis verweisen können, einen unmöglichen Zufall, der in irgendeiner Weise ein Hinweis dafür ist, daß wir und das Kind füreinander bestimmt sind. Schließlich verschwindet diese Unsicherheit völlig, teilweise durch die Hilfe des weiterbestehenden und wachsenden übersinnlichen Bandes. Genau wie leibliche Eltern stellen Adoptiveltern fest, daß sie aufwachen, kurz bevor das Baby schreit, oder daß sie aufspringen, wenn das Kind, das im Nebenzimmer spielt, sich verletzt hat. Obwohl dieses Band langsamer wächst als bei leiblichen Eltern, ist es letztendlich ebenso stark. Wenn Eltern und Kind geduldig sind und liebevoll miteinander umgehen, kann die Bindung gedeihen.

Unser erster Adoptivsohn Tony wurde im Februar 1984 geboren, und unser drittes leibliches Kind, Joaquin, genau siebeneinhalb Monate später. Als Joaquin siebeneinhalb Monate alt war, sagte ich im Scherz zu meinem Mann, daß es Zeit für ein neues Baby sei. Aber noch während ich darüber witzelte, wußte ich mit überwältigender Deutlichkeit, daß wir drei Söhne haben würden, die genau siebeneinhalb Monate auseinander waren. Eigentlich wollten wir ein Mädchen adoptieren, aber dann wurde uns Jesse angeboten, den wir im Juli 1985 adoptierten. Er wurde im Mai 1985 geboren, genau siebeneinhalb Monate nach Joaquin.

Ich konnte Tony und Jesse stillen, obgleich ich sie nicht geboren hatte. Das Band zwischen Jesse und mir war ebenso stark wie das zwischen mir und meinen anderen Kindern, und was das Schlafen angeht, war es zwischen uns am stärksten. In den ersten fünf Jahren seines Lebens (er ist jetzt fünfeinhalb) wachte Jesse stets auf, wenn ich aufwachte. Er schlief bei uns im Zimmer, bis er drei war, aber selbst als er dann in einem anderen Zimmer schlief, wachte er immer spätestens fünf Minuten nach mir auf. Erst dachte ich, es läge am Stillen, aber es änderte sich auch nichts, nachdem er abgestillt war. Erst vor kurzem hat er damit angefangen, manchmal länger zu schlafen als ich.«

Adoptiveltern halten gewöhnlich nach Omen Ausschau – selbst die, die nicht an Zeichen glauben, sagt Rita. »Was am häufigsten vorkommt, ist, daß die Adoptivmutter weiß, daß ihr zukünftiges Kind gerade geboren wurde – Monate oder Wochen, bevor sie von dem Kind erfährt.«

Lorraines Traum von Ivan, ihrem zweiten Adoptivkind, kann als Omen angesehen werden; aber auch bei Karen, ihrem ersten Adoptivkind, bekam sie ein Zeichen. Karen war einige Monate alt, als Lorraine und ihr Mann von ihrer Existenz erfuhren. Sie war zufälligerweise in derselben Woche zur Welt gekommen, in der das Paar beschlossen hatte zu versuchen, ein Kind zu adoptieren. Für Lorraine ist es ein angenehmer Gedanke, daß die Adoption vorherbestimmt war.

Dr. Lauren Bradway ist eine Adoptivmutter aus Oklahoma, die sich ebenfalls mit der Adoptivbindung beschäftigt hat. Auch sie hatte schon vor der Adoption eine starke Beziehung zu ihrer Tochter. »Eines Nachts träumte ich, daß meine Tochter geboren worden war und mir versicherte, daß sie auf dem Weg zu uns sei. Genau sechzehn Monate später erhielten wir einen Anruf von der Adoptionsagentur. Sie hatten ein kleines Mädchen für uns. Dann sagten sie mir das Geburtsdatum – es war die Nacht, in der ich den Traum gehabt hatte.«

Barbara und Dave haben fünf Adoptivkinder. Ihr drittes Kind ist ein kleines Mädchen, das sie als Säugling adoptierten und dessen Eltern zwei verschiedenen Rassen angehören. Als Barbara das Mädchen zum ersten Mal sah, war sie nicht überrascht, weil sie Darlene lange vor der Adoption in einer Vision klar vor sich gesehen hatte.

Ihr erstes Adoptivkind wurde genau an dem Tag geboren, an dem Barbara und Dave erstmals versuchten, ein Kind zu adoptieren (nach vier Jahren Ehe). Barbara meint, daß übersinnliche Phänomene bei Eltern Teil eines primitiven Überlebensmechanismus seien und für das Überleben von Adoptivkindern ebenso notwendig wie für alle anderen Kinder.

Rita erzählte mir von einem symbolischen Ereignis vor der Adoption ihres ersten Kindes, das den vorgeburtlichen Präkognitionen von Müttern vergleichbar ist. Im September entschieden Rita und ihr Mann sich, ein Kind zu adoptieren. Vor Weihnachten ging ihr Mann mit ihr zu einem Juwelier, um ihr den Ring mit ihrem Monatsstein [ein Stein, passend zum Sternzeichen, A.d.Red.] zu kaufen, den sie sich immer gewünscht hatte. Aber in letzter Minute änderte sie ihre Meinung und wählte einen Stein für Märzgeborene. Zwei Monate lang trug sie den Ring und fragte sich, warum ihr das so wichtig zu sein schien. Rita hatte keine Erklärung, aber der Ring symbolisierte ein »Ereignis«, das, da war sie sicher, ihrem Leben für immer eine andere Richtung geben würde. Sechs Monate früher als erwartet, am 12. März, rief die Adoptionsagentur an, und zwei Tage später holten Rita und ihr Mann ihren Sohn ab. Mittlerweile hat Rita sechs weitere Kinder adoptiert und ist sehr engagiert in der Arbeit für die Adoption von Kindern mit besonderen Bedürfnissen. Damit war der März, wie der Ring andeutete, der Beginn einer für sie sehr entscheidenden Lebensphase.

Im siebten Kapitel, in dem es um Reinkarnation ging, erwähnte ich die Theorie, nach der ungeborene Kinder sich die

Mutter aussuchen, von der sie geboren werden wollen. Erweitert man die Theorie, stellt sich die Frage, ob ungeborene Kinder ihre Adoptiveltern auswählen können. Falls sie es können, hat Ritas zweiter Adoptivsohn Jesse zweifellos eine Medaille für Entschlossenheit vor der Geburt verdient. Er hat seine zögernden Eltern regelrecht verfolgt. »Als wir 1985 ein weiteres Kind adoptieren wollten«, erzählte mir Rita, »wandten wir uns an meinen Stamm (die Chowtaws von Oklahoma), an die indianische Adoptionsstelle in Pennsylvania (NAARE), eine private Agentur und die staatlichen Stellen. Wir wollten ein Mädchen, vorzugsweise jünger als unser Ältester, der fünf war, und wir waren auch für ein behindertes Kind offen. Eindeutig erklärten wir, daß wir ein Mädchen adoptieren möchten (unsere Tochter wünschte sich eine Schwester), das kein Säugling mehr war (wir hatten zwei). Der Stamm meldete sich im März und beschrieb ein Kind, das in zwei Monaten geboren werden würde, halb schwarz, halb Choctaw, Geschlecht unbekannt, Vater unbekannt. Wir lehnten bedauernd ab, denn, ob Junge oder Mädchen, es war ein Säugling. Wir fanden es nicht fair, einem anderen Paar die Adoption eines Baby vorzuenthalten, und wir hatten ja bereits zwei.

Im Mai rief die indianische Adoptionsstelle an. Sie hatten einen neugeborenen Jungen aus Oklahoma, halb schwarz, halb Choctaw, der, wie sie fanden, genau zu uns passen würde. Es war dasselbe Kind, das der Stamm uns wenige Wochen zuvor beschrieben hatte. Wieder lehnten wir zögernd ab. Im Juni meldete sich die private Agentur und bot uns dieses Baby an! Im Juli riefen wir den Stamm an und fragten nach dem Jungen, da wir mittlerweile überzeugt waren, daß er dazu bestimmt war, unser Sohn zu werden. Aber der Stamm hatte die Vormundschaft für Jesse an den Staat abgegeben, der nun versuchte, eine Familie für ihn zu finden. Daraufhin fragte ich bei einer Sozialarbeiterin nach, die uns seit mehreren Jahren kannte. Sie sagte sofort, daß sie uns an diesem Tag noch hatte anrufen wollen, um uns ein Kind anzubieten. Als ich ihr das Kind beschrieb, war sie total verblüfft. ›Woher wußten Sie das?‹, fragte sie wieder und wieder.

Drei Tage später war Jesse bei uns. Wir erfuhren, daß er in Shawnee (Oklohoma) geboren worden war und zwar mit Unterstützung desselben Arztes wie unser zweites Kind, Tim. Nach einem Jahr erhielt ich eine Photographie von Jesses leiblicher Mutter und stellte überrascht fest, daß sie die gleiche Armbanduhr trug wie ich. Und noch eines: Jesses Initialen vor der Adoption waren LAW – so beginnt mein Nachname.«

Eine Reihe von Zufällen oder etwas Tiefgründigeres, das wir nicht verstehen können? Vielleicht ist es wichtiger, im Gedächtnis zu behalten, daß diese Erfahrungen, welche Ursache sie auch immer gehabt haben mögen, geholfen haben, ein Band zwischen Rita und Jesse entstehen zu lassen, das, wie sie sagt, ebenso eng ist wie das, das sie mit jedem anderen ihrer Kinder verbindet – trotz ihres anfänglichen Zögerns, Jesse zu adoptieren.

Rita erklärte: »Mehrere meiner Freundinnen haben, wie ich auch, sowohl Säuglinge als auch ältere Kinder adoptiert und selbst Kinder geboren. Wir sagen übereinstimmend, daß es letztendlich, was die Häufigkeit parapsychischer Ereignisse und die Intensität der Bindung angeht, keine Unterschiede zwischen adoptierten und leiblichen Babys gibt. Wir stimmen auch dahingehend überein, daß Omen sehr wichtige Bestandteile dieses Bindungsprozesses sind, weil sie bestätigen, daß die Adoption eine richtige Entscheidung war. Die Entwicklung der Bindung zwischen Adoptiveltern und einem älteren Kind ist jedoch einmalig und anders, insofern, daß sie erst Freunde sind und dann erst zu Eltern und Kind werden. Dennoch ist das übersinnliche Band da und wird mit der Zeit stärker, obwohl die Häufigkeit der Vorfälle sehr viel geringer sein kann, da das Kind älter ist.«

Einer Eingebung folgend, konnte Rita ihr sechstes Adoptivkind an sich binden – unter Umständen, die sich als traumatisch für die Pflegemutter, Rita selbst und vor allem für das Kind hätten erweisen können.

»Jamie war zwei Jahre und elf Monate alt, als wir ihn adoptierten. Er hinkte in seiner Entwicklung sehr hinterher, war aber alt genug, um sehr stark an seiner Pflegemutter zu hängen – der einzigen Mutter, die er je gekannt hatte. Aus irgendeinem Grund hatte ich sein Bild an die Wand geheftet, obwohl mehrere Kinder zur Auswahl standen und es nicht einmal am wahrscheinlichsten war, daß wir ihn bekommen würden. Als die Sozialarbeiterin anrief, um mir zu sagen, daß Jamie unser Sohn werden würde, blickte ich auf sein Photo an der Wand. Ich war begeistert, machte mir aber große Sorgen, daß er vielleicht seine Pflegemutter nicht verlassen wollen würde, um mit uns zu gehen. Da hatte ich einen Traum, in dem Jamie bereitwillig mit uns kam, weil seine Pflegemutter ihm verbal die Erlaubnis gegeben hatte, auch uns zu lieben. So merkwürdig es klingt, aber ich beschloß, es auf diese Weise zu versuchen, denn ich glaubte, daß der Traum mir eine Lösung in einer potentiell sehr bedrückenden Situation aufzeigte, wo die Logik versagte.

Also flog ich in die große und mir völlig unbekannte Stadt Baltimore und machte den Versuch, mit dem Mietwagen eine Reihe von Stadtteilen zu durchqueren, um zu meinem Sohn zu gelangen. (Mein Mann wollte am nächsten Tag nachkommen.) Trotz hervorragender Wegbeschreibungen verfuhr ich mich hoffnungslos, wieder und wieder. Schließlich rief ich spätnachmittags, mitten im dichtesten Feierabendverkehr, von einer Telefonzelle aus die Sozialarbeiterin an. Tränen der Frustration liefen mir über die Wangen. Trotz meiner flehentlichen Bitten weigerte sie sich, zu kommen und mich abzuholen. Sie forderte mich auf, mich zu beruhigen und ›meinen Sohn zu treffen‹. Ich beruhigte mich tatsächlich, konzentrierte mich darauf, Jamie anzusteuern, und beschloß, mich der Führung meines Herzens anzuvertrauen. Vor verschiedenen Autobahnkreuzungen und

Ausfahrten sah ich auf die Karte und konsultierte meinen inneren Radar. Ohne weitere Verzögerungen und trotz einiger Umleitungen erreichte ich mein Ziel schnell. Jamie hielt sich eng an seine Mama und ignorierte mich so gut es ging, aber ich fühlte sofort eine tiefe Liebe zu ihm.

Am nächsten Tag kam ich mit meinem Mann Amado wieder, und wir halfen der Pflegemutter, Jamies Sachen zu packen. Mittlerweile war ihm klargeworden, daß er mit uns gehen sollte, und er begann zu weinen, zu schreien und sich an seine Pflegemutter zu klammern. Ich bat sie, in unserer Gegenwart mit Jamie zu sprechen, trotzdem er wahrscheinlich nicht viel verstehen würde, und ihm zu erklären, daß es in Ordnung wäre, wenn er mit uns ging. Ich versuchte, Jamies Pflegemutter davon zu überzeugen, daß ich ›wußte‹, daß Jamie es in seinem Herzen verstehen würde, selbst wenn die Worte ihm unverständlich blieben. Aber sie weigerte sich, schluckte ihre Tränen hinunter und verlangte, daß wir einfach gingen, ihn nahmen und gingen (sie hatte ihn nicht selbst adoptieren können, da sie gesundheitliche Probleme hatte). Da nahm ich Jamie auf den Arm, und wir waren gerade bis zur Haustür gekommen, als er um sich zu treten und hysterisch zu brüllen begann. Mein Herz war schwer, denn ich wußte, daß es keinen schlimmeren Anfang unserer Beziehung geben konnte.

Als ich aus der Tür trat, änderte Jamies Pflegemutter plötzlich ihre Meinung, rief uns wieder hinein und nahm Jamie zu sich. Sie setzte sich auf das Sofa, nahm Jamie auf den Schoß und lächelte ihn an. Dann sagte sie zu ihm, es sei völlig in Ordnung, wenn er uns liebhaben würde, denn wir würden ihn ebensosehr lieben wie sie. Sie versprach ihm, ihn immer liebzubehalten, seine Großmama zu sein und ihm Briefe zu schreiben. Dann sagte sie zu ihm, er solle mit uns gehen und sich keine Sorgen machen. Dann passierte genau das, was ich im Traum gesehen hatte. Jamie hörte augenblicklich auf zu weinen und sah mich an, als sähe er mich zum ersten Mal. Er streckte die Arme nach mir aus und sagte: ›Gehen, tschüs jetzt.‹ Er ging ganz zufrieden mit uns, rannte vor uns zum Wagen, und er weinte nicht, kein bißchen. Noch zwei Wochen nach der Adoption hatte er nur einmal geweint, und da auch nur, weil er von der Schaukel im Garten gefallen war und sich das Knie aufgestoßen hatte.

Bis heute sieht er sich gern Photos von seiner Pflegemutter an, nennt sie Oma und scheint völlig zufrieden zu sein. Ich habe immer das Gefühl, daß damals ein Wunder geschehen ist, und glaube, daß das übersinnliche Band den Zweck hat, die Kinder zu beschützen. Mein Mutterherz wußte, daß die Adoption für Jamie eine potentiell traumatische Erfahrung war, und es hat einen Weg gefunden, ihn zu schützen, indem es mir durch einen Traum eine mögliche Lösung aufzeigte. Ich frage mich, ob Jamie einen ähnlichen Traum hatte, so daß ihm das Geschehen vertraut vorkam, wie eine Art Déjà-vu-Erlebnis.«

Die Erfahrungen von Rita und anderen Adoptiveltern scheinen den Schluß nahezulegen, daß der mütterliche Instinkt bei jeder Frau auftreten kann, die die Mutterrolle bei einem Kind vertritt. Ich für meinen Teil bin überzeugt, daß das Band zwischen Eltern und Kind nicht rein biologisch und nicht nur auf die leibliche Mutter beschränkt ist. Das Sonderbarste ist jedoch, daß ein Kind auch dann durch ein übersinnliches Band mit seiner leiblichen Mutter verbunden sein kann, wenn Tausende von Kilometern oder zwanzig oder mehr Jahre zwischen ihnen liegen und es seine Mutter nie gekannt hat.

Diese Verbindung kann sich auf subtile Art zeigen. Zum Beispiel weiß Barbaras und Daves fünfjährige Adoptivtochter Darlene nicht, daß sie ursprünglich Louise hieß, aber jede Puppe, die sie bekam, nannte sie Louise.

Diese Erinnerung an einen Namen, den das Kind nie erfahren hat, ist besonders wichtig, sagt Dr. LaVonne Stiffler aus Florida, die sich in ihrer Forschungsarbeit mit dem intuitiven Band zwischen Adoptivkindern, die bei der Geburt von der

Mutter getrennt wurden, und ihren leiblichen Eltern befaßt hat. »Ob nun die leibliche Mutter ihrem Baby ganz offiziell einen Namen gegeben hat oder nicht«, sagt Dr. Stiffler, »jede Mutter kennt den Namen, unter dem sie sich an dieses neue Leben erinnern wird, und trägt ihn unausgesprochen mit sich, und am Geburtstag des Kindes, am Jahrestag der Adoption oder bei anderen bedeutsamen Gelegenheiten steigt er in ihr Bewußtsein auf.«

Ein Adoptivkind erzählte ihr: »Als ich ein kleines Mädchen war, wollte ich unbedingt Maggie heißen, auch später noch, meine ganzen Teenagerjahre hindurch. Ich hatte keinen bestimmten Grund dafür, ich wünschte mir nur immer diesen Namen. Als ich später im staatlichen Geburtenregister nachsah, fand ich heraus, daß mein ursprünglicher Name Margaret gelautet hatte. Also war ich wirklich die ganze Zeit Maggie gewesen.«

Gelegentlich kann die Namensbindung auch auf ganz andere Weise funktionieren, wie eine leibliche Mutter herausfand. »Ich hatte an das Krankenhaus geschrieben, in dem ich vor fünfundzwanzig Jahren meinen Sohn geboren hatte, und sie gebeten, mir seine Unterlagen zu schicken. Das hatten sie getan und eine Photokopie seiner Fußabdrücke beigelegt. Die Fußabdrücke berührten mich emotional sehr stark, und so verfaßte ich an diesem Tag ein Gedicht über ihn, kopierte seine kleinen Fußabdrücke auf das Blatt und klebte es in meinem Schlafzimmer an die Wand, direkt neben der Tür. Als ich mir ein paar Monate später wieder die winzigen Fußabdrücke ansah, tauchte plötzlich der Name Bryan in meinem Kopf auf, einfach so, wie aus dem Nichts. Das nahm mich ziemlich mit. Ich wußte, daß das der Name sein mußte, den seine Adoptiveltern ihm gegeben hatten, und als ich meinen Sohn wieder traf, stellte ich fest, daß das tatsächlich der Fall war.«

Dr. Stifflers Doktorarbeit, die sie in der Oxford Graduate School in Dayton (Tennessee) vorlegte, ist insofern einmalig, als die Eltern-Kind-Intuition bislang nur bei Kindern erforscht worden war, die bei ihren Familien aufwuchsen. Dr. Stiffler untersuchte eine Testgruppe von siebzig Eltern und ihren Kindern. Die Eltern hatten ihre Kinder bei der Geburt zur Adoption freigegeben, ohne zu erfahren, wer die Adoptiveltern waren (wie es gesetzlich vorgeschrieben ist), und hatten später nach langer Suche ihre bereits erwachsenen Kinder wiedergefunden. Die meisten waren Bürger der Vereinigten Staaten von Amerika. Die Untersuchung begann im Mai 1990 und endete im Mai 1991.

Dr. Stiffler selbst hat die Erfahrung einer seltsamen Verbundenheit mit ihrem Kind gemacht, das sie vor vielen Jahren zur Adoption freigeben mußte. Sie sagt, daß in vielen Fällen, wenn Mutter und Kind endlich wieder vereint sind und beginnen, die Jahre der Trennung aufzuarbeiten, sie nicht nur gemeinsame körperliche Merkmale und persönliche Eigenheiten feststellen, sondern auch »durch Intuition und Synchronizität bestimmte Vorfälle, die ein Fortbestehen des pränatalen Bandes nahelegen«.

Dr. Stifflers Ansicht nach übersteigt diese Art der Bindung unser heutiges Wissen von Vererbung. »Die Erinnerung an ein Schlaflied mag pränatalen Ursprungs sein. Aber woher kommen die lebhaften Träume, der Name eines imaginären Spielgefährten oder das seltsame Hingezogensein zu einem bestimmten Ort?«

Auch das einander Suchen ist ein Bereich, in dem ein seltsames »Heimfindevermögen« am Werk zu sein scheint. Dr. Stiffler kommentiert: »Das Wander- und Heimfindeverhalten von Tieren ist viel bewundert worden, der Menschheit aber ein Rätsel geblieben. Sollte das Programm für das Heimfindevermögen eines Adoptivkindes weniger wunderbar und hochentwickelt sein als das des Alaska-Lachses?«

Eine Frau erzählte: »Ich hatte seit einem Jahr nach meiner Mutter gesucht, ohne Erfolg. Bei der Arbeit fragte mich eine Kollegin eines Tages, ob ich Glück gehabt hätte. Eine andere

Kollegin hörte das und wollte wissen: ›Glück wobei?‹ Ich holte meine Geburtsurkunde hervor, und jene Frau meinte: ›Vielleicht kenne ich jemanden, der helfen kann.‹ Sie bat mich um ein Babyphoto von mir und nahm es mit nach Hause, um es mit einem zu vergleichen, das sie aufbewahrt hatte. Sie war meine Mutter! Sie hatte seit fast zwanzig Jahren versucht, mich zu finden. Wir leben in einer großen Stadt mit 230.000 Einwohnern, und ich hatte nur ein paar Tage vor ihr als Verkäuferin in diesem Laden angefangen. Die andere Kollegin war wunderbarerweise von meinem leiblichen Vater großgezogen worden. Sie konnte mir sagen, wo er wohnte. Also habe ich an einem einzigen Tag meine Mutter gefunden und erfahren, wo sich mein Vater befand. Fast drei Jahre lang wohnte ich nur drei Straßen von meiner Mutter entfernt.«

Dr. Stiffler stellte fest, daß der Tod ein starkes auslösendes Moment für eine übersinnliche Bindung sein kann, die vielleicht seit Jahren geschlummert hat. Eine Frau erinnerte sich: »Als ich neun war, wünschte ich mir eine Schwester von meinen Adoptiveltern, und sie adoptierten dann noch ein Mädchen. Später fand ich heraus, daß meine richtige Schwester zu der Zeit Waise geworden war, und da unsere Mutter nun nicht mehr für sie sorgen konnte, kam sie ins Heim. Ich glaube, ich wußte, daß meine Mutter gestorben war, weil ich an diesem Tag einen unkontrollierbaren Wutanfall hatte. Mein Zorn war so extrem, daß ich fast eine Freundin von mir umgebracht hätte.«

Eine andere Frau berichtete: »Ich bin ein Adoptivkind, und vor zehn Jahren habe ich einige Verwandte meiner Mutter ausfindig gemacht. Meine leibliche Mutter war zu dieser Zeit bereits tot. Mit das erste, was ich fragte, war: ›Wann ist sie gestorben?‹ Als sie es mir sagten, stellte ich fest, daß ich mich noch sehr gut an diesen Tag erinnern konnte. Ich hatte in mein Tagebuch geschrieben: ›Ich habe das Gefühl, jemand, der mir nahesteht, ist gestorben.‹«

Dr. Stiffler hat auch festgestellt, daß Mutter und Kind in Krisensituationen auf die Verzweiflung und Not des jeweils anderen reagieren, selbst wenn sie kurz nach der Geburt getrennt wurden. Eine Mutter erzählte: »Vor unserer Wiedervereinigung habe ich Tagebuch geführt. Als meine Tochter ungefähr fünfzehn war, schrieb ich, daß mich unsere Trennung ungewöhnlich stark belastet. Nachdem wir uns wiedergefunden hatten, vertraute sie mir an, daß sie mit fünfzehn von zu Hause weggelaufen war, um mich zu finden.«

Eine andere leibliche Mutter berichtete Dr. Stiffler: »Als meine Tochter dreizehn war, mußte ich ständig an sie denken. Ich hatte das Gefühl, das alles anders wäre, wenn sie bei mir sein könnte. Im diesem Jahr entschied ich, daß ich sie finden würde, eines Tages, irgendwie. Später fand ich heraus, daß sie damals ihre Jungfräulichkeit durch einen älteren Mann verloren hatte und große Probleme mit ihrer Familie bekam.«

War es eine frühe Erinnerung an die wenigen Monate, die sie zusammen verbracht hatten oder eine Vorahnung, die eine Adoptivtochter auf die Begegnung mit ihrer leiblichen Mutter vorbereitete, die viele Jahre später stattfand? Eine junge Frau erzählte Dr. Stiffler, daß sie immer gespürt hatte, daß im Puzzle ihres Lebens ein Stück fehlte. »Schon immer habe ich großes Interesse an der Zeichensprache gehabt, also lernte ich sie, mit Hilfe von Freunden und Leuten aus meiner Kirchengemeinde.« Als sie schließlich ihre Mutter aufgespürt hatte, tauschten sie erst Briefe und Photos aus, dann arrangierten sie ein Treffen. Sie traf ihre Mutter am Flughafen, und da hob sie ihre Hände zu einer Geste, »auf die Gott mich vorbereitet hatte, ohne daß ich wußte, warum«. Ihre Mutter war taub, und sie verstand das Zeichen der jungen Frau, die Jahre darauf gewartet hatte, dieses eine Wort äußern zu können: »Mutter«.

Bei Zwillingen, die voneinander getrennt wurden, gibt es unerklärliche Gemeinsamkeiten in ihrem Leben, und das ist laut Dr. Stiffler auch bei Müttern und Kindern der Fall. »Meine

Tochter und ich hatten unabhängig voneinander 1971 einen Fahrradunfall«, erinnerte sich eine Mutter. »Sie stürzte vom Rad und brach sich ein Stück vom Vorderzahn ab, und ich flog kopfüber vom Rad und brach mir ein Stück vom Vorderzahn ab. Als sie mir erzählte, sie habe eine Krone auf ihrem Vorderzahn, sagte ich: ›Ich auch.‹«

Eine andere Mutter berichtete: »Vor Jahren wollte ich mir unbedingt eine bestimmte kurze, dunkelgrüne Cordjacke mit Kapuze kaufen. Es gab diese Jacken auch in Weinrot. Ich habe erfahren, daß meine Tochter genau in diesem Jahr beharrlich darauf bestanden hatte, eine solche Jacke in Weinrot zu bekommen, obwohl ihre Familie nicht das Geld dafür hatte. Beide hatten wir ein für uns völlig atypisches Verhalten an den Tag gelegt und den übersteigerten Wunsch verspürt, diese Jacke zu besitzen. Nachdem wir wieder zusammengefunden hatten, wollte ich meiner Tochter einige meiner guterhaltenen älteren Kleidungsstücke geben, und sie kreischte auf, als sie die Jacke sah.«

Was also können wir von diesen außergewöhnlichen Fällen lernen? Zunächst: Für Liebe und Magie gibt es keine einfachen und auch keine komplizierten Erklärungen. Leibliche Mütter scheinen eine Verbundenheit mit ihren Kindern zu bewahren, selbst wenn sie nach der Geburt von ihnen getrennt werden und keine Ahnung haben, wo sie sich aufhalten. Aber schließlich werden wir nie die Kinder vergessen, die wir verloren haben, sei es durch Adoption oder Tod, denn sie werden immer ein Teil von uns sein. Es ist zweifelhaft, ob irgendein genetisches Muster erklären könnte, wie ein Kind dazu kommt, sich genau die gleiche Jacke auszusuchen wie die Mutter, die es nie gekannt hat, oder wie eine Mutter im selben Jahr vom Fahrrad fallen und sich ein Stück von Zahn abbrechen kann wie ihr Kind, zu dem sie nie Kontakt hatte. Zufälle? Und ist das Band zwischen Adoptivmüttern und ihren Kindern ein Zeichen dafür, daß die Beziehung richtig ist und Bestand haben wird?

Wie ich bereits sagte: Ja, da ist Magie. Und es ist eine Magie, die einem Adoptivkind helfen kann zu spüren, daß es nicht einfach aus dem Nichts entsprungen ist. Aber es ist wichtig, daß die alltäglichen intuitiven Bindungen nicht zugunsten des anderen, des magischen Bandes vernachlässigt werden. Wenn leibliche Mütter und ihre Kinder, die kurz nach der Geburt von ihnen getrennt wurden, sich wiederfinden sollten, brauchen beide Hilfe beim Aufbau einer realistischen Beziehung zueinander; sie wird sich nur ganz langsam erneuern lassen.

Das Kind muß dafür nicht seine Adoptiveltern verleugnen, die Schritt für Schritt nicht nur eine übersinnliche, sondern auch eine leibliche Beziehung zu ihm aufgebaut haben, denn das Band zur leiblichen Mutter schließt ein Band zu den Adoptiveltern nicht aus. Aber, wie Dr. Stiffler sagt, es sind weitere Forschungsarbeiten notwendig, damit leibliche Mütter nicht nur Hilfe bei der Bewältigung des lebenslangen Traumas, ein Kind zur Adoption freigegeben zu haben, erfahren, sondern auch Hilfe bei der Gestaltung des Treffens mit dem Kind, damit die großen Erwartungen und Hoffnungen, die diese magischen Intuitionen manchmal hervorrufen, nicht enttäuscht werden. Bis dahin müssen wir unserem eigenen Instinkt vertrauen, wenn wir sowohl die Kinder als auch die leiblichen Mütter und Adoptivmütter in diesem sehr sensiblen Bereich menschlicher und übersinnlicher Erfahrung schützen wollen.

12
Von Tagesmüttern, Großmüttern, Stiefvätern und anderen

Verbindet Sie ein übersinnliches Band mit dem rotznasigen Johnny am Ende der Straße? Möglicherweise. Wenn Sie ihn nämlich nach der Schule betreuten, während seine Mama ihrem Beruf nachging, und sie trotz seines wenig anziehenden Äußeren sehr viel Verständnis für seine Bedürfnisse aufbringen. Denn wie wir bei den Adoptiveltern gesehen haben, ist Blutsverwandtschaft nicht notwendigerweise eine Voraussetzung für das übersinnliche Band zu einem Kind (obwohl der Schweiß und die Tränen obligatorisch sind). Natürlicherweise ist diese Art der Beziehung zwischen einem Kind und seiner Mutter am stärksten, auch zu besonders sensiblen und fürsorglichen Vätern ist sie möglich. Darüber hinaus ist auch zwischen anderen Familienmitgliedern und dem Kind ein solches Band vorstellbar, und gelegentlich sogar bei Menschen, die an der Betreuung des Kindes beteiligt sind, wie beispielsweise Tagesmütter.

Dieses »nicht-familiäre« Band ist typisch für eine sich ändernde Welt. In den Tagen der Großfamilie, als Omas und Tanten regelmäßig auf die Kinder achtgaben, wenn die Mutter verhindert war, wird das übersinnliche Band größtenteils auf das Heim beschränkt gewesen sein. Doch heute, wo zumeist bezahlte Hilfen oder Nachbarn das familiäre Unterstützungsnetzwerk ersetzen, muß diese Verbindung sich anpassen – was sie auch tut, und zwar bemerkenswert gut.

Die Verbundenheit einer Tagesmutter mit dem kleinen Kind, das sie betreute, ermöglichte es ihr, dessen Leben zu retten. Catherine Marshall, die mittlerweile verstorbene Autorin theologischer Bücher, beschreibt den Fall einer Frau, die sehr an dem ihr anvertrauten Baby hing und 1972 dessen Leben rettete, indem sie einem plötzlichen irrationalen inneren Drang nachgab. Lynne übergab ihren elf Monate alten Sohn Brandon gewöhnlich der Obhut ihrer besten Freundin Ginny, aber an einem Wochenende hatte Ginny keine Zeit, und so brachte Lynne das Baby statt dessen zu ihrer Schwester Nancy. Brandon zahnte und war quengelig, also beschloß Nancy am Sonntag, das Kinderbett aus dem Gästezimmer zu holen und unten im Spielzimmer aufzustellen, damit sie hören konnte, wenn ihr Neffe schrie.

Am Abend kam Ginny und sagte: »Ich bin gekommen, um Brandon abzuholen.« Als Nancy protestierte, erklärte Ginny: »Lynne hatte mich gebeten, auf Brandon aufzupassen. Ich hätte ihn nehmen sollen, aber wir hatten am Wochenende etwas vor.« Nancy zögerte zunächst, aber Ginny beharrte darauf, so daß Nancy schließlich zustimmte und Ginny mit dem Baby wegfahren konnte. In dieser Nacht brannte es in Nancys Haus. Das Feuer brach im Spielzimmer aus, nur ein paar Meter von der Stelle entfernt, an der Brandon geschlafen hätte. Er wäre unmöglich zu retten gewesen.

Ginny erzählte Nancy später, daß sie den ganzen Sonntagnachmittag keine Ruhe hatte finden können und ständig an Brandon denken mußte. Zwar ging es dem Kind bei Nancy offensichtlich gut, aber Ginny hatte plötzlich das intensive Gefühl, sie müsse Brandon zu sich nehmen. Sie fürchtete, daß dies albern klingen würde, und so versuchte sie, das Gefühl zu ignorieren; aber gegen Abend konnte sie nicht mehr anders, als das Kind zu holen.

Catherine Marshall zitiert diesen Vorfall als Beispiel für »göttliches Eingreifen«. Religiöse Menschen können derartige Erfahrungen in einem solchen Zusammenhang sehen, zudem widerspricht diese Ansicht in keiner Weise der Vorstellung eines unausgesprochenes Bandes zwischen Eltern oder Erziehern und dem Kind. Aber auch ohne theologische Erklärung bleibt die positive, fürsorgliche Natur dieses »Instinkts« – oder wie wir es auch immer benennen wollen – am wichtigsten. Wie auch beim väterlichen Instinkt handelt es sich hier eher um vereinzelte Vorfälle als um eine kontinuierliche Verbindung.

Williams Opa war nicht sein wirklicher Großvater, sondern ein älterer Nachbar, der ihn von der Schule abholte und unterhielt, wenn die Eltern beschäftigt waren. William bekam Krebs, und als seinen Eltern klar wurde, daß ihr Sohn nicht mehr lange zu leben hatte, wollten sie ihm einen ganz besonderen Urlaub schenken und fuhren mit ihm nach Mallorca. Sobald sie wieder zu Hause waren, rannte William zu seinem »Opa«, um ihm zu erzählen, wie wunderbar es gewesen war. »Würdest du auch gern mal nach Mallorca fahren?«, fragte William, »es ist herrlich da.« »Ich wünschte, ich könnte es«, erwiderte der alte Mann, »aber ich kann es mir nicht leisten.«

Nicht lange nach diesem Gespräch verschlechterte sich Williams Zustand rapide, und einige Wochen später starb er. Kurz nach seinem Tod wurde eine Tombola zur Unterstützung der Kinderkrebsforschung veranstaltet. Der Hauptgewinn war eine Reise nach Mallorca. Tausende von Losen wurden verkauft, und Williams »Opa« gewann den ersten Preis. Ein Zufall, oder Williams Art, sich bei seinem Ersatz-Großvater zu bedanken?

Stiefeltern haben seit Hänsel und Gretel eine schlechte Presse, und niemand würde die Aufgabe einer Stiefmutter oder eines Stiefvaters für einfach halten. Es ist anders als bei einer Adoption, denn das Kind stellt vielleicht plötzlich fest, daß ein

Elternteil durch einen ihm völlig fremden Menschen ersetzt worden ist – das kann eine Verliererposition für beide sein. Man würde nicht unbedingt erwarten, daß das übersinnliche Band in einer solchen Situation gedeiht, ganz bestimmt nicht im Alltag, wie wir dies bei Müttern und einigen Vätern vorfinden.

Aber für Veronica, die jetzt Ende Vierzig ist und in Südengland lebt, war die Beziehung zu ihrem Stiefvater nicht nur die zentrale Beziehung ihres Lebens, sondern auch das übersinnliche Band wurde mit ihm und nicht mit ihrer Mutter geknüpft. »Ich war noch ziemlich klein, als mein Stiefvater in mein Leben trat, und anfangs mochte ich ihn nicht, weil ich nun meine Mutter mit ihm teilen mußte. Aber bald wurde er zum Dreh- und Angelpunkt meines Lebens. Er war immer für mich da, wenn ich ihn brauchte, ohne daß Worte notwendig waren. Einmal, als ich noch ziemlich klein war, stürzte ich in der Schule und zog mir eine ziemlich schlimme Beinverletzung zu. Damals war es noch nicht gefährlich, allein durch die Gegend zu laufen, nicht einmal längere Strecken, und so ging ich die zwei Kilometer von der Schule immer zu Fuß nach Hause. Da mein Stiefvater einfach wußte, daß ich das an diesem Tag nicht schaffen konnte, holte er mich kurzerhand ab und trug mich nach Hause.

Ein andernmal hämmerte er in seinem Schuppen und schlug sich dabei derart auf den Daumen, daß er blau wurde. Als ich aus der Schule kam, klagte ich über Schmerzen am Daumen, obwohl ich keinen Grund dafür fand. ›Da kannst du dich deinem Vater anschließen‹, sagte meine Mutter, ›er hat sich gerade mit dem Hammer auf den Daumen gehauen.‹ Wir waren so eng miteinander verbunden, daß ich immer wußte, wie es ihm ging, und seine Schmerzen am eigenen Leib spürte.

Als ich ein bißchen älter war und Klassenarbeiten schreiben mußte, brachte mein Vater mich morgens immer an die Haustür, und wenn ich dann im Klassenraum saß und an meinem

Füllfederhalter kaute, konnte ich ihn in Gedanken vor mir sehen und war beruhigt.

Diese starke Verbindung zwischen uns blieb auch, als ich schon längst erwachsen war. Ich war Mitte Zwanzig, als er starb. Plötzlich wußte ich da, daß Papa tot war, obwohl ich mich auf der anderen Seite der Welt befand. Ich war überzeugt, daß er gestorben war, aber ich konnte doch nicht einfach anrufen und Mama fragen: ›Ist Papa gestorben?‹ – es schien so dumm zu sein. Ungefähr eine Stunde später rief unser Hausarzt aus England an und sagte, er hätte schlechte Nachrichten für mich.

Unsere Verbundenheit hatte selbst nach seinem Tod Bestand. Er war stets da, in seiner praktischen, fürsorglichen, beruhigenden Art. Immer, wenn ich in Schwierigkeiten war, konnte ich seinen speziellen Duft riechen – Holzrauch und saubere Hemden – und wußte, daß er bei mir war und mir helfen würde.

Ich war in Khartoum, als dort der Bürgerkrieg ausbrach. Mein Mann war in den Süden gefahren, und ich wußte nicht, ob ihm etwas zugestoßen war, da wir weder Radio noch Telefon hatten. Ich war am Ende meiner Kraft; ich war kurz vor dem Weinen. Plötzlich nahm ich Papas speziellen Duft wahr und konnte hören, wie er sagte – genau wie damals, als ich ein kleines Mädchen war und stöhnte, daß ich etwas nicht schaffen könne: ›Hör auf zu jammern und tu was. Du wirst das Problem nicht lösen, indem du hier rumsitzt und dir selbst leid tust. Unternimm was.‹

Also machte ich die Kinder und den Lastwagen für eine schnelle Abreise fertig. Ich weiß nicht, was geschehen wäre, wenn Papa mich nicht beruhigt hätte. Ohne meinen Stiefvater wäre ich vielleicht durchs Leben gegangen, ohne je eine so enge Verbundenheit mit einem anderen Menschen zu erleben. Merkwürdigerweise hatte er Kinder aus einer früheren Ehe, die er nie sah. Aber mit uns beiden war es wie eine Vereinigung verwandter Seelen.«

Die Beziehung zwischen Veronica und ihrem Stiefvater zeichnet sich durch die Eigenschaften aus, die auch in den engsten Eltern-Kind-Beziehungen zu finden sind: sanfte, praktische, beständige Fürsorge in der Zeit, die man zusammen verbringt. Seltsam, daß das Band zwischen ihm und seinen eigenen Kindern nicht so eng war. Trotzdem bleibt diese kontinuierliche übersinnliche Verbindung zwischen Nicht-Familienmitgliedern immer noch sehr selten.

Manche Kinder können auch in der heutigen Zeit die Vorteile des Familiennetzwerks genießen und werden regelmäßig von Familienmitgliedern betreut. Diese Struktur ist in traditionelleren Gesellschaften auch heute noch die Norm, beispielsweise in der Hindu-Kultur. Hier ist die Geburt eines Kindes ein Familienereignis, und dadurch können weibliche Familienmitglieder emotional und parapsychisch sehr eng an das Kind gebunden sein, selbst in seinen ersten Lebenswochen.

Shirley Firth, eine Expertin für indische Kultur, erzählte mir von einem Erlebnis, das sie aufgezeichnet hatte. Ein totes Kind war nicht seiner Mutter erschienen, sondern einer Tante, der Schwester seines Vaters. »Eine indische Frau hatte ihr Baby verloren, als es gerade eine Woche alt war. Kurz nach seinem Tod erschien das Kind ihrer Schwägerin im Traum und sagte: ›Meine Mutter hat mir alles gegeben, nur keine Bananen. Wenn ihr mir Bananen bringt, werde ich wiederkommen.‹ Die Schwägerin erzählte den Traum der Mutter, die daraufhin Bananen zum Tempel der Muttergöttin brachte. Innerhalb eines Monats war sie erneut schwanger. Sie glaubt, daß ihr Kind wiedergekehrt ist.«

Angela berichtete mir von einer übersinnlichen Erfahrung, bei dem es um ihren Neffen ging, den sie zum einen nie gesehen hatte und der zum anderen das Kind einer Schwester war, die sie kaum kannte, weil sie kurz nach der Geburt getrennt wurden. Angela ist heute Ende Zwanzig und lebt auf der Isle of Wight, während ihre Schwester in den Niederlanden verheiratet ist und einen Sohn hat. Nach Jahren nahmen die Schwestern wieder Kontakt zueinander auf, wechselten Briefe und tauschten Photos aus, und Angela freute sich darauf, ihren Neffen, der damals gerade achtzehn Monate alt war, kennenzulernen. Eines Abends spürte sie plötzlich, daß ihm etwas fehlte. Sie fühlte, wie er in seinem Zimmer in seinem Bettchen lag, hohes Fieber hatte und zu krank war zu schreien. »Ich konnte sehen, wie er dalag, und ich fühlte mich fiebrig, als würde ich mir seine Krankheit selbst zuziehen. Ich hatte nicht einmal die Telefonnummer meiner Schwester, also rief ich die internationale Auskunft an. Schließlich erreichte ich sie. Sie war erst sehr überrascht und dann sehr verärgert, als ich ihr auftrug, sie müsse sofort nach dem Baby sehen, weil es hohes Fieber habe – ich hatte das als Kind auch oft gehabt. ›Der Kleine schläft immer durch‹, beharrte sie. ›Und er hat keinen Laut von sich gegeben. Würde ihm etwas fehlen, hätte er doch geschrien. Wenn ich in sein Zimmer gehe, wecke ich ihn nur auf.‹

Ich konnte bemerken, daß sie dachte, ich hätte nicht mehr alle Tassen im Schrank, aber ich bestand darauf, daß sie nach dem Baby sah. Schließlich versprach sie es und legte auf; ich wußte, ich hatte mich in etwas eingemischt, das mich angeblich überhaupt nichts anging. Aber es war ein Glück, daß ich so beharrlich geblieben war. Denn als sie in das Kinderzimmer ging, war ihr Baby tatsächlich ganz fiebrig und zu krank, um noch schreien zu können. Der Arzt stellte eine plötzliche Virusinfektion fest und wies das Baby über Nacht ins Krankenhaus ein. Mein Neffe ist wieder gesund geworden, aber wenn meine Schwester nicht nach ihm gesehen hätte – wer weiß, was dann geschehen wäre.

Als meine Schwester mich am nächsten Tag anrief, um mir zu danken und zu sagen, daß das Baby wieder gesund würde, fragte sie mich, wie in aller Welt ich das hatte wissen können. Ich kannte das Kind schließlich nicht einmal. Darauf kann ich bis heute nicht antworten; ich hatte einfach das

Gefühl einer engen Verbundenheit mit ihm, als ich sein Bild vor mir sah.«

Das soll nicht heißen, daß die leiblichen Eltern – wie Veronicas Mutter oder Angelas Schwester – in irgendeiner Weise schlechte Eltern wären; aber hier haben wir zwei Beispiele des seltenen Falles, daß die übersinnliche Kommunikation zwischen dem Kind und einem anderen Menschen leichter zu fließen scheint als zwischen ihm und seinen Eltern. Solange wir noch so wenig über dieses kaum definierbare Phänomen wissen, läßt sich schwer sagen, warum das so ist. Wer könnte sagen, warum Leslie Westrums Bruder eine Vorahnung hatte, die ihr ungeborenes Kind betraf? Lesley, die aus Wisconsin stammt, erzählte mir von ihrem vierten Kind, Rachel Elizabeth. »Sie hat rote Haare und blaue Augen und kam, wie ihre Schwester, genau am errechneten Geburtstermin zur Welt. Anfangs konnten wir uns nicht auf einen Namen einigen, also machten wir Listen und entschieden uns schließlich für Rachel Elizabeth. Eine Woche später brachten wir sie in die Kirche, um sie segnen zu lassen. Mein Bruder, der im Süden von Wisconsin lebt, fragte, wie das Baby denn heißen solle. Als wir ihm mitteilten, welchen Namen wir schließlich gewählt hatten, zog er seinen Kalender aus der Tasche und zeigte uns eine Eintragung. Vor einiger Zeit hatte er einen Traum gehabt, in dem ihm mitgeteilt worden war, daß seine Schwester eine Tochter gebären und sie Rachel Elizabeth nennen würde. Er wollte unbedingt, daß wir Elizabeth ›richtig‹ schrieben, mit einem Z, weil er nichts von dem modischen Elisabeth-Kram hielt. Das alles konnte kein Zufall sein, denn so geläufig sind die Namen Rachel und Elizabeth auch wieder nicht, wie beispielsweise Debbie, Kathy oder Jennifer.«

In unserer westlichen Gesellschaft kann die traditionelle weißhaarige Großmutter mit Apfelbäckchen, die Kuchen bäckt und Weisheit und Trost spendet, die ihren Enkeln ein Gefühl von Sicherheit schenkt und intuitiv jedes ihrer Bedürfnisse vorwegnimmt, als Archetyp des Fürsorglichen gelten. Die moderne Oma jedoch, die die mütterliche Verantwortung mit einiger Erleichterung hinter sich ließ, wird es möglicherweise eher in die Ferne ziehen, und Worte der Weisheit werden höchstens auf der Rückseite von Postkarten aus exotischen Ländern gespendet. Peggy Rouse hat eine enge, intuitive Bindung zu ihren Enkelkindern, obwohl sie eine berufstätige Frau ist. Sie beschrieb mir einen Vorfall, der ihre fünfjährige Enkelin Charlotte betraf.

»Eine meiner Töchter wollte mich im Juli mit ihren beiden Kindern besuchen kommen. Ungefähr zwei Stunden, bevor sie eintreffen sollten, nahm ich ein Handtuch aus dem Schrank und fing an, es um die Türgriffe der Toilettentür zu wickeln. Jo, meine andere Tochter, fragte mich, was in aller Welt ich da machte. ›Ich muß diese Tür präparieren, damit sie sich nicht schließen läßt, sonst wird Charlotte sich die Finger einklemmen‹, erwiderte ich.

Genau in diesem Augenblick klingelte das Telefon. Jo ging ran, und meine andere Tochter sagte: ›Wir werden mindestens eine Stunde später ankommen. Charlotte hat sich gerade die Finger in der Toilettentür eingeklemmt. Es sieht übel aus.‹ Das war in Kent passiert, ich war in Wiltshire.«

Peggy hat sehr entschiedene Ansichten, wenn es um Kinder geht, und ihr sensibler, unsentimentaler und empathischer Umgang mit ihnen ist wahrscheinlich der ausschlaggebende Faktor für die innige Beziehung, die sie zu ihren Enkelkindern hat. »Sprich nicht mit Kindern, hör ihnen zu«, sagte sie mir. Sie glaubt, daß Kinder hochentwickelte Tiere mit spirituellen Instinkten seien und Eltern sich rasch daran machten, sie zu entspiritualisieren, um gewinnsüchtige, vermenschlichte Wesen nach ihrem Bilde zu schaffen. Mit ungefähr dreieinhalb würden Kinder ihre spirituelle Aura abwerfen wie eine Schlange ihre Haut. Für Peggy sind Kinder vollwertige Menschen, die man nicht gönnerhaft oder von oben herab behandeln darf, sondern denen man den Respekt erweisen und die Würde zugestehen muß, die jedem Menschen zusteht. »Wenn ein Kind dreieinhalb ist, gewinnen manche Eltern vielleicht den Kampf. Das Trotzalter ist wahrscheinlich der letzte, verzweifelte Versuch des Kindes, sich sein eigenes Bild zu bewahren, bevor es vor der Gewalt der Eltern kapituliert«, sagt sie.

»Ich hatte von Anfang an eine sehr enge Beziehung zu meiner Enkelin Charlotte. Ich fing an, ihr vorzulesen und mit ihr zu reden, als sie ungefähr fünf Monate alt war. Und sie reagierte, sie hielt meine Hände fest und spielte damit, während ich mit ihr sprach. Ich erinnere mich, einmal, als Charlotte zehn Monate alt war, saß sie in ihrem Kinderstuhl und wir plauderten wie gewöhnlich – wir hatten richtig Spaß. Mein Schwiegersohn war verwirrt und fragte mich: ›Woher weiß du, was sie sagt? Ich verstehe kein Wort.‹ Aber natürlich verstand ich sie. Charlotte und ich haben uns immer wunderbar unterhalten, und ich kann ihre Gedanken lesen und sie meine. Das war bei meinen Töchtern auch immer so; es ist also nichts Sonderbares dabei – es ist Teil unserer unglaublich engen, von gegenseitiger Unterstützung geprägten Beziehung. Aber meistens zeigt sich diese Fähigkeit bei ganz simplen Dingen. Ein Beispiel: Als Charlotte ungefähr fünf war, war sie bei mir zu Besuch, und ich überlegte, was es abends zu essen geben sollte. ›Da ist noch ein Hähnchen in der Kühltruhe‹, dachte ich. Genau in diesem Augenblick meldete Charlotte sich zu Wort: ›Und ich fülle es mit Estragon, weil ich das immer mache, wenn ich bei Oma bin.‹«

Warum ist Peggy fähig, die Art enger, alltäglicher übersinnlicher Verbundenheit mit einem Kind zu erleben, die gewöhnlich einer Mutter vorbehalten ist? Weil sie zwar nicht jeden Tag für die Kinder sorgt, aber wenn sie mit ihnen zusammen ist, ihnen ihre Fürsorge schenkt und sie so annimmt, wie sie sind. Bereits beim väterlichen Instinkt konnte man feststellen, daß allein der enge spirituelle und emotionale Kontakt zwischen Vater und Kind entscheidet, ob ein dramatisches, aber vereinzeltes übersinnliches Erlebnis seine Fortsetzung in der Welt des

Alltags findet, und nicht die Anzahl der gemeinsam verbrachten Stunden. Wie Veronicas Stiefvater hat sich Peggy auf die Wellenlänge des Kindes eingestimmt und ist fähig, dessen Sichtweise zu akzeptieren.

Der Instinkt ist jedoch nicht immer eine bequeme Sache, und er läßt sich nicht belügen. Manchmal kann der klare Blick eines Kindes die kleinen Unaufrichtigkeiten durchschauen, die im Familienleben möglicherweise stattfinden. Dies kann dazu führen, daß alte Täuschungen aufgedeckt werden und jeder gezwungen ist, eine gesunde, aber unbequeme Wahrheit anzuerkennen. Das übersinnliche Band kann sich nur festigen, wenn alle offen und ehrlich miteinander umgehen. Das war auch beim kleinen Chris der Fall.

Die Geschichte begann im Zweiten Weltkrieg. Das junge Mädchen Josie wurde von einem Militärangehörigen geschwängert, der kurz in ihrer südenglischen Heimatstadt stationiert gewesen war. Da eine Heirat nicht in Frage kam, wurde Josies Baby als ihr Bruder ausgegeben. Phil war bereits siebzehn Jahre alt, als er erfuhr, in welcher Beziehung er wirklich zu seiner »Schwester« stand. Die Enthüllung führte zu einer Abkühlung der Beziehung und zu viel Leid in der Familie. Als Phil später das Elternhaus verließ, heiratete und selbst einen Sohn bekam, konnte das den Bruch in der Familie ein wenig kitten. Phils kleiner Junge, Chris, nannte Josie von Anfang an beharrlich »Omi«, obwohl die Familie zunächst an der Bezeichnung »Tante« festhielt. Der Junge war natürlich viel zu klein, um die Situation verstehen zu können, und in der Familie wurde nie darüber gesprochen. Dennoch wußte er instinktiv, wer seine wirkliche Großmutter war und lehnte jeden Ersatz ab. Allmählich folgte die ganze Familie Chris' Beispiel, und jetzt benennen sich alle nach dem wahrheitsgemäßen Verwandtschaftsverhältnis.

Zu Beginn dieses Kapitels erwähnte ich die besondere Verbundenheit von Kindern und ihren Tagesmüttern. Das vielleicht intensivste nicht-familiäre Band kann sich bilden, wenn das Kind ins Krankenhaus muß, besonders, wenn es stationäre oder Langzeitpflege braucht. Völlig zu Recht wird betont, wie wichtig es ist, im Krankheitsfall die intensive Beziehung zwischen Mutter und Kind zu bewahren, aber wir vergessen manchmal, daß auch Krankenschwestern das Leid eines Kindes mitempfinden können. Es kommt vor, daß sie ihre kleinen Patienten lieben lernen, so sehr, daß der Tod eines Kindes niederschmetternd für sie sein kann. Ihre Ausbildung und ihre berufliche Erfahrung mögen sie davon abhalten, in der Öffentlichkeit Tränen zu vergießen, was oft fälschlicherweise für Gefühllosigkeit gehalten wird.

Louise war achtunddreißig Jahre lang Krankenschwester in der Orthopädie eines Kinderkrankenhauses in Südengland. Sie war nie verheiratet und hatte nie eigene Kinder. Einer ihrer Patienten war ein kleiner Junge, den sie von Geburt an pflegte, bis er dann im Alter von zwölf Jahren im Krankenhaus starb. Der Junge hat nie sprechen oder laufen gelernt. Louise trauerte sehr um ihn, denn er war fast wie ein eigenes Kind für sie gewesen. In der Woche nach seinem Tod hatte sie einen äußerst lebhaften Traum, in dem sich der Junge in einem wunderschönen Garten befand. Er lief mit ausgestreckten Armen auf sie zu, etwas, was er zu Lebzeiten nie hatte tun können. Louise sagte später, daß der Traum völlig anders gewesen sei als alle Träume, die sie je zuvor gehabt hatte. Tatsächlich hatte sie nicht einmal das Gefühl, das es überhaupt ein Traum war.

Es gibt Krankenschwestern, die um den Geisteszustand der Mutter besorgt sind, wenn sie erfahren, daß eine Frau während der Geburt telepathisch mit ihrem Baby zu kommunizieren scheint. Aber viele andere wissen nicht nur von diesem übersinnlichen Kanal, sondern machen in der Krankenpflege Gebrauch von ihm, besonders auf der Säuglingsstation. Wenn nur mehr Krankenschwestern fähig wären, das zuzugeben, wie Kate, eine frühere Krankenschwester aus Yorkshire. Sie berichtete mir von diesem etwas anderen Überwachungssystem, das die Apparate ergänzt und manchmal schneller ist als jede Technik. Kate erwähnte ich bereits im neunten Kapitel, da sie seit ihrer Kindheit in enger parapsychischer Verbindung zu ihrer Mutter Jean steht.

»Ich habe diese Form der Kommunikation immer als ganz natürlich empfunden, weil wir uns sehr nahestanden«, sagte sie, »aber ich war überrascht, als ich feststellte, daß Telepathie beim Pflegepersonal im Krankenhaus nichts Ungewöhnliches war. Die Schwestern der Säuglingsintensivstation saßen im Schwesternzimmer und tranken eine Tasse Tee, und plötzlich verschwand eine, kam ein paar Minuten später zurück und erklärte: ›Ach, Jamie hat gerade gespuckt und wäre fast erstickt.‹ Sie waren derart auf die Babys eingestimmt, daß sie es einfach wußten, wenn eines kurz vor einem Atemstillstand oder sonst irgendwie in Not war – noch bevor der Alarm ausgelöst wurde. Mir selbst ging es ebenso, bei Kindern und bei Erwachsenen. Dann fand ich mich plötzlich irgendwo auf der Station wieder, ohne zu wissen warum, und sah, daß ein Patient Atemschwierigkeiten hatte oder anderweitig Hilfe brauchte. Es ist alles eine Frage der Feineinstimmung.«

Könnte es sein, daß dieselben Qualitäten, die in der Kindererziehung gebraucht werden, eine gute Krankenschwester ausmachen: Fürsorge, Wachsamkeit und diese kleine Extra-Fähigkeit? Warum sprechen die meisten der Krankenschwestern, die in besonderer Weise auf die Patienten »eingestimmt« sind, so ungern über diese Fähigkeit? Weil die Autoritäten die Stirn darüber runzeln würden, daß sie sich auf ihre Intuition verlassen? Würden aber Hebammen und Krankenschwestern öfter offen darüber reden und zu den Müttern sagen: »Ja, folgen Sie Ihrem Instinkt. Wir tun das ständig, und es klappt prima«, erhielte die Mutter-Magie eine offizielle Billigung, und der Weg für die Nutzung der Intuition als eines der wichtigsten Instrumente in der Kindererziehung wäre geebnet.

Was können wir also aus den Erfahrungen von Menschen lernen, die eine übersinnliche Verbindung mit den Kindern haben, die sie betreuen?

In zahlreichen Ländern kann die Barriere zwischen Kindern und Erwachsenen, die nicht ihre Eltern sind, beträchtlich sein. Ja, Kinder sind laut, verursachen Schmutz, kosten Zeit und möchten gehört und gesehen werden. Aber in kleinen Dosen macht der Umgang mit ihnen Spaß, und sie können uns dabei helfen, das Leben aus einer anderen Perspektive zu sehen. Vielleicht sollten wir daran denken, daß für gräßliche Kinder dasselbe gilt wie für bissige Hunde: Daß die Hunde so sind, ist die Schuld der Hundehalter. Wir dürfen auch nicht vergessen, daß Mütter oft nicht genug Zeit oder Energie haben, sich intensiv mit ihren Kindern auseinanderzusetzen, wie andere Erwachsene es tun können.

Kinder brauchen weder teure Geschenke noch teure Ausflüge, nur Zeit und Verständnis. Wenn Sie glauben, daß Sie sich auf die von mir beschriebenen Phänomene einlassen könnten, dann versuchen Sie doch einmal, einige Stunden mit Kindern zu verbringen – vielleicht werden die Ihnen übersinnliche Perspektiven eröffnen, die Sie zuletzt hatten, als Sie wußten, daß es den Weihnachtsmann wirklich gibt, und Sie durch eine Grotte bis ins Elfenland gehen konnten, nicht nur in die Schuhabteilung. Zumindest wird Ihr Einsatz nicht verschwendet sein – schließlich sind diese Kinder die Generation, die später unsere Rollstühle schieben wird. Also ist es nur gut, daß wir sie kennenlernen.

13
Über das Grab hinaus

Dryring gelangte auf eine Insel und heiratete Barbaik, ein hübsches junges Mädchen. Sieben Jahre lang lebte er mit ihr und wurde Vater von sechs Kindern. Aber der Tod ging durchs Land, und Barbaik, die schöne Blume ohne Fehl, starb.

Dryring ging auf eine andere Insel und suchte sich eine neue Frau. Nachdem sie geheiratet hatten, zog er mit ihr in sein Haus. Aber sie war hart und grausam. Sie sah die trauernden Kinder, die sie anblickten und weinten, und stieß sie grob zur Seite.

Sie gab ihnen weder zu trinken noch zu essen und sagte: »Ihr sollt Hunger und Kälte leiden.« Sie nahm ihnen ihre blauen Kissen weg und sagte: »Ihr sollt auf dem Stroh schlafen.« Sie nahm ihnen ihre hellen Kerzen weg und sagte: »Ihr sollt im Dunkeln bleiben.« An diesem Abend weinten die Kinder. Barbaik, die in ihrem Bett in der kalten Erde lag, hörte sie und beschloß, zu ihnen zurückzukehren. Sie wandte sich an unseren Vater im Himmel und bat: »Laß mich gehen, damit ich meine Kinder sehen kann.« Und sie bettelte, bis ihr gestattet wurde, auf die Erde zurückzukehren. Aber sie mußte zurück sein, bevor der Hahn krähte.

Barbaik hob ihre müden Beine und stieg über die Friedhofsmauern. Als sie durch das Dorf ging, schlichen sich die Hunde um die Häuser, und die Luft bebte, so laut heulten sie. Als

Barbaik zu ihrem Haus kam, sah sie ihre älteste Tochter, die neben der Tür stand.

»Was tust du hier, meine geliebte Tochter?«, fragte sie. »Wo sind deine Brüder und Schwestern?«

»Warum nennst du mich geliebte Tochter?«, erwiderte das Kind. »Du bist nicht meine Mutter. Meine Mutter war jung und schön, meine Mutter hatte rosige Wangen. Aber du, du bist so bleich wie der Tod.«

»Wie könnte ich jung und schön sein? Ich komme aus dem Königreich des Todes, und mein Gesicht ist weiß. Wie kann ich rosige Wangen haben? Ich bin so lange tot gewesen«, sagte Barbaik und ging ins Haus, wo sie ihre anderen Kinder weinend vorfand.

Sie wusch das erste, sie bürstete dem zweiten das Haar, sie tröstete das dritte und das vierte, und sie nahm das fünfte in die Arme, als wolle sie es an der Brust trinken lassen. Dann sagte sie zu ihrer ältesten Tochter: »Geh und hol Dryring.« Dryring kam, und Barbaik rief voller Zorn: »Ich habe zu trinken und zu essen hiergelassen, und meine Kinder leiden Hunger. Ich habe ihnen blaue Kissen hiergelassen, und meine Kinder schlafen auf Stroh. Ich habe ihnen helle Kerzen hiergelassen, und meine Kinder schlafen im Dunkeln. Wenn ich noch einmal wiederkehren muß, wird es dir böse ergehen. Nun kräht der rote Hahn, und die Tore des Himmels öffnen sich. Horch, der weiße Hahn kräht, und ich kann nicht länger bleiben.« Von diesem Tag an gaben Dryring und seine Frau den Kindern zu trinken und zu essen, sooft sie die Hunde bellen hörten, und wenn die Hunde heulten, fürchteten sie, die tote Mutter wiederzusehen.

Diese unheimliche bretonische Sage[13] ist, wie so viele Sagen, ein Spiegel der Wirklichkeit. Mike, ein nüchterner Bauhandwerker aus Südengland, hatte Sally geheiratet, eine Witwe mit drei kleinen Söhnen. Der kleinste, John, war erst zwei Jahre alt, als

Mike in ihr Leben trat, und Mike fand ihn ungezogen, trotzig und schwierig.

»Ich habe oft die Geduld verloren und ihn geohrfeigt«, erzählte mir Mike. »Er brachte mich ständig in Wut, obwohl ich wußte, daß meine Reaktion falsch war. Ich nehme an, ich war einfach nicht daran gewöhnt, mit Kindern umzugehen; es war wirklich schwer, mit seinen Trotzanfällen fertigzuwerden.«

Eines Nachts, als Mike allein zu Hause war, erschien ihm ein Mann. »Um Himmels Willen, Mike«, sagte der Mann, »schlag ihn nicht zu hart. Ich weiß, Johnny ist unartig, aber wenn du so weitermachst, wirst du noch etwas tun, was du bereuen wirst.« Dann verschwand die Gestalt. »Ich war Johnnys Vater nie begegnet, aber Sally hatte ein Photo von ihm, und ich habe ihn sofort erkannt. Ich hatte panische Angst. Von diesem Abend an habe ich den Jungen nie mehr geschlagen. Meiner Frau habe ich davon nichts erzählt. Heute kommen John und ich großartig miteinander aus. Aber ich zittere, wenn ich daran denke, was hätte geschehen können, wenn sein Vater nicht gekommen wäre, um mich zu warnen.«

War es das schlechte Gewissen, das Mike dazu veranlaßte, den toten Vater des Kindes zu sehen? War die Erscheinung, die ihm befahl, seine Haltung gegenüber dem Kind zu ändern, eine Projektion, die seinem eigenen Kopf entsprang? Oder hat die Verbundenheit des Vaters mit seinem Kind ihm gestattet zurückzukehren? Kam er, gerufen von der Not seines Sohnes, um zu versuchen, ihn zu beschützen? Wie bereits erwähnt: Bei der Erforschung dieser Phänomene bin ich immer wieder zu dem Schluß gekommen, daß letztendlich die Wirkung wichtiger ist als die Ursache. Und die Wirkung war, daß Mike anfing, das Kind zu akzeptieren.

Wie auch immer unsere religiöse Überzeugung aussehen mag, die Trennung von Mutter und Kind durch den Tod ist etwas, mit dem wir uns nur schwer abfinden können. J.M.

Barrie, der Autor von *Peter Pan*, schreibt: »Die einzigen Geister, die sich in diese Welt einschleichen, denke ich, sind verstorbene junge Mütter, die zurückkehren, um zu sehen, wie es ihren Kindern geht. Kein anderer Anreiz ist stark genug, um die Toten wiederkehren zu lassen.« Dr. Anthony Evans aus Wiltshire glaubt fest daran, daß Mutterliebe nicht aufhört. Er erzählte mir von der Rückkehr seiner Mutter, die gestorben war, als er noch ziemlich klein war. Als Kind hat er ihr Erscheinen als unglaublich tröstlich empfunden: Es hat dazu beigetragen, ihm zu versichern, daß, obwohl seine Mutter nicht mehr bei ihm sein konnte, das Band zwischen ihnen sogar den Tod überdauert hatte. Ob nun die Mutter tatsächlich den Tod überwinden und in erkennbarer Gestalt mit ihren Kindern kommunizieren kann, oder ob, weniger greifbar, etwas von der Liebe zurückbleibt, die ein Mensch zu Lebzeiten gegeben hat – es kann eine sehr bereichernde Erfahrung sein.

Anthony berichtete: »Gegen Ende des Zweiten Weltkriegs lebte ich mit meinem Vater in einem großen Haus in den Midlands. Eines Nachts – meine Mutter war einen Monat zuvor nach langer, schmerzhafter Krankheit verschieden – lag ich wach, ohne an meine Mutter zu denken, als ich zwei leichte Atemstöße auf meinem Gesicht spürte. Das Kopfende meines Bettes zeigte zur Tür. Früher kam meine Mutter oft noch bei mir vorbei, bevor sie zu Bett ging, um zu sehen, ob ich noch wach war. Sie tat das, indem sie ganz leicht auf mein Gesicht blies. Wenn ich wach war, antwortete ich mit einem ›Nacht, Mami.‹

Dieses vertraute Geschehen hatte mich wirklich erschreckt. Ich setzte mich auf und sah mich im dunklen Raum um. Dann stand ich auf und ging ins Zimmer meines Vaters auf der anderen Seite des Korridors. Er lag wach und rauchte im Dunkeln Pfeife. Ich erzählte ihm, was geschehen war. Er dachte einen Augenblick nach und sagte dann: ›Ganz offensichtlich hat deine Mutter nach dir gesehen, weil sie wissen wollte, wie es dir geht

– du weißt, was für Sorgen sie sich immer macht. Du hast doch keine Angst?‹ Das hatte ich nicht, und Vater meinte: ›Dann geh wieder ins Bett, deine Mutter würde nicht wollen, daß du mitten in der Nacht hier herumwanderst.‹ Ich legte mich ganz entspannt wieder hin und war ganz sicher, daß meine Mutter nach mir gesehen hatte.«

Die Reaktion von Anthonys Vater trug dazu bei, daß der Junge die Erfahrung als etwas Positives begriff. Erzählt ein Kind, daß es seine tote Mutter oder seinen toten Vater gesehen hat, führt eine ironische Antwort eines Erwachsenen nur zu oft dazu, daß das Kind sich dumm vorkommt, oder, schlimmer noch, böse. Selbst wenn Anthony nicht tatsächlich, wie die Wissenschaft das nennt, »eine verifizierbare Form seiner Mutter« gesehen hat – was immer das sein mag –, er hatte die Sicherheit, daß sie immer noch für ihn da war. Kann es eine wichtigere Botschaft geben? Für Anthony bestätigte sich die Echtheit des Vorfalls, als sein eigener Sohn offensichtlich seine Großmutter erkannte, die so lange vor dessen Geburt gestorben war.

»Etwa dreißig Jahre nach dem Tod meiner Mutter sah ich mir mit meinem kleinen Sohn Familienphotos an. Zu meiner Überraschung war in dem Album eine alte Photographie meiner Mutter aus dem Jahr 1941. Ich hatte das Bild erst ein paarmal gesehen. Es war eine kleine, verblaßte Photographie, die eine dunkelhaarige Frau von fünfundvierzig Jahren zeigte. Mein Sohn kannte das Bild nicht. Aus einem Impuls heraus fragte ich: ›Und wer ist das?‹ Beiläufig erwiderte mein Sohn: ›Das ist Omi.‹ Ich dachte, er würde nur raten, und bemerkte: ›Aber Omi (die Mutter meiner Frau) hat weißes Haar und trägt keine Brille.‹ Mein Sohn sah mich an, als sei ich geistig etwas zurückgeblieben. ›Das ist meine andere Omi!‹ ›Natürlich, natürlich‹, sagte ich und beließ es dabei. Meine Frau bestätigte mir, daß sie ihm bisher weder dieses Photo noch ein anderes Bild meiner Mutter gezeigt habe, und auch sonst niemand hatte das getan. Mein

Sohn hatte seine Großmutter, die lange vor seiner Geburt gestorben war, sofort erkannt, obwohl in dem Album viele Bilder von Frauen mittleren Alters waren.«

Der Tod eines Kindes, ganz besonders eines kleinen Kindes, ist etwas so Schreckliches, daß viele Menschen nicht einmal daran denken mögen. Einige Frauen, die ihre Kinder verloren haben, glauben, daß das Band zwischen ihnen und ihrem geliebten Kind weiterbesteht. Wir können kaum ihre Behauptung in Frage stellen oder als Wunschvorstellung abtun, solange wir diese Erfahrung nicht selbst gemacht haben. Selbst diese Mütter sagen nicht, daß es möglich ist, sie sagen nur, daß es geschehen ist.

Alison Athanassiou aus Brisbane (Australien) hat ihr drittes Kind bei der Geburt verloren, glaubt aber, daß das Kind nicht nur sie selbst getröstet hat, sondern immer noch zu ihrem Mann kommt, der den Verlust noch nicht bewältigen konnte. Alison hat vier Kinder geboren, ist stets aufgewacht, bevor das Baby schrie, und hat langjährige Erfahrungen mit den Still-Phänomenen gemacht, die ich im dritten Kapitel vorstellte. Sie hatte auch ein starkes Band zu ihren Kindern, als diese noch im Mutterleib waren.

Sie schrieb mir: »Der für mich wahrscheinlich überzeugendste Beweis, daß eine starke Bindung zwischen dem ungeborenen Baby und mir existierte, ist, daß ich immer mit absoluter Sicherheit wußte, ob das Kind ein Junge oder ein Mädchen war. Und ich hatte lebhafte Träume und Visionen, die mir zeigten, wie das Kind aussehen würde; sie erwiesen sich stets als hundertprozentig korrekt.

Bei meinem dritten Kind, Janet, die ihre Geburt nicht überlebte, war das besonders wertvoll für mich. Während ich in Vollnarkose lag, versuchte der Arzt, Janet zu ›retten‹, indem er sie mit der Zange aus mir herausholte – obwohl jeder (außer mir) wußte, daß es bereits zu spät war. Wegen meiner schrecklichen Verletzungen am Gebärmutterhals und am Damm blieb ich zweieinhalb Stunden bewußtlos, nachdem ich genäht worden war. Offiziell ›wußte‹ ich nicht, daß mein Baby seinen Körper verlassen hatte, aber als ich aufwachte, war mir klar, daß es tot war, ohne daß es mir jemand gesagt hätte. Ich erinnere mich, daß ich mich im Krankenzimmer nach Janet umsah, denn ich fühlte, daß sie dort auf mich wartete. Bis auf den heutigen Tag bin ich sicher, daß sie dort war und mitleidig auf ihre Mutter herabsah, die im Schockzustand war und Schmerzen hatte. Sie blieb ungefähr eine halbe Stunde, bis sie sich vergewissern konnte, daß ich die Situation erfaßt hatte. Dann ging sie. Ich habe sie nie wieder ›gespürt‹.

Ich glaube, sie ist nicht wieder mit mir in Verbindung getreten, weil ich mich im großen und ganzen mit dem Verlust abgefunden habe (obwohl man nie wirklich über den Tod eines Babys hinwegkommt). Aber Arthur, mein Mann, hat den Verlust noch nicht verwunden. In den zwei Jahren, die seitdem vergangen sind, war er mir stets ein Fels, auf den ich bauen konnte, und mein engster Verbündeter, aber er hat seiner eigenen Trauerarbeit nicht genug Aufmerksamkeit geschenkt. Er ist nicht sonderlich übersinnlich begabt und glaubt auch nicht so fest wie ich an ein ewiges Leben oder an Reinkarnation. Dennoch ist er es, der Botschaften von Janet erhält. Nichts Dramatisches, aber immer, wenn er sich in den beiden letzten Jahren wirklich schlecht und hoffnungslos gefühlt hatte, spürte er ein Zupfen am Hosenbein oder eine Berührung am unteren Teil des Rückens, genau dort, wo ein kleines Kind ihn erreichen könnte. Er hat diese Berührungen mehrmals gespürt, und wir haben sie so interpretiert, daß Janet zu ihm sagt: ›Paß auf, Papi. Lern, was du lernen mußt.‹

Dieser Kontakt hat ihm nie Angst eingejagt, sondern ihn gleichzeitig glücklich und traurig gemacht. Jetzt sind die Berührungen seltener geworden und kommen nunmehr in größeren Abständen. Vielleicht muß er nicht mehr so oft erinnert werden.

Während ich dies schrieb, erinnerte ich mich, daß Janet mir tatsächlich im Mutterleib zum Abschied zugewinkt hat. Ihre letzte Bewegung, bevor ihr Herz stehenblieb und ich betäubt wurde, war eine Art wellenförmiger Gruß, der mich mit großer Trauer erfüllte, obwohl ich erst später erfuhr, warum.«

Jan Pattrick lebt in Freshwater (Isle of Wight). Ich lernte sie auf dem Schulspielplatz kennen, während ich auf meine Kinder wartete und sie auf ihre kleine Tochter Jade. Ihr vierjähriger Sohn Calum, der erst einige Wochen lang in die Vorschule gegangen war, war vor sechs Monaten gestorben. Am nächsten Tag zeigte mir Jan in dem gemütlichen Haus der Familie Bilder von Calum und erzählte mir seine Geschichte. Es begann mit einer dieser Vorahnungen von Unheil, die aus dem Nichts zu kommen scheinen und über die ich bereits berichtete.

»Calum war ein normaler, gesunder vierjähriger Junge. Ein paar Monate vor Weihnachten hatte ich zum ersten Mal das Gefühl, daß etwas Schreckliches geschehen würde. Ich rief meine Mutter an. ›Können wir Weihnachten mit der ganzen Familie feiern?‹, fragte ich sie. ›Ich habe das Gefühl, daß wir nie wieder alle zusammensein werden.‹ ›Hier ist nicht genug Platz für alle‹, meinte meine Mutter. ›Vielleicht nächstes Jahr.‹ Aber ich wußte, daß es nächstes Jahr zu spät sein würde.«

Dieses beängstigende Gefühl kehrte in einer sehr unangemessenen Umgebung wieder. Jan und ihr Mann Tony waren mit den Kindern zum White Mouse Inn in Chale gefahren, einem schönen alten Pub mit einem herrlichen Garten mit Spielplatz und einem wunderbaren Blick aufs Meer. Die Kinder spielten glücklich, aber die Vorahnung drohender Gefahr überkam Jan stärker als je zuvor. »Ich sagte zu Tony: ›Ich habe das Gefühl, daß uns etwas Schreckliches zustoßen wird. Wir sind zu glücklich. Wir lieben einander, haben drei reizende Kinder und genug Geld, um über die Runden zu kommen.‹ (Wir machten uns nie Sorgen über materielle Dinge, solange wir uns gelegentlich einen Ausflug und ein Essen im Pub leisten konnten.) Tony meinte: ›Sowas darfst du nicht einmal denken.‹

Nicht lange danach begann Calums Bauch anzuschwellen. Er war nicht krank, und ich wußte, daß er nicht zuviel gegessen hatte. Da er nach Ostern in die Vorschule kommen sollte, hatte ich ihm einige Wochen zuvor ein Schul-T-Shirt gekauft. Jetzt paßte es ihm nicht mehr.

Calum behauptete beharrlich, sein Bauch würde nicht schmerzen. ›Mir fehlt nichts, Mami‹, sagte er. Aber sein Magen blieb zu groß. Ich wußte, daß es etwas Schlimmes war. Am nächsten Tag schob ich den Anruf beim Arzt immer wieder auf. Um halb sechs, kurz bevor die Praxis schloß, rief ich schließlich an. ›Ich habe keinen Termin‹, sagte ich zu der Sprechstundenhilfe, ›aber ich muß dringend den Arzt sehen, weil der Bauch meines Sohnes angeschwollen ist.‹

Als die Sprechstundenhilfe Calum sah, holte sie sofort den Arzt. Er tastete Calums Bauch ab und sagte, er wüßte nicht genau, was es sei. Calum lag auf der Liege, und die Sprechstundenhilfe machte mir Tee. Man schickte uns ins Krankenhaus, wo wir die Nacht über blieben, und die Ärzte dort machten Blut- und Ultraschalluntersuchungen. Sie dachten, es wären verstopfte Lymphdrüsen, und überwiesen uns ins Krankenhaus von Southhampton.

Ich wußte von Anfang an, daß Calum sterben würde. Mein Mann fuhr mit ihm nach Southhampton. Später rief er mich von dort aus an und sagte, man hätte einen Tumor entdeckt.

In dieser Nacht wurde Calum schrecklich krank. Auf dem schnellsten Weg wurde er nach London gebracht, ins Guy's Hospital, da man befürchtete, daß er die Nacht nicht überleben würde. Also fuhr ich mit der Bahn nach London. Calum schrie vor Schmerzen, als ich im Krankenhaus ankam, aber er kam durch, und am nächsten Morgen setzte er sich im Bett auf und wollte Schokoladenyoghurt essen. Die Ärzte meinten, er würde wieder gesund werden, aber ich sagte, er würde sterben. Als mir klar wurde, wie sehr Tony meine Äußerung belastete, hielt ich schließlich den Mund. Calum durfte wieder nach Hause und wurde ambulant weiterbehandelt.

An einem Mittwoch war er wie gewöhnlich bei der Chemotherapie gewesen. Später rief ich im Krankenhaus an, da mein Sohn schrecklich krank war und Schmerzen hatte. Der Doktor wollte ihn am nächsten Morgen untersuchen. Seit Beginn der Behandlung hatte Calum sich geweigert, irgend jemanden zu sehen. Ihm waren die Haare ausgefallen, er hatte einen schweren Gipsverband um seinen Hals und wog nur noch dreizehn Pfund. An diesem Abend lag Calum auf der Hollywood-Schaukel im Garten, während ich Unkraut jätete, und plötzlich sagte er: ›Komm, Mami, heute machen sie die Modenschau in der Schule.‹ ›Woher weißt du das?‹, fragte ich erstaunt, weil ich es ihm gegenüber nicht erwähnt hatte.

Er entgegnete: ›Ich weiß es einfach.‹ Er war mit Erde verschmiert und hatte schreckliche Schmerzen, aber ich brachte ihn zur Schule, wo er auf meinem Schoß saß. Er war wie früher, tanzte herum und begrüßte alle, und die Leute machten Photos von ihm. Es war, als würde er zu allen sagen: ›Hier bin ich. Und das ist das letzte, was ihr von mir sehen werdet.‹ ›Hallo, Mrs. Pankhurst‹, sagte er zu seiner Lehrerin, als hätte er nur ein paar Tage wegen einer Erkältung gefehlt. Ich konnte es gar nicht glauben, er war total verwandelt; seit sieben Wochen war er nicht mehr unter anderen Leuten gewesen. Am nächsten Morgen hatte er einen Hirnschaden und lag im Sterben.

Ich kann nicht glauben, daß es nur ein Zufall war, daß er plötzlich zur Schule fahren wollte. Zwei Tage zuvor hatte Tony ihn auf seine Schultern gesetzt, und wir machten einen Spaziergang an der Kirche vorbei zum Bach. Calum hatte seine Angelrute dabei. ›Wenn ich sterbe‹, sagte er plötzlich und wies auf den Kirchhof, ›möchte ich hier begraben werden. Ich will nicht verbrannt werden.‹ ›Du wirst nicht sterben‹, versuchte ich ihm einzureden. Er hatte nie zuvor das Sterben erwähnt, und er sprach scheinbar gut auf die Behandlung an. ›Versprich mir, daß ich hier begraben werden kann‹, beharrte er.

Nach der Modenschau, um elf Uhr abends, verschlechterte sich Calums Zustand plötzlich rapide. Er wurde mit dem Hubschrauber nach Southhampton geflogen, aber es war zu spät. Er hatte einen Herzanfall, und kurz darauf noch einen zweiten. Die Ärzte sagten, er würde sich erholen. Aber Calums Hirn war geschädigt, er war blind und erkannte uns nicht mehr. Wir wurden vor die Wahl gestellt, ihn mit Medikamenten am Leben zu erhalten oder ihn mit Morphium sterben zu lassen. Das haben wir getan. Wir haben ihn friedlich gehen lassen.

Nach Ausbruch der Krankheit ist Calum so schnell erwachsen geworden, es war unglaublich. Früher habe ich ihn immer geknuddelt und ihn meinen kleinen Mann genannt. Eines Tages sagte er plötzlich: ›Ich bin nicht mehr dein kleiner Mann, ich bin jetzt dein großer Mann.‹ Es war, als würde er sich auf das Sterben vorbereiten.

Calum starb am 6. Juni, zehn Minuten nach zwei. Kurz zuvor umklammerte er Tonys Hand und sah ihn an. Er konnte nichts mehr erkennen, und wir dachten, er wüßte nicht einmal, daß wir da waren. Obwohl er nicht sprechen konnte, sah er aus, als würde er hinter Tony etwas Wunderbares sehen. ›Sieh doch‹, sagte Tony, ›es geht ihm gut.‹

Dann war Calum von uns gegangen. Ich hatte das Gefühl, Calum hatte uns etwas sagen wollen und zeigen, was er wahrnahm.

Calum wurde auf dem Kirchhof begraben, wie er es sich gewünscht hatte. Nach der Trauerfeier ging ich weinend zu Bett. Im Schlaf kam Calum zu mir: ›Mami, wein nicht, es geht mir gut. Ich bin jetzt richtig glücklich.‹

Ich habe es nur Tony erzählt, und der war erschüttert. Zwei Wochen später kam Calum im Traum zu meiner Schwägerin und sagte: ›Sarah, wein nicht, ich bin wirklich glücklich.‹ Er hatte seine Tante sehr geliebt. Später erzählte sie mir, daß sie von Calums Begräbnis geträumt hatte, zwei Monate, bevor er krank wurde. Sie hatte es mir damals nicht sagen wollen, um mich nicht zu beängstigen.

Obwohl ich Calum in den Armen hielt, während er unter Morphium stand, belastete es mich sehr, daß ich nie erfahren würde, ob er wußte, daß ich bei ihm war. Nach Calums Tod wurde in Southhampton der Sterbeschein ausgestellt, und seine Leiche wurde auf die Isle of Wight zurückgebracht. Pam, die Dame aus dem Bestattungsinstitut, rief mich an und sagte: ›Kommen Sie, und sehen Sie sich Calum an. Er sieht so friedlich aus‹, aber ich wollte nicht. Ich wußte, daß seine Seele nicht mehr bei uns war.

In der Nacht vor unserer Erholungsreise im September nach Portugal hatte ich einen Traum. Ich ließ Calums Tod registrieren, und Pam rief mich an und fragte, ob ich hinkommen und ihn sehen wolle. Diesmal tat ich es, und als ich Calum betrachtete, bewegte sich sein Arm oder sein Bein. Ich ging und erzählte niemandem davon. Dann war ich bei seiner Beerdigung und bestand darauf, daß der Sarg hochgeholt und geöffnet wurde. Ich konnte die Leute sagen hören, ich sei wirklich ein Schwachkopf, aber es war mir egal. Jemand holte einen Schraubenzieher und öffnete den Sargdeckel, und Calum sprang heraus und drückte mich ganz fest. ›Warum begräbst du mich?‹, fragte er. ›Ich bin doch nicht tot!‹

Die Träume von Calum waren anders als gewöhnliche Träume. Es umgab ihn immer ein strahlendes Licht. Calum tröstete mich und half mir weiterzumachen.

In Portugal, als Tony und ich einmal zusammensaßen und uns unterhielten, meinte er, ich sähe jetzt viel besser aus, und fragte, ob es der Urlaub sei, der mir geholfen hätte. Ich beschloß, ihm von dem eben erwähnten Traum zu erzählen. Vor diesem Traum hatte ich immer wieder plötzlich Bilder von Calums letztem Tag, dem Hirnschaden, der Rückführung der Leiche und der Aufbahrung vor mir gesehen. Wenn wir beim

Abendbrot saßen und plötzlich die Erinnerung kam, ging ich stets nach oben, damit die anderen Kinder mich nicht weinen sahen.

Als ich ihm von dem Traum erzählte, sagte Tony: ›Ich fühlte mich so hilflos. Wenn du plötzlich so verzweifelt warst, ging ich immer zu Calums Bett und sagte: ›Calum, du mußt deiner Mami helfen. Ich kann es nicht.‹ Daß wir nun über alles sprechen konnten, hat uns sehr erleichtert, und es tröstete Tony, daß Calum gekommen war, um mir zu helfen.

Vor zwei Wochen hatte ich einen weiteren Traum. Calum hatte sich die Beine aufgeschnitten, klaffende Wunden waren zu sehen. Ich drückte ihn an mich und knuddelte ihn. Im Traum war ich so glücklich, und als ich aufwachte, war ich nicht enttäuscht. Ich dachte nicht: ›Oh nein, es war ja gar nicht wahr.‹ Ich fühlte mich tatsächlich besser; ich fühlte mich richtig gut, weil ich ihn gesehen hatte.

Wenn man träumt, möchte man seine Augen öffnen, aber man kann es nicht. Calum spricht mit mir, und ich kann sein Gesicht sehen, das von diesem gewaltigen Licht umgeben ist. Es ist so frustrierend, daß ich nicht zu ihm gehen kann. Calum war immer anders als seine Geschwister. Als er ungefähr vier war, saß er regelmäßig zwischen uns im Bett, einen Arm um mich und einen Arm um seinen Papa gelegt. Wenn wir scherzhaft fragten: ›Wen von uns hast du am liebsten?‹, antwortete er, er hätte uns beide gleich lieb. Die meisten Kinder in diesem Alter ziehen den Elternteil vor, der ihnen gerade das meiste verspricht, aber nicht Calum. Er spielte uns nie gegeneinander aus und sagte nie etwas, das die Gefühle eines anderen verletzt hätte, obwohl er noch so klein war. Ich liebte ihn sehr. Ich sah ihn oft an und dachte: ›Wie sollte ich es ertragen, wenn dir etwas zustoßen würde?‹ Calum gefiel es nicht im Kindergarten, er konnte sich einfach nicht eingewöhnen. Also habe ich ihn nicht mehr dorthin geschickt. Es tat mir zu weh, wenn er unglücklich war. Niemand außer mir und seinem Papa hat unseren Sohn je betreut, vom Tag seiner Geburt an bis zu dem Tag, an dem er starb. Die anderen Kindern waren anders; sie waren unabhängiger. Calum konnte es nicht ertragen, auch nur für kurze Zeit von mir getrennt zu sein, und umgekehrt war es genauso. Gelegentlich half ich abends im Red Lion Pub aus, um ein bißchen Extrageld zu verdienen, und wenn ich um Mitternacht nach Hause kam, saß Calum oben auf der Treppe und wartete auf mich.

Wenn man Kinder hat, rechnet man nicht damit, daß sie vor ihren Eltern sterben werden. Weil ich aber wußte, daß Calum sterben würde, war ich besser als alle anderen Familienmitglieder darauf vorbereitet. Tony vertraute mir an, daß er traurig sei, weil Calum nicht zu ihm kommt. ›Aber ich höre Dinge in meinem Kopf und frage mich, ob sie wahr sind.‹ Und ich riet ihm zu glauben, was er hört. Ich bin jetzt ein ganz anderer Mensch als noch vor einem Jahr, und ich glaube fest daran, daß Calums Tod einen Sinn hatte. Nun sammle ich Geld für an Leukämie erkrankte Menschen und ihre Familien; ich möchte jetzt anderen Menschen helfen.

Ich hoffe, daß ich auch in Zukunft diese Träume von Calum haben werde. Natürlich ist es nicht dasselbe, als wenn ich ihn bei mir hätte. Nichts kann diesen Schmerz lindern. Aber wenigstens kann ich ihn sehen und weiß, daß er glücklich ist.«

Jan glaubt fest daran, daß die Verbindung von Mutter und Kind auch nach dem Tod weiterbestehen kann. Selbst Menschen, die nicht akzeptieren, daß ein Kind physisch zurückkehren kann, um seine Mutter zu trösten, werden nicht leugnen, daß die Liebe zwischen beiden nicht mit dem Kind stirbt, sondern weiterlebt in dem, was das Kind war und was die Mutter geworden ist, weil sie dieses Kind unter dem Herzen getragen hat. Wir können schwerlich eine andere Erklärung finden, und ganz bestimmt können wir nicht alles auf Wunschvorstellung oder eine psychologische Phase des Trauerprozesses zurückführen, solange wir nicht selbst in dieser Situation waren.

Die vielleicht sonderbarste Geschichte, auf die ich stieß, ist die von Emily, die Witwe wurde, als ihre Zwillingstöchter Sarah und Louise noch keine drei Jahre alt waren. Jede Nacht knieten die Zwillinge zu Füßen ihrer Mutter, sagten ihre Gebete auf, küßten das Bild ihres Vaters und hüpften dann ins Bett.

Eines Abends, als die Zwillinge gerade vier geworden waren, drehte sich Sarah während des Gebets ständig um und lächelte. Emily sagte: »Komm, sei ein braves Mädchen und falte deine Hände.« Aber Sarah hörte nicht auf, sich umzudrehen. Nach dem Gebet fragte Emily: »Sarah, warum hat du dich ständig umgedreht und gelächelt, als wir gebetet haben?« Sarah entgegnete: »Ich habe Papi angelächelt.« »Aber sein Bild steht doch da vorne«, meinte Emily verwirrt. »Nein, Mami, Papi stand da hinten. Ich habe ihn gesehen.« Die Mutter schalt Sarah, weil sie sich Geschichten ausdachte, und brachte die Mädchen ins Bett.

Emily vergaß den Vorfall, aber am nächsten Morgen beharrte Sarah beim Aufstehen: »Ich habe Papi gestern abend wirklich gesehen. Er ist tatsächlich dagewesen.« Nicht lange danach wurde Sarah plötzlich sehr krank. Als Emily sie einmal zum Essen überreden wollte, weigerte sich Sarah mit folgenden Worten: »Ich will nicht essen. Ich will mit Papi in den Himmel gehen. Er ist ganz weiß und leuchtet.« Ihre Mutter entgegnete: »Aber was ist mit uns? Wenn du mit Papi in den Himmel gehst, wirst du uns fehlen.« »Gut«, meinte Sarah, »ich frage, ob du und Louise auch kommen könnt.« Kurz nach diesem Vorfall starb Sarah.

Weder die Religion noch die Naturwissenschaft oder die Philosophie haben wirklich eine Antwort auf derartige Vorfälle. Aber der sechste Sinn verspricht uns – nicht die Rückkehr des Kindes, denn nichts könnte das zuwegebringen, was für die trauernden Eltern das Bitterste ist –, daß die Liebe der Eltern zu ihrem Kind und die Liebe des Kindes zu seinen Eltern nicht nur auf dieses Leben beschränkt bleibt. Selbst die größten Skeptiker werden diese Ansicht teilen können.

Christopher Booker, der Kolumnist des *Sunday Telegraph*, erinnerte sich: »Ich habe im Oktober Geburtstag, und solange ich denken kann, erzählte mir meine Mutter jedes Jahr, daß sie im Garten eine Amsel singen gehört habe, kurz bevor ich morgens um halb sieben auf die Welt kam. Mindestens dreißig Jahre lang teilte ich ihr jedes Jahr respektvoll mit, daß es sich nicht um eine Amsel gehandelt haben könne. Amseln würden im Oktober nicht singen; es müsse ein Rotkehlchen gewesen sein. Vor zwei Wochen ist meine Mutter gestorben, und letzten Mittwoch hatte ich die traurige Pflicht zu erfüllen, ihre Asche in einem ländlichen Kirchhof in Dorset zur letzten Ruhe zu betten. Dabei begannen, ein paar Meter vom Grab entfernt, zwei Vögel laut zu singen – ein Rotkehlchen und eine Amsel. Ich hoffe, meine Mutter war in der Lage, mit mir über den Witz zu lachen. Vielleicht hat sie die ganze Sache arrangiert.«

Ob er das für ein weiteres Beispiel übersinnlicher Kommunikation halte, fragte ich ihn. Er entgegnete: »Obwohl ich sehr wohl um die Existenz von ›Sechster-Sinn-Erfahrungen‹ und dem ›verborgenen Netz‹ eines tieferen Sinns weiß, das unser Leben durchzieht und oft mit der Natur zu tun hat, kann ich nicht sagen, daß mich ein spezielles Band dieser Art mit meiner Mutter verband, obwohl meine Mutter sehr stark sensitiv war und zahlreiche außersinnliche Erfahrungen machte. Ich habe meine Mutter oft geneckt, weil sie dazu neigte, recht dogmatisch alles zu glauben, was ihr erzählt wurde (zum Beispiel die Wettervorhersage im Fernsehen, woraufhin ich mit gesundem Menschenverstand vorbrachte, daß die Wettervorhersage gewöhnlich falsch ist, wie ein Blick aus dem Fenster beweisen könne!). Unsere stetige Streiterei wegen der Amsel ist ein weiteres Beispiel dafür. Meine Mutter hatte diese fixe Idee, und ich wußte, daß sie im Unrecht war, aber nichts hatte sie davon überzeugen können. Und darum lächelte ich, als ich ihre Asche in die Erde versenkte und hörte, daß Rotkehlchen und Amsel gleichzeitig zu singen begannen.«

14
Resümee

In den letzten dreizehn Kapiteln habe ich viel über den mütterlichen Instinkt zusammengetragen, aber nicht viel darüber, was diese magischen Schwingungen für uns Frauen selbst bedeuten. Die meisten Frauen, ich miteingeschlossen, hatten sich geschworen, daß die Mutterschaft sie überhaupt nicht verändern würde.

All diese vielgeplagten, desorganisierten anderen Mütter, die rotznasige Kinder hinter sich herzerrten und bei Disney-Filmen zu weinen anfingen, während die Kinder gleichgültig Popcorn kauten und ungeduldig fragten, wann denn die Roboter kämen, hatten die Sache einfach nicht im Griff. Wir waren anders: Wir waren besonnen, entschlossen und tüchtig. Vielleicht gibt es tatsächlich Frauen, die behaupten, die Mutterschaft habe in ihrem Leben wirklich kein Jota verändert, aber mir ist noch keine begegnet. Denn solche Frauen fliegen eher in der ersten Klasse der Concorde über meinen Kopf hinweg, als daß sie hinter mir in der Schlange im Supermarkt stehen oder mit dem kleinen Michel, der sich den Kopf in der Suppenschüssel eingeklemmt hat, neben mir im Wartezimmer des Kinderarztes sitzen.

Die meisten Frauen, ob sie nun berufstätig bleiben oder Vollzeit-Mutter werden, haben die Erfahrung gemacht, daß die Mutterschaft nicht nur ihren Lebensstil änderte, sondern daß sie eine tiefergehende Veränderung ihrer Art zu fühlen und zu sein hervorrief. Selbstverständlich hätten wir nie zugegeben, daß uns selbst so etwas je passieren könnte. Und als dann die Schwangerschaftshormone zu fließen begannen und wir uns dabei ertappten, leicht zu schniefen, wenn wir uns alte *Lassie*-Filme ansahen, versicherten wir uns beruhigend, daß das nur ein vorübergehender physiologischer Schluckauf sei.

Dann kam das Baby, und ein paar Jahre später organisierten wir das Begräbnis eines zerquetschten Igels, dem wir Beeren für seine Reise in den Himmel mit ins Grab legten (nur der Kinder zuliebe selbstverständlich). Das ist lediglich die Wirkung des Hormons Prolactin, das uns aus allen Poren dringt, redeten wir uns ein, während wir mit erstaunlicher Regelmäßigkeit Milch von unseren Pullovern und Tränen aus unseren Augen wischten.

Zehn Jahre später sind Sie eine leitende Angestellte, haben einen wichtigen Termin und sind schon zu spät dran. Sie sehen ein Kind (nicht einmal Ihr eigenes), das am Straßenrand steht und weint, weil es das Geld für sein Mittagessen verloren und den Schulbus verpaßt hat. Was tun Sie? Fahren Sie vorbei? Und wenn es Ihr Kind wäre, und all die anderen Mütter würden einfach weiterfahren?

Was also konnten Sie nicht wissen in dieser glorreichen, aber seltsam leeren Zeit, bevor das Baby in Ihr Leben trat? Zunächst einmal wußten Sie nichts von dem angeborenen Instinkt, der Sie für immer an Ihr eigenes, ganz besonderes Kind (das wunderbarste, das je geboren wurde) bindet, aber auch an jedes lahme Entchen, das vor Ihrer Tür quackt. Diese Tatsache ist auch nicht auf die ersten neun Monate oder neun Jahre beschränkt. Diese Magie kann, sobald sie in Ihr Leben tritt, Ihre rosagefärbte Brille zerschmettern, Ihnen aber eine Technicolor-Welt zeigen, auf die Sie zuletzt einen flüchtigen Blick erhaschen konnten, als Sie noch ein Kind waren.

Eine abessinische Adelige hat das sehr viel besser erklärt, als ich es kann: »Sie ist als Mutter eine andere als die Frau ohne

Kind. Erst trägt sie die Folgen einer Nacht neun Monate lang im Körper. Es wächst etwas. Es wächst etwas in ihr Leben hinein, das nie wieder daraus verschwinden wird. Denn sie ist Mutter. Sie ist und bleibt Mutter, auch dann, wenn das Kind, wenn alle ihre Kinder sterben. Denn erst trug sie das Kind unter dem Herzen. Nachher aber, wenn es geboren worden ist, trägt sie es *im* Herzen. Und aus dem Herzen geht es nicht wieder heraus.«[14]

Abessinische Adelige mögen so reagieren, aber sicher sind doch die modernen Mütter von härterem Kaliber? Nein, finden zumindest viele Frauen, die im ständigen Konflikt zwischen den Bedürfnissen ihres Kindes und jener Zielstrebigkeit stehen, die notwendig ist, um zu konkurrieren und Erfolg zu haben. Nein, findet auch Julie Loyd, die auf Walden Island lebt, der nördlichsten Westküsteninsel der USA. Julie hat ein übersinnliches Band zu ihren Kindern und einen einfachen Lebensstil: Kein elektrischer Strom, aber Seehunde auf den Felsen und Ziegen im Garten. Julie ist streng calvinistisch erzogen worden; in ihrer Familie wurde Wert gelegt auf harte Arbeit, Ernsthaftigkeit und die Unterdrückung von Gefühlen. Julie beschreibt sich als »sehr fixiert auf die linke Gehirnhälfte«. (Die linke Hälfte des Gehirns steuert beispielsweise Funktionen wie Sprache, Schreiben und Mathematik – Julie hat Mathematik studiert. Die rechte Seite des Gehirns soll die Wahrnehmung, die Phantasie, Kunst- und Musikverständnis und, wie manche Forscher glauben, auch die parapsyschischen Funktionen steuern.) Julie behauptet, sie hätte immer »echte Probleme mit emotionalen Leuten gehabt. Und jetzt ertappe ich mich dabei, daß ich wegen Babys weine, die ich nicht einmal kenne.«

Was konnte also bei Julie die Vorherrschaft der linken Gehirnhälfte außer Kraft setzen? »Diese Zärtlichkeit war ganz bestimmt nicht da, als ich noch keine Kinder hatte. Ich hatte nie viel für Babys übrig, es sei denn, sie waren süß und verhielten sich ruhig. Jetzt kann ich es kaum ertragen, von Babys zu hören, die Hilfe brauchen. Ich plane eine Reise nach Deutschland, um die Tanten meiner Mutter zu besuchen, und ich kann den Gedanken kaum ertragen, dabei nicht kurz nach Rumänien zu fahren und ein paar kleine Kinder aus den Waisenhäusern zu holen.«

Nichts als Worte? Eine Amerikanerin sah sich ein Video über die Waisenhäuser in Rumänien an, wobei ihr ein bestimmtes Kind besonders auffiel. In einem Traum war sie zuvor diesem Kind begegnet. Ausgerüstet mit dem Photo des Kindes (vom Fernsehbildschirm aufgenommen), flog sie nach Rumänien und fand das Kind an dem Ort, den sie im Traum gesehen hatte.

Die Mutterschaft bewirkt nicht nur eine emotionale Veränderung: Frauen, die in ihrem ganzen Leben noch keine übersinnliche Erfahrung gemacht haben (oder zumindest nicht, seit sie erwachsen sind), fangen plötzlich an, Dinge zu sehen und zu wissen, die andere Leute nicht sehen oder wissen. Julie erzählte mir: »Ich habe festgestellt, daß ich jetzt ziemlich häufig parapsychische Phänomene erlebe. Ich dachte immer, ich sei immun dagegen, aber seit der Geburt meiner Kinder verlasse ich mich fest auf glückliche Zufälle und meinen Spürsinn. Glauben Sie, daß es an den Kindern oder der Meditation oder an was anderem liegt?«

Wahrscheinlich ist es eine Kombination von allen dreien. Wenn sie Mutter geworden sind, stellen nicht wenige Frauen fest, daß sie anfangen, Geister zu sehen oder im voraus zu wissen, was geschehen wird. Das ist ein Phänomen, das mit erstaunlicher Regelmäßigkeit auftritt. Selbst Frauen, die schon übersinnlich und spirituell orientiert waren, bevor sie Kinder bekamen, machen die Erfahrung, daß die Mutterschaft die Natur ihrer Gipfelerlebnisse radikal verändert. Wenn Sie Mutter sind, kommen Sie in der übersinnlichen Welt von den Kindern nicht los, selbst wenn es nicht Ihre eigenen sind (ebensowenig, wie Sie in der Lage sind, das Kind im Stich zu lassen, das allein am Straßenrand steht und sein Essensgeld verloren hat).

Maria Campbell aus Victoria (Australien) hatte seit ihrer Kindheit Präkognitionen. Sie haben bereits erfahren, wie sie ihrer Mutter berichtete, daß ihr Großvater gestorben sei, und Minuten später stand eine Verwandte mit der Nachricht in der Tür. Als Erwachsene träumte Maria oft von Katastrophen und Unglücksfällen, und am nächsten Tag hörte sie in den Nachrichten, daß sie tatsächlich stattgefunden hatten. Aber seit sie Mutter geworden ist, handeln ihre präkognitiven Träume von den Gefahren, die Kindern drohen, und zwar nicht nur ihren eigenen (Sie erinnern sich, Maria wußte, daß ihr acht Monate alter Sohn Alex gerade eine Handvoll Nadeln verschlucken wollte, und konnte dieses potentielle Unglück abwenden), sondern auch Kindern, die sie nicht einmal kennt.

»Manchmal sehe ich Bilder von brennenden Häusern und eingeschlossenen Kindern vor mir«, erzählte sie mir. »Und am nächsten Tag sehe ich es dann in den Nachrichten. Gewöhnlich fängt es damit an, daß ich denke: ›Was würde ich tun, wenn im Haus ein Feuer ausbrechen würde? Meine Babys – wie könnte ich sie retten?‹ Und dann geht es weiter, der Rauch und die Flammen, alles ist so real, daß es mir Angst macht, und dann finde ich heraus, daß all dies einer Familie passiert ist, die mir völlig unbekannt ist. In letzter Zeit sehe ich hauptsächlich Kinder in meinen Visionen. Ich fange die Gefühle des Kindes auf, wenn es um Hilfe ruft; ich fange sie auf wie ein Radio elektromagnetische Wellen.«

Die parapsychische Ära kann aber bereits vor der Geburt des Kindes beginnen. Elspeth, eine Rechtsanwältin, die an der Südküste Englands lebt, erzählte mir, daß bei der Entbindung ihres Sohnes vor zwanzig Jahren eine schöne, winzige, grauhaarige Krankenschwester in ihrem Krankenzimmer ein- und ausging. »Sie war reizend, plauderte mit mir und hielt meine Hand. Sie trug eine wunderschöne runde Brosche mit schimmernden Perlen und Smaragden, Diamanten und Rubinen. Ich erinnere mich, daß ich dachte, sie ist die einzige der Schwestern, die Schmuck trägt. Sie sagte mir, daß ich einen Sohn bekommen würde und sprach mir die ganze Zeit über Mut zu. Es war wundervoll.

Der Arzt eröffnete mir schließlich, ich hätte einen kleinen Jungen, aber das wußte ich schon, da die alte Schwester es mir erzählt hatte. Ich schlief ein, und als ich aufwachte, hatte ich schrecklichen Hunger, verlangte mein Frühstück und erkundigte mich, ob ich wohl mit der älteren, damenhaften Schwester mit der schönen Brosche sprechen könne. Ich wollte ihr danken, weil sie so nett zu mir gewesen war. Doch niemand kannte sie. ›Aber sie war doch hier‹, rief ich, und sie fingen an, von Kindbettfieber zu reden und einem Besuch beim Psychiater. Also hielt ich sofort den Mund und sagte bis zu meiner Entlassung kein Wort mehr über sie. Aber ich war völlig verwirrt. Ich erzählte meinem Vater davon, und der fragte mich, wie sie ausgesehen habe. ›Du hast auch nicht für fünf Pfennige Verstand‹, erklärte er, ›das war deine Großmutter. Sie kam, um zu sehen, ob alles in Ordnung ist.‹ Dann erinnerte er sich, daß ich erst achtzehn Monate alt gewesen war, als sie starb, so daß es nicht überraschend war, daß ich sie nicht erkannt hatte. Er nahm ein Photo, das ich nie zuvor gesehen hatte, aus seiner Brieftasche. Es zeigte seine Mutter – da war sie, die freundliche ältere Krankenschwester mit der Brosche. Ich kann sie heute noch vor mir sehen (sie war nicht durchsichtig). Sie wirkte so real wie du und ich, und sie hat die ganze Entbindung über meine Hand gehalten. Als ich es meiner Mutter erzählte, sagte sie: ›Ach, Papa hat dir wieder irgendwelche verrückten Ideen in den Kopf gesetzt.‹ Aber ich wußte es besser.«

Elizabeth hätte beinahe die Bekanntschaft eines Psychiaters gemacht, wenn sie nicht den Mund gehalten hätte. Ärzte und Krankenschwestern können auf derlei Vorkommnisse sehr besorgt reagieren, es sei denn, Sie haben das Glück, von einer parapsychisch begabten Hebamme betreut zu werden, einer Frau, wie Sie sie im sechsten Kapitel kennenlernen konnten.

Das Sehen von Geistern könne auf »die Besonderheiten der Geburt« zurückgeführt werden, wie ein Geburtshelfer, der mehr an den physischen als an den parapsychischen Zusammenhängen interessiert war, mir zu verstehen gab. Aber es kommt vor, daß Mütter sogar lange nach der Geburt des Kindes die Gegenwart eines Wesens sehen oder spüren, das sonst niemand wahrnehmen kann. Und selbst Frauen, die früher einmal Quantenphysiker zum Abendbrot verspeisen konnten, werden feststellen, daß sie ziemliche Schwierigkeiten haben werden, dieses Phänomen zu beweisen. Ehemänner können natürlich die größten Skeptiker sein (obwohl im zehnten Kapitel einige zu Wort kamen, die selbst ein oder zwei seltsame Geschichten beisteuern konnten). Viele Männer lächeln nur und murmeln »Hormone«, wenn ihre Partnerin versucht, ihnen zu erklären, daß sie gerade einen »Geist« gesehen hat. Sonia war jedoch in der glücklichen Lage, ihren Mann doch noch überrascht zu sehen, nachdem er behauptet hatte, den Geist im Zimmer des Babys gäbe es nur in ihrem Kopf.

»Mein Mann, meine kleine Tochter und ich sind in ein ungefähr hundertfünfzig Jahre altes Haus gezogen. Vom ersten Tag an spürte ich dort eine starke Gegenwart, besonders im Zimmer meiner Tochter. Es liegt im hinteren Teil des Hauses, und man hat von dort einen sehr schönen Blick über die Felder. Wenn ich diesen Raum betrat, konnte ich oft Pfeifentabak riechen. Ich spürte, daß ein alter Mann in einem Schaukelstuhl am Fenster saß und über die Felder schaute. Mein Mann lachte nur und wollte mich nicht ernstnehmen. Aber zwei Jahre später renovierte er den Keller und rückte einen alten Ofen beiseite. Darunter fand er eine weiße Tonpfeife in bestem Zustand.«

Einige Jahre später erlebte Sonia ein weiteres parapsychisches Phänomen, das mit ihrer Tochter zusammenhing. »Es war am frühen Morgen. Ich lag noch im Bett, als die Katze hinausgelassen werden wollte. Also ging ich nach unten – es war ungefähr viertel vor sieben. Dann legte ich mich wieder ins Bett, aber ich wußte, daß es bald Zeit war, meine Tochter zu wecken, damit sie rechtzeitig zur Schule kam. Wir schliefen damals im selben Zimmer.

Plötzlich erschien eine Gestalt am Fußende des Bettes, in dem meine Tochter schlief. Ich war verwirrt und dachte zuerst, jemand hätte sich ins Haus geschlichen. Dann ging ein merkwürdiges, summendes Geräusch von dieser Gestalt aus. Als ich genauer hinsah, konnte ich deutlich eine in Weiß gekleidete Dame erkennen. Sie trug keine westliche Kleidung, sondern ein Gewand, das wie ein Sari mit einer Art Schleier darüber aussah. Sie schien dunkelhäutig zu sein, aber ich konnte ihr Gesicht nicht sehen. Der weiße Stoff glitzerte, als wäre er mit Pailletten besetzt oder mit Silberfäden durchzogen. Mehrere Minuten lang blieb die Gestalt am Fußende des Bettes stehen. Sie schien meine Tochter anzusehen, nicht mich. Dann drehte sie sich um und ging zur offenen Tür hinaus.«

Manchen Psychologen zufolge hätte ich überhaupt nicht in der Lage sein dürfen, eine übersinnliche Bindung zu meinem Sohn Jack aufzubauen, denn es war eine schwierige und schmerzhafte Geburt, und ich war danach sehr krank. Außerdem habe ich Jack mit der Flasche gefüttert und in einem anderen Zimmer schlafen lassen. Folglich war – nach herkömmlicher Meinung – die Chance für auch nur den leisesten Hauch des Paranormalen äußerst gering. Aber vom ersten Tag an war meine Beziehung zu Jack pure Magie. Wie ich anfangs sagte: Sobald ich aufhörte zu versuchen, die Supermutter zu verkörpern oder der Welt zu beweisen, daß die Mutterschaft mich nicht im geringsten verändert hatte, konnte mein Instinkt sich frei entfalten.

Als Jack sechs Wochen alt war, machte die Familie Urlaub in der Bretagne. Es war ein heißer Nachmittag Ende Juli 1984, und wir besichtigen Suscinio, eine Burgruine in der Nähe des Marktstädtchens Sarzeau. John erforschte mit den beiden älteren Kindern, Tom und Jade, die Ruine, und ich saß in einem der alten Rundtürme auf einem ehemaligen Erker-Fenstersitz, der jetzt nur noch aus rohem Stein bestand, und stillte das Baby. Im Raum befand sich nichts außer den Überresten einer alten Feuerstelle. Als ich aufsah, brannte dort Feuer in einem Kamin, und eine Frau in einem langen Gewand saß auf einem hohen Holzstuhl davor und stillte ihr Kind. Sie sah mich an, und ich sah sie an. Wir saßen einfach da und stillten unsere Kinder. Ich hatte keine Angst, ich war nicht einmal beunruhigt, denn es kam mir wie die natürlichste Sache der Welt vor: zwei Mütter und ihre Kinder. Ich spürte, daß ich sie nicht einmal würde berühren können, wenn ich aufstand, als ob irgendeine unsichtbare Barriere zwischen uns wäre. Als ich Tom und Jade rufen hörte, gab es einen plötzlichen Windstoß, und das Feuer ging aus. Die Dame stand auf und ging zur Tür, als mein Mann John hereinkam. Ihr langes Gewand schleifte über den Boden, und sie hielt das Baby im Arm. Er sah nichts. John meint, ich hätte gesagt: »Ich habe sie gesehen, weil wir beide Mutter sind.« Sicherlich waren wir auf irgendeine Weise durch unsere Babys miteinander verbunden. Es war eine zutiefst befriedigende Erfahrung. Als wir jedoch im nächsten Jahr wieder in die Bretagne fuhren und Suscinio an einem nebeligen Tag im Oktober besuchten, hatte ich das Gefühl, ich dürfe nicht hineingehen.

Während unseres ersten Urlaubs sah ich das Phantom (oder das Produkt der Hitze, meinem Mann zufolge) noch einmal. Es war in der Nähe des Châteaus, und die Frau ging mit dem Baby an der Hüfte einen Bergpfad entlang, der zu einer verlassenen Bucht führte. Ich wußte, daß sie ihr Kind nach England brachte, weil es in Gefahr war, wenn sie im Schloß blieben. Bis heute weiß ich nicht, ob es die Hitze war oder meine Phantasie, oder ob das Phantom und ich ein kurzes

Stück Wegs zusammen gingen, weil die Mutterschaft vorübergehend ein Band zwischen uns entstehen ließ, das stärker war als die Grenzen der Zeit.

Durch Erzählungen ist bekannt, daß manche Frauen das Gefühl hatten, ein verstorbener Verwandter habe sie auf die Notlage ihres Babys aufmerksam gemacht. Peg sah ihre Mutter nicht nur, sondern hörte sie auch und fühlte ihre Berührung. Das einzige, was Peg zuerst nicht verstehen konnte, war, was ihre Mutter mitten in der Nacht von ihr wollte.

Peg wachte plötzlich auf, als ihre Mutter sie wachrüttelte und rief: »Schnell, wach auf, es ist das Baby; es braucht Hilfe. Dringend.« Peg sprang im Halbschlaf aus dem Bett, fragte sich, warum ihre Mutter nicht selbst nach dem Baby sah, und eilte zu ihm. Sein Gesicht war ganz blau. Eine Minute später, und das Kind wäre erstickt. Peg konnte es wiederbeleben, doch als es ärztlich untersucht wurde, ließ sich keine medizinische Ursache für den Anfall feststellen.

Viel, viel später sank Peg erschöpft ins Bett, glücklich, daß es ihrem Kleinen gutging. Erst da fiel ihr auf, wie seltsam das Ganze gewesen war: Ihre Mutter war seit drei Jahren tot und hatte das Kind nie gesehen.

Was also ist magisch und was natürlich?

Woher kommt die übermenschliche Kraft, die eine einsfünfzig große, fünfundfünfzig Kilo leichte Frau befähigt, eine schwere Garagentür hochzustemmen, unter der ihr Kind liegt? Was verleiht ihr den Mut, auf die Motorhaube eines fahrenden Wagens zu springen, damit ihr Kind nicht überrollt wird? Die Geschichte von Julie Henderson aus Yorkshire hat mich wegen der unglaublichen Kraft und des außerordentlichen Mutes dieser Frau besonders berührt. Julies Instinkt zahlte sich aus, aber der Preis war sehr hoch: Sie mußte nicht nur schreckliche körperliche Schmerzen ertragen, nachdem sie ihren vierzehn Monate alten Sohn Reece davor bewahrt hatte, von den Rädern eines schweren Lastwagens zermalmt zu werden, sondern wurde auch vorübergehend von eben dem Kind abgelehnt, bei dessen Rettung sie fast gestorben wäre.

Julies Rock verfing sich unter den Rädern eines Lastwagens, der auf dem Gehweg geparkt war und plötzlich anfuhr. Reece wäre zerquetscht worden, wenn Julie nicht den Kinderwagen mit aller Kraft von den Rädern weggedrückt hätte, während sie vom Lastwagen mitgeschleift wurde. Ihre Gedanken galten nur Reece, und ihre erste Frage, als sie schwerverletzt und halb bewußtlos unter dem Lastwagen hervorgezogen wurde, lautete: »Wie geht es Reece?« Julie sagte zu mir: »Ich wußte nur, daß ich Reece davor bewahren mußte, unter den Lastwagen zu geraten. Ich nehme an, ich hatte an diesem Tag irgendeine besondere Kraft. Über mich selbst machte ich mir keine Gedanken. Alles, was ich dachte, war, daß ich ihn retten müsse, und sogar später, als ich so schreckliche Schmerzen hatte, dachte ich nur an das Baby. Ich glaube wirklich, daß Mütter eine besondere Kraft entwickeln, wenn ihren Kindern Gefahr droht. Die Macht des Mutterinstinkts ist unglaublich.«

Erst im Krankenhaus, nachdem man ihr ihren unversehrten Sohn gezeigt hatte, konnte sie sich erlauben, über ihre eigenen furchtbaren Verletzungen nachzudenken und sich der Angst zu stellen, daß sie ihr Bein verlieren könnte – doch sie bereute nichts. (Das Bein konnte nach fünf Monaten schmerzhafter Behandlung gerettet werden.) »Reece war ein ganz besonderes Baby, mein erstes Kind. Ich hatte mir so sehr ein Kind gewünscht. Das muß es gewesen sein. Ich hätte es nicht ertragen, ihn zu verlieren. Es ist erstaunlich, was man zuwegebringen kann, wenn das Leben seines Kindes in Gefahr ist. Ich kann es nicht erklären, aber es überkommt dich einfach, und du tust dann, was du tun mußt. Ich würde es morgen wieder tun, wenn ich dadurch meinen Sohn vor dem bewahren könnte, was ich durchgemacht habe.«

Aber, wie schon erwähnt, es gab nicht sofort ein glückliches Ende. Reece hatte Angst bekommen, als er seine Mutter in

Bandagen gewickelt im Krankenhaus sah, und seine letzte Erinnerung an sie war verknüpft mit Blut und Lärm und ihrem scheinbaren Verrat an ihm. Er war zu klein, um zu verstehen, welches Opfer seine Mutter für ihn gebracht hatte.

Julies Mutter versorgte Reece, während Julie im Krankenhaus lag, und als sie endlich durch die Haustür gehinkt kam und auf ein glückliches Wiedersehen mit ihrem Sohn hoffte, klammerte der sich schreiend an seine Großmutter. Julie gab nicht auf, aber erst einige Wochen später, nach endlosen Wutausbrüchen und Tränen, kletterte Reese zum ersten Mal nach dem Unfall auf ihren Schoß, um sie zu umarmen.

Julies Geschichte gibt noch einmal wieder, was ich mit diesem Buch vermitteln möchte: Ja, es gibt Magie. Und manchmal ist sie alles, was wir haben, und alles, was uns weitermachen läßt. Aber das ist kein Versprechen, daß wir es leicht haben werden.

Das magische Band der Mutterschaft stellt vieles in Frage, was die materielle Welt als gegeben annimmt. Wir haben erfahren, daß dieses Band uns keineswegs garantiert, daß wir glücklich sein werden. Dennoch: Wir sind mit unserem Kind verbunden, von dem Tag an, an dem wir zum ersten Mal erkennen, daß wir ein neues Leben in uns tragen, bis zu dem Tag, an dem das winzige Bündel dreißig Jahre alt ist, zwei Meter mißt und am anderen Ende der Welt lebt, und für alle Zeit danach. Wir sollten nie versuchen, die Seele eines Babys besitzen zu wollen, aber dennoch tragen unsere Sprößlinge unsere Liebe ganz tief in sich und können uns jederzeit rufen, indem sie an diesem reißfesten, unsichtbaren Band ziehen.

Wir alle spüren auf irgendeine Weise und in verschiedenem Ausmaß das übersinnliche Band der Mutterschaft. Bei vielen Müttern wird es sich eher im Alltag zeigen als in Situationen, bei denen es um Leben oder Tod geht. Wir Frauen sollten unserem Instinkt folgen. Und wenn ein Kind weiß, daß seine Mutter es hört und zu ihm kommt, wenn es schreit, wird es später ganz selbstverständlich die Verantwortung für seine eigene Psyche und sein eigenes Leben übernehmen, in der Gewißheit, daß sie da ist, wenn es sie braucht. Denn nur jene Kinder, deren physisches oder parapsychisches Schreien unbeantwortet bleibt, müssen immer in unserer Nähe bleiben und ersticken uns mit ihren Ängsten.

Wie auch immer Sie den Ruf Ihres Kindes wahrnehmen mögen – vielleicht hören Sie eine Stimme, oder Sie spüren es einfach ganz tief drinnen: Hören Sie auf ihn. Was haben Sie zu verlieren, verglichen mit dem, was Sie zu gewinnen haben? Denken Sie daran, daß viele der Übungspaniken, die sich nicht sofort bewahrheiten, möglicherweise eine Art übersinnliche Probe sein können, um uns vorzubereiten, damit wir wissen, was zu tun ist, wenn die echte Krise kommt.

Wir können unsere Fähigkeit zum Gedankenlesen benutzen, um unseren Kindern in schwierigen Zeiten beizustehen, indem wir ihre Traurigkeit oder Unsicherheit auffangen, selbst wenn sie nichts sagen. Wenn unsere Kinder mit der aufregenden, aber manchmal auch feindseligen Außenwelt in Kontakt kommen, können unser stillschweigendes Mitgefühl und unsere freundlichen Gesten dazu beitragen, daß sie sich angenommen und wertgeschätzt fühlen. Wir können nicht die Kämpfe unserer Kinder auf dem Schulhof für sie austragen, aber wir können unsere übersinnlichen Kräfte zur Hilfe schicken.

Wenn unsere Kinder in die Pubertät kommen und die Kommunikation zwischen ihnen und uns auf ein Minimum reduziert sein kann, ist es manchmal dieses Band ohne Worte, das uns auf Probleme aufmerksam macht. Wir können unseren Kindern beim Übergang ins Erwachsenenleben helfen, indem wir ihnen die Sicherheit des Wissens um die tiefe Liebe zwischen uns geben, dem übersinnlichen Sicherheitsnetz.

Das mag vielleicht klingen, als wären alle Frauen Übermütter, die immer lächeln, nie losbrüllen oder all die Sachen sagen, die, wie Psychologen uns mitteilen, unsere Sprößlinge fürs ganze Leben schädigen können. Natürlich geraten wir alle einmal in Zorn, aber gerade in solchen Situationen kann das tiefere, das übersinnliche Band uns tragen, und zwar nicht nur bei schweren Krisen, sondern auch bei den alltäglichen Streitereien, die zum Familienleben gehören.

Das übersinnliche Band kann uns auch gute Dienste leisten, wenn es um Gesundheit und Wohlergehen des Kindes geht. Häufig nehmen Ärzte und Krankenschwestern den mütterlichen Instinkt nicht ernst, und oft lassen sich Frauen durch die moderne Apparatemedizin und das Wissen der Fachleute einschüchtern. Aber von Anfang an können Mütter ein Wissen über ihre Kinder besitzen, selbst über ihre ungeborenen, das durch Technologie und Experten nicht zwangsläufig abgedeckt ist.

Ergänzen Sie die Ratschläge der Ärzte durch ihre eigene Intuition. Sollten Sie sich in einer Lage befinden, in der es keine eindeutige Antwort gibt, dann folgen Sie Ihrem Instinkt, und wenn Sie im Zweifel sind, bestehen Sie auf eine zweite ärztliche Meinung. Das übersinnliche Band kann vor Problemen warnen, aber es kann uns auch die tröstliche Sicherheit vermitteln, daß alles wieder gut werden wird.

Als Mutter sind Sie ein Teil Ihres Kindes, und Ihr Kind ist ein Teil von Ihnen. Haben Sie also keine Bedenken, Ihr intuitives Wissen auszusprechen. Sie haben ja auch keine Bedenken, die Signale Ihres eigenen Körpers aufzufangen. Diese starke Verbindung zwischen Ihnen und Ihrem Kind bleibt bestehen, auch wenn sie physisch getrennt werden. Sie kennen die Verhaltensmuster und Bedürfnisse Ihres Kindes besser als irgend jemand sonst, und deswegen können Sie Ärzte und Lehrer darin unterstützen, Ihrem Kind die bestmögliche Hilfe zu geben.

Wie schon erwähnt: Ich glaube nicht, daß es möglich ist, den mütterlichen Instinkt irgendwie zu verstärken oder ihn zu beherrschen, obwohl ich akzeptiere, daß manche Menschen die

Erfahrung gemacht haben, durch Techniken wie Visualisierung oder Meditation mit ihrer Spiritualität verbunden zu bleiben. Aber selbst wenn Sie am liebsten schreien und Ihr Kind in dem Wasserfall ertränken würden, den Sie gerade visualisieren, machen Sie sich keine Sorgen. Viele der magischsten Geburtserfahrungen wurden von Frauen gemacht, die mit ihrer Kraft am Ende waren. Natürlich sollten Sie eine sanfte, spirituelle Geburt anstreben, wenn Sie fühlen, daß das für Sie und Ihr Baby das Richtige ist, doch seien Sie nicht beunruhigt, wenn Sie sich nicht sofort in Ihr Kind verlieben. Die physische, emotionale und parapsychische Kraft der Mutterschaft ist ein Band, das nicht durchschnitten werden kann. Es wird auch morgen noch vorhanden sein, und für den Rest Ihres Lebens.

In unserer modernen, konsumorientierten Welt wird uns versprochen, daß wir Glück, Erfolg oder spirituelles Wissen erwerben können, wenn wir ein bestimmtes Produkt kaufen oder uns und unsere Familien für bestimmte Kurse anmelden (die alle nicht kostenlos sind). Der mütterliche Instinkt jedoch kostet nichts (wenn Sie einmal die Klausel über Blut, Schweiß und Tränen außer acht lassen). Ich werde Sie nicht auffordern, mir Geld zu schicken, damit ich Ihnen ein »Instinkt-Elixier« schicken kann, denn dieses Elixier besitzen Sie bereits, obgleich Sie es vielleicht noch nicht wissen oder ihm nicht trauen.

Das magische Band steht uns allen zur Verfügung, wenn wir nur aufhören würden, uns Sorgen darüber zu machen, ob unser Dreijähriger auch sozial angepaßt ist, wenn er im Kindergarten seinen Spielkameraden ohrfeigt. Die Magie ist in der Ruhe zu finden, nicht in pausenlosen Aktivitäten, und sie ist zu finden, wenn wir uns und unsere Kinder so akzeptieren, wie wir sind, nicht wie wir uns oder sie haben wollen. Das magische Band entsteht nicht durch materielle Attraktionen, sondern in jenen Momenten, in denen Sie und Ihr Kind in Kontakt mit der Natur kommen, die vor den Freizeitparks da war – den Wäldern, Stränden, den offenen Räumen in der Stadt, wo Sie und

Ihr Kind einfach nur zusammensein können. Wir haben alle nur begrenzt Zeit, also lassen Sie die Hausarbeit, die Klubs und den Sportverein. Schaffen Sie jeden Tag genug Raum und Zeit für sich und Ihr Kind – notfalls reichen zehn ungestörte Minuten. Stellen Sie das Telefon und die Türklingel in dieser »stillen Zeit« ab. Die Welt wird schon kommen, wenn sie Ihnen etwas Dringendes mitzuteilen hat. Die Tage der Kindheit sind kostbar und gehen schnell vorbei – fragen Sie Frauen, die ein Kind verloren haben.

Die Mutter-Magie ist kein unerreichbarer Traum, und dieses Buch ist auch nicht einfach eine Ansammlung erstaunlicher Geschichten. Die Geschichten dieser Menschen sind auch die Ihren, oder könnten es sein. Jede dieser Erfahrungen vermittelt uns eine Botschaft: Öffnen Sie Ihr Herz, lieben und akzeptieren Sie sich und Ihr Kind. Alles, was wir brauchen, um für unsere Kinder zu sorgen, liegt in uns selbst. Durch die Mutterschaft verlieren wir das Gefühl, allein und von anderen getrennt zu sein, physisch, emotional und parapsychisch. Vielleicht mag es in unserem Bauch manchmal etwas eng werden oder später dann in unserem Bett, wenn ein Kleinkind zum dritten Mal in einer Stunde ankommt, doch die Liebe und das Vertrauen unserer Kinder ist das kostbarste Geschenk, das sich denken läßt – und unser Weg zur Unsterblichkeit.

Anhang

Anmerkungen

1 Cassandra Eason, *The Psychic Power of Children*, Foulsham, 1994.
2 T. Berry Brazelton, »Implications of Infant Development among Mayan Indians of Mexico«, in: P.H. Leiderman u.a., *Culture and Infancy – Variations in the Human Experience*, Academic Press, 1977.
3 Dana Raphael/Flora Davis, *Only Mothers Know*, Greenwood Press, 1985.
4 William Sears, *Schlafen und Wachen. Ein Elternbuch für Kindernächte*, La Leche Liga, 1991.
5 Carl Jones ist Autor des Buches *From Parent to Child. The Psychic Link*, Warner Books, 1989.
6 Joe Cooper ist Autor des Buches *The Mystery of Telepathy*, Constable, 1982.
7 J.C. Pierce, *The Magical Child*, Dutton, 1977.
8 Auszug, zitiert nach *Der Stern der tat sie lenken. Alte englische Lieder und Hymnen*, übersetzt von Erich Fried, München 1966.
9 Eine ausführlichere Beschreibung seiner Arbeit können Sie Erik Sidenbladhs Buch *Wasserbabys: Geburt und Entwicklung in unserem Urelement*, Synthesis, 1987, entnehmen.
10 Andrew und Penny Stanway, *Choices in Childbirth*, Pan, 1984.
11 Peter Fenwick/David Lorimer, *New Scientist*, 5. August 1989.
12 Colin Wilson, *Das Okkulte*, Berlin 1982, München 1988.
13 Emile Souvestre, *Le Foyer Breton*, Nelson, 1910.
14 Zitiert nach Leo Frobenius, *Der Kopf als Schicksal*, München 1924.

Adressen

Ich freue mich immer, von meinen Lesern zu hören. Zu erreichen bin ich über meinen Verlag in England. Vielleicht werden Sie die Adressen ab Seite 235 (Auswahl) in Krisenzeiten – übersinnlichen oder anderen – nützlich finden.

Kontaktadresse

Aquarian Press
HarperCollins*Publishers*
77-85 Fulham Palace Road
Hammersmith
GB-London W6 8JB

Geburtsvorbereitung/Hebammen

Deutschland

Bund Deutscher Hebammen e.V. (BDH), Postfach 17 24, 76006 Karlsruhe, Tel.: 0721/264 97/98

Bund freiberuflicher Hebammen Deutschlands e.V., BfHD, Geschäftsstelle, Freiheitsstr. 11, 41352 Korschenbroich, Tel.: 02161/64 85 77

GfG – Gesellschaft für Geburtsvorbereitung, Bundesverband e.V., Postfach 22 01 06, 40608 Düsseldorf, Tel. und Fax: 0211/25 26 07

LAHAR, Verein für Bewußte Geburt e.V., Malmedyer Str. 92, 52066 Aachen, Tel.: 0241/678 73 und Auguststr. 85, 26121 Oldenburg, Tel.: 0441/778 08 55
(Ausbildung zur spirituellen Geburtsvorbereitung)

Österreich

Hebammenverband, c/o Dorothea Rüb, Rosensteingasse 82/1, 1170 Wien, Tel.: 0222/450 25 29

Hebammenzentrum, Verein freier Hebammen, Lazarettgasse 6/2/1, 1090 Wien, Tel.: 0222/408 80 22

Schweiz

Ausbildung in Geburtsvorbereitung – AGV, Hertensteinstr. 29, 6004 Luzern, Tel.: 041/52 90 15

Schweizerischer Hebammen-Verband, Zentralsekretariat, Flurstr. 26, 3000 Bern 22, Tel.: 031/332 63 40

Eltern- und Familienberatung

Deutschland

Arbeitskreis Eltern werden – Eltern sein e.V., Talstr. 56, 79102 Freiburg, Tel.: 0761/738 33 Q oder 70 69 60

Beratung alleinstehender Mütter und Schwangerer e.V., (BAMS e.V.), c/o Petra Marek, Pfarrgasse 17, 69121 Heidelberg, Tel.: 06221/41 19 04 Q

Beratungsstelle für Geburt und Eltern-Sein, Familie in Bewegung, e.V., Dorfackerstr. 12, 72074 Tübingen-Lustnau, Tel.: 07071/839 27

Bewußte Geburt und Elternschaft e.V., Diezstr. 6, 35390 Gießen, Tel.: 0641/348 93

Bundeszentrale für gesundheitliche Aufklärung, BZgA, Ostmerheimer Str. 200, 51109 Köln, Postfach 91 01 52, 51071 Köln, Tel.: 0221/89 92-0

Deutsche Liga für das Kind in Familie und Gesellschaft (Initiative gegen frühkindliche Deprivation) e.V., Dyroffstr. 12, 53113 Bonn, Fax: 0228/26 45 15

Initiative Regenbogen »Glücklose Schwangerschaft« e.V., c/o Barbara Künzer-Riebel, Burgstr. 6, 73614 Schorndorf, Tel.: 07181/212 75 (Broschürenversand) und c/o Petra Jecker, Peter-Behrens-Str. 45, 40595 Düsseldorf, Tel.: 0211/700 55 04 (Adressenvermittlung)

Interessensgemeinschaft Tagesmütter, Bundesverband für Eltern, Pflegeeltern und Tagesmütter e.V., Bödekerstr. 85, 30161 Hannover, Tel.: 0511/62 33 02

IRIS-Regenbogenzentrum, Kontakt- und Beratungsstelle, Schleiermacherstr. 39, 06114 Halle/Saale, Tel.: 0345/269 89

Kiebitz Familienzentrum, Karl-Tauchnitz-Str. 3, 04107 Leipzig, Tel.: 0341/29 18 14

Netzwerk Geburt und Familie e.V., Soziales Netz rund um die Geburt – Familienpflege und Sozialpädagogische Familienhilfe, Häberlstr. 17 Rgb., 80337 München, Tel.: 089/53 20 76 oder 53 76 33

Pro Familia, Deutsche Gesellschaft für Familienplanung, Sexualpädagogik und Sexualberatung e.V., Bundesverband, Stresemannallee 3, 60596 Frankfurt, Tel.: 069/63 90 02, Fax: 069/63 98 52

Verband alleinstehender Mütter und Väter e.V. (VAMV), Von-Groote-Platz 20, 53173 Bonn, Tel.: 0228/35 29 95

Österreich

Nanaya – Beratungsstelle für natürliche Geburt und Leben mit Kindern, Zollergasse 37, 1070 Wien, Tel.: 0222/93 17 11

Verein WEGE – Beratungsstelle für natürliche Geburt, Elternschaft und ganzheitliches Wachstum e.V., Raschbach 2, 4861 Aurach, Tel.: 07662/42 20, Fax: 07662/47 62

»TAG« – Therapie Alternative Gänserndorf, Weingartengasse 9, 2230 Gänserndorf, Tel.: 02282/58 57

Verein für natürliche selbstbestimmte Geburt und Leben mit Kindern, Bahnstr. 11-13, 2230 Gänserndorf, Tel.: 02282/31 90

Zentrum für Geburt und Elternschaft, c/o Irene Hocher, Rosensteingasse 82, 1170 Wien, Tel.: 0222/45 96 49

Schweiz

Marie-Meierhofer-Institut für das Kind, Mutter-Kind- Beratung, Schulhausstr. 64, 8002 Zürich

Schweizerische Vereinigung der Mütterberatungsstellen, Seehofstr. 15, Postfach 173, 8024 Zürich

Schweizerische Zentralstelle für Mütterzentren, c/o Francesca Müller, Kalkackerstr. 87, 3047 Bremgarten

Verein zur Förderung vielfältiger Gebärmöglichkeiten, c/o Nicole Christen-Leuenberger, Brambergrain 3, 6004 Luzern, Tel.: 041/51 62 19

Selsthilfegruppen

Deutschland

Deutsche Arbeitsgemeinschaft Selbsthilfegruppen e.V., Friedrichstr. 28, 35392 Gießen
(Hinweis auf bundesweite Organisationen; Vermittlung von Kontakten zu regionalen Selbsthilfegruppen)

Nationale Kontakt- und Informationsstelle zur Anregung und Unterstützung von Selbsthilfegruppen, Albrecht-Achilles-Str. 65, 10709 Berlin, Tel.: 030/891 40 19
(Informationen über Selbsthilfegruppen-Arbeit; Versand von »Grüne Adressen«, Broschüre über bundesweite Selbsthilfevereinigungen und relevante Institutionen)

Selbsthilfegruppe für emotionale Gesundheit, EA – Emotions Anonymous, E.A.-Kontaktstelle Deutschland, Katzbachstr. 33, 10965 Berlin, Tel.: 030/786 79 84

Schweiz

Emotions Anonymous, E.A.-Kontaktstelle Schweiz, Postfach 228, 4016 Basel, Tel.: 061/25 56 80

Parapsychologische Beratung

Parapsychologische Beratungsstelle, Walter von Lucadou, Hildastr. 64, 79102 Freiburg im Breisgau, Tel.: 0761/772 02

Faszinierende Einblicke – verblüffende Erkenntnisse

David Chamberlain

WORAN BABYS SICH ERINNERN

Die Anfänge unseres Bewußtseins im Mutterleib

279 Seiten. Kartoniert. ISBN 3-466-34310-0

Hätten Sie gedacht, daß Bewußtsein und Wahrnehmungsvermögen von Babys bereits im Mutterleib und bei der Geburt hoch entwickelt sind? Babys können sich sogar später an Einzelheiten aus ihrer frühesten Lebenszeit erinnern. Dieses lebendig geschriebene Buch eröffnet faszinierende Einblicke in die Erlebniswelt von Ungeborenen und kleinen Kindern. Darüberhinaus vermittelt es verblüffende Erkenntnisse und bietet einen umfassenden Überblick über alles, was wir derzeit von den Anfängen des Bewußtseins wissen.

Chancen der Selbstfindung

Stanislav und Christina Grof (Hrsg.)
Spirituelle Krisen
Chancen der Selbstfindung
293 Seiten. Kartoniert.
ISBN 3-466-34251-1

Auf dem Weg zu Transformation und Persönlichkeitsentwicklung geraten viele Menschen in »spirituelle Krisen«. Diese neuen Ebenen mystischer Erfahrungen oder außergewöhnlicher Bewußtseinszustände treten plötzlich auf, werden als überwältigend und verwirrend erlebt und oft von einem Identitätsverlust begleitet.

Spirituelle Krisen können, wenn sie entsprechend verstanden und begleitet werden, Durchbrüche sein und ein enormes positives Potential für körperliche und emotionale Heilung beinhalten. In diesem Buch erläutern bekannte Psychologen, Psychiater und spirituelle Lehrer (die Herausgeber, Roberto Assagioli, Ronald D. Laing, Lee Sanella, Ram Dass u.a.) ihr Verständnis solcher Krisen und geben konkrete Hinweise, wie Betroffenen geholfen werden kann.

KÖSEL

95
277;